我们一起解决问题

企事业单位
公文写作·讲稿撰写·活动策划
（第2版）

王益峰 编著

人民邮电出版社

北 京

图书在版编目（CIP）数据

企事业单位公文写作·讲稿撰写·活动策划 / 王益峰编著. -- 2版. -- 北京：人民邮电出版社，2020.1
ISBN 978-7-115-53134-6

Ⅰ. ①企… Ⅱ. ①王… Ⅲ. ①企事业单位－公文－写作②企事业单位－演讲－写作③企事业单位－活动－组织管理学 Ⅳ. ①H152.3②C936

中国版本图书馆CIP数据核字(2019)第287250号

内 容 提 要

要想写出精美的公文，不仅要讲究写作技法的高超，而且要注重格式的规范。一份公文，在内容写法上无可挑剔，但在行文格式上不规范，也会影响公文的专业性及其效用。

本书精心挑选了公务工作中基层接触机会多、使用率高的文种，从公文写作、讲稿撰写、活动策划三个维度，全面系统地讲述了公文的定义和作用、公文种类、公文格式、行文规则、讲稿的特征与类型、撰写技巧，以及活动策划的准备工作、实施技巧等，并提供了大量经典范例，希望帮助读者真正做到文以致用，快速、有效地提高公文写作水平。

这是一本指导性与实用性很强的工具书，适合企事业单位工作人员，尤其是办公室文秘、行政人员等阅读和使用，也可供高校相关专业的师生参考。

◆ 编　　著　王益峰
责任编辑　程珍珍
责任印制　彭志环

◆ 人民邮电出版社出版发行　　北京市丰台区成寿寺路11号
邮编　100164　　电子邮件　315@ptpress.com.cn
网址　https://www.ptpress.com.cn
涿州市般润文化传播有限公司印刷

◆ 开本：787×1092　1/16
印张：18　　　　　　2020年1月第2版
字数：380千字　　　2025年8月河北第25次印刷

定　价：59.80元

读者服务热线：(010) 81055656　印装质量热线：(010) 81055316
反盗版热线：(010) 81055315

序 言

　　办公室是直接为领导服务的机构，它在组织内部起着承上启下、联系左右的作用，是组织的信息枢纽和内外联络窗口。尽管不同层级的办公室或者行政部门，其工作内容存在一定的差异，但长期以来，人们一直以"办文、办会、办事"（即通称的"三办"）来概括办公室的主要工作，这也被称为办公室文秘及行政管理人员的三大基本技能。本书将公文写作、讲稿撰写、活动策划三者集于一体，非常符合当前办公室文秘及行政管理工作的需求。细读此书，我发现该书主要有三大特点。

　　一是内容新颖。本书是按照最新的《党政机关公文处理工作条例》等文件的标准编写的，对党政机关、企事业单位常用公文的基本概念、结构、种类、适用范围等的界定更加规范、科学。书中不论是公文写作板块、讲稿撰写板块还是活动策划板块，所引用的案例都是近两年的最新案例，具有很强的借鉴性。

　　二是实用性强。本书注重理论与实践的结合，引用了很多企事业单位常见的案例，非常贴近企事业单位的实际情况，让读者很受启发。同时，作者还对每个文种的结构进行了图表分析，提炼出了"填空式"模板，既能吸引读者的阅读兴趣，又有很强的实用性。

　　三是指导性强。本书重点突出了办公室的工作特点，对行政工作者常见的问题进行了分析和比较，如对"请示"与"报告""请示"与"函"等进行了比较分析，指出了关键点，让读者很容易理解；对企事业单位常见活动的策划进行了分类分析，对活动的特点、准备事项、实施技巧等进行了详细讲述，使读者能够快速掌握各类活动策划的技巧；对公文写作常用词句进行了归纳汇总，并提供了以"不忘初心、牢记使命"为主题的公文写作经典语句及关于新时代的104个公文写作金句，解决了很多文秘工作者"词穷"的烦恼。

　　总体而言，本书内容丰富、涉及面广、文字精练、排版精美、可读性强，对办公室文秘及行政工作人员掌握好"办文、办会、办事"三大基本技能具有很强的指导作用。我相信，这本书一定能够为有志于秘书及行政管理工作的人员提供扎实的知识基础，也能为他们今后开阔视野、拓展思路、创新工作提供有益的帮助。

沈建生

深圳市委宣传部机关党委副书记、纪委书记

再版前言

公文写作、讲稿撰写和活动策划，是企事业单位行政管理的常用工具，也是行政工作人员的"三大法宝"。

公文是党政机关、社会团体、企事业单位和基层组织在工作活动中必须使用的文书。作为管理机关实施领导、履行工作职能、解决现实问题的重要工具，公文在社会生活中发挥着不可替代的重要作用，正如南北朝时期的著名文学家刘勰所说，公文是"政事之先务"，公文的价值应该引起足够重视。在日常公文写作中，尤其是企事业单位的公文，存在着很多不规范的问题，比如文种的混用，常常将"请示"与"报告""请示"与"函"等文种相互混用，影响了文件的效果；又比如会出现很多自制文种，如"××请求""××思路""××思考"，给收文单位处理公文带来了不少困难。针对以上问题，本书按照最新的《党政机关公文处理工作条例》，对公文的定义、作用、公文种类、公文格式、行文规则等进行了全面、系统的讲述，深入浅出地解析了各种常用公文的主要特点、基本结构、写作技巧、常见错误及注意事项，列举了大量典型案例，逐篇分析写作规律、精要诀窍，同时总结了各种文种的写作模板，以期帮助读者了解公文写作的内涵，全面掌握公文写作的方法和模式，快速提高撰写公文的能力。

作为一名文书写作者，要写好文书，必须保证其符合法律法规和国家的方针政策，尤其是要符合习近平新时代中国特色社会主义思想。因此，本书结合新时代背景，阐述了文书的写作特点、要求、思路，并提供了大量的符合习近平新时代中国特色社会主义思想的、与时代经济发展紧密相连的文案范本。在本书的最后，还提供了以"不忘初心、牢记使命"为主题的写作经典语句及新时代思想的公文写作新词新句，解决了很多文秘工作者"词穷"的烦恼。

需要指出的是，本书所提供的并非是那些随处可以查阅到的公文写作模板与格式，而是作者从多年机关公文写作经验和写作经历中所撷取出的宝贵"闪光点"。跟随本书学习公文写作，相信你的写作提高之路犹如多了位深谙此道的领路人，让你在快节奏的工作和生活中拥有更高的效率。

在本书的编写过程中，我们参考了很多同类书籍。但由于编者水平所限，本书不足之处在所难免，希望广大读者批评指正。

目录 / Contents

▶ 第二部分　讲稿撰写

导读 新时代下如何写好文书

　　企事业单位常用的文书除了《国家行政机关公文处理暂行办法》归纳的命令、决定、公告、通知、通报、议案、报告、请示、批复、意见、函、会议纪要等，还有讲稿、活动策划案等，而且讲稿、活动策划案在企事业单位中的应用相当广泛，也很重要。那么如何写好文书呢？除了本书所提供的格式、要求、范例，以下几点是作者提供给初学文书写作者的要求和建议。

一、要符合新时代的课题

　　中共十八大以来，以习近平同志为核心的党中央在系统回答"新时代坚持和发展什么样的中国特色社会主义"这一重大时代课题中，提出一系列治国理政新理念新思想新战略，形成了习近平新时代中国特色社会主义思想。中共十九大概括和提出了习近平新时代中国特色社会主义思想，将其确立为党必须长期坚持的指导思想并写进党章，实现了党的指导思想的与时俱进。十三届全国人大一次会议通过的宪法修正案，郑重地把习近平新时代中国特色社会主义思想载入宪法，实现了从党的指导思想向国家指导思想的转化，实现了国家指导思想的与时俱进。

　　习近平新时代中国特色社会主义思想内涵十分丰富，包括新时代坚持和发展中国特色社会主义的总目标、总任务、总体布局、战略布局和发展方式、发展动力、战略步骤、外部条件、政治保证等方面的基本问题，并根据新的实践对经济、政治、法治、科技、文化、教育、民生、民族、宗教、社会、生态文明、国家安全、国防和军队、"一国两制"和祖国统一、统一战线、外交、党的建设等各方面做出理论分析和政策指导。习近平新时代中国特色社会主义思想的核心要义是坚持和发展中国特色社会主义，核心内容是中共十九大报告概括的"八个明确""十四个坚持"。"八个明确""十四个坚持"有机融合、有机统一，体现了解放思想、实事求是、与时俱进、求真务实的思想精髓，深刻回答了新时代党和国家事业发展的一系列重大理论和现实问题，深化了党对共产党执政规律、社会主义建设规律、人类社会发展规律的认识。

　　习近平新时代中国特色社会主义思想，是马克思主义中国化最新成果，是中国特色社会主义理论体系的重要组成部分，是党和人民实践经验和集体智慧的结晶，是中国精神的时代精华，是国家政治生活和社会生活的根本指针。习近平新时代中国特色社会主义思想是在新的时代背景和实践条件下创立并不断发展的，也正是由于这一思想的真理力量和实践伟力，开启和引领了中国特色社会主义的新时代、新发展。随着社会实践进一步生动展开、不断拓展，这一思想将持续发展、更加丰富、更加完善。

我们要坚持不懈用习近平新时代中国特色社会主义思想武装头脑、指导实践、推动工作。我们要认真读原著、学原文、悟原理，并紧密结合"不忘初心、牢记使命"主题教育，把《习近平新时代中国特色社会主义思想学习纲要》纳入学习计划。我们要在多思多想、学深悟透上下功夫，深入学习领会这一思想的时代意义、理论意义、实践意义、世界意义，深刻理解其核心要义、精神实质、丰富内涵、实践要求；在系统全面、融会贯通上下功夫，深刻把握这一思想贯穿的马克思主义立场观点方法，知其然又知其所以然，不断提高马克思主义理论水平；在知行合一、学以致用上下功夫，大力弘扬理论联系实际的优良学风，更加自觉用这一思想指导解决实际问题，切实把学习成效转化为做好本职工作、推动事业发展的生动实践。

二、要符合党和国家的方针政策、法律法规和上级机关的有关规定

《党政机关公文处理工作条例》要求，公文起草应当做到符合党的理论路线方针政策和国家法律法规，完整准确体现发文机关意图，并同现行有关公文相衔接。一切从实际出发，实事求是分析问题，所提政策措施和办法切实可行。深入调查研究，充分进行论证，广泛听取意见。机关负责人应当主持、指导重要公文起草工作。

因此，我们要全面掌握我国的政策、法律法规，以及指令方面的内容，不断加强学习，努力在学习中思考，在思考中完善，在完善中提高。

三、要遵循文书写作的步骤

1. 领会意图

领受拟制文书的任务后，首先要正确领会领导的意图，这是拟制文书的前提。领会意图的要领如图1所示。

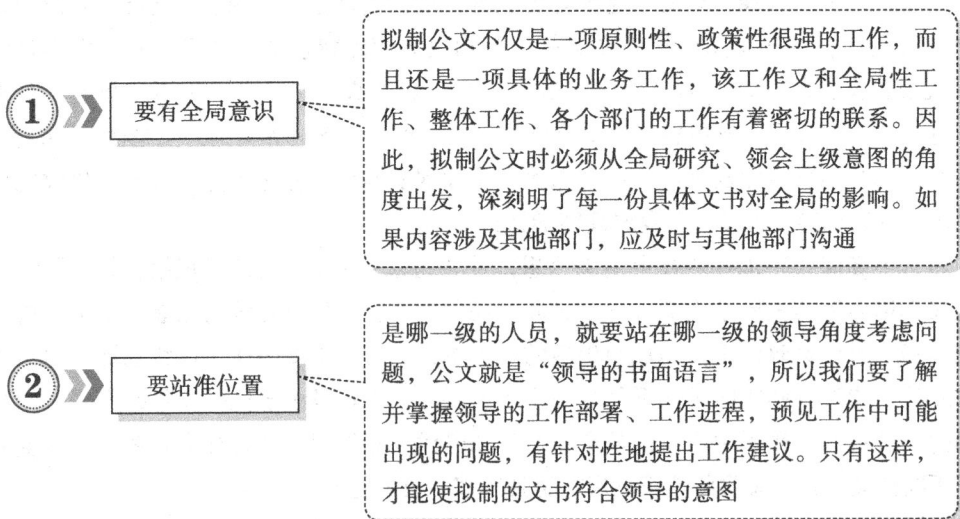

① 要有全局意识
拟制公文不仅是一项原则性、政策性很强的工作，而且还是一项具体的业务工作，该工作又和全局性工作、整体工作、各个部门的工作有着密切的联系。因此，拟制公文时必须从全局研究、领会上级意图的角度出发，深刻明了每一份具体文书对全局的影响。如果内容涉及其他部门，应及时与其他部门沟通

② 要站准位置
是哪一级的人员，就要站在哪一级的领导角度考虑问题，公文就是"领导的书面语言"，所以我们要了解并掌握领导的工作部署、工作进程，预见工作中可能出现的问题，有针对性地提出工作建议。只有这样，才能使拟制的文书符合领导的意图

③ ▶▶ 要明确目的 —— 领导的意图往往是制发公文要达到的目的。因此，一份文书究竟要解决什么问题，达到什么目的，我们必须做到心中有数，目的性越明确，越利于更好地贯彻领导意图

④ ▶▶ 要有效发挥 —— 有时领导只交代任务，意图并不明确，这就需要我们开动脑筋，认真分析。在实际工作中，所遇到的问题是千变万化的，不管出现哪一种情况，我们都要充分发挥主观能动性，养成分析问题、归纳整理、举一反三的习惯，只有这样才能正确领会领导的意图

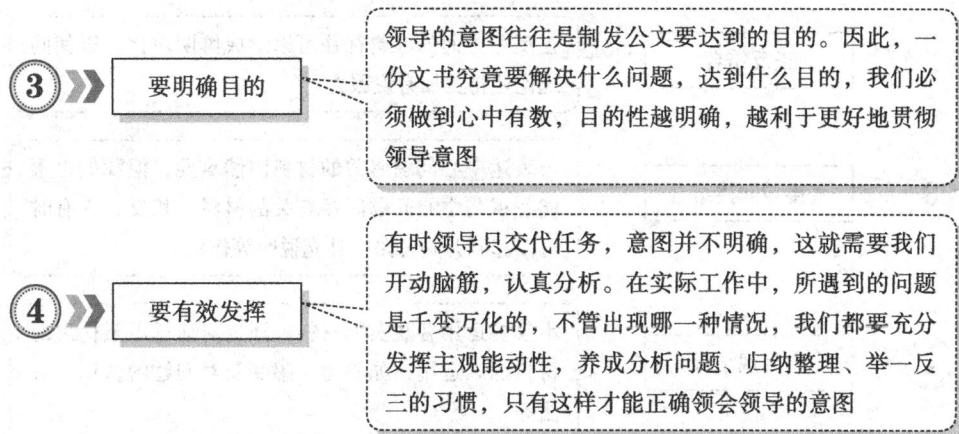

图1 领会意图的要领

2. 收集材料

材料是构成文书的基本要素之一。材料是从实际工作中收集、摄取的一系列事实或论据。大量地收集材料，对拟制文书有着十分重要的意义。

材料是拟制文书的基础。无论哪一种文书，它总要反映一种思想或认识，无思想、无认识的文书是不存在的。但是无论任何一种思想或认识，都源于实际工作，离开了实际工作，就没有"原料"，就拟不出任何办法、意见等，当然也就无所谓文书了。毛泽东同志在《改造我们的学习》一文中告诫我们："学习和研究问题，应当说不凭主观想象，不凭一时的热情，不凭死的书本，而凭客观存在的事实，详细地占有材料，从这些材料中引出正确的结论。"拟制文书也一样，正确的观点是从大量的、详细的材料中总结和引申出来的。所以说，广泛地收集材料是拟制文书的必要一环。

材料是阐述观点的支柱。没有材料，观点根本无法树立;没有适当的、足够的材料来支撑，观点即使是立起来了也不能立牢。因此，动笔之前，观点要靠材料形成;动笔之际，观点又须材料支撑。我们常讲要"摆事实、讲道理"，这里讲的事实就是材料，道理就是观点。不摆事实，不论证材料，道理就说不清，观点就道不明。如果没有充实的材料做内容，空空洞洞，那肯定是一份"白开水"式的文书，毫无价值。

3. 运用材料

具体地说，运用材料要做到图2所示的四个结合。

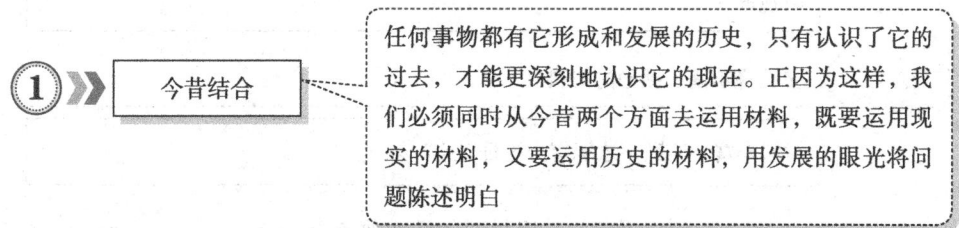

① ▶▶ 今昔结合 —— 任何事物都有它形成和发展的历史，只有认识了它的过去，才能更深刻地认识它的现在。正因为这样，我们必须同时从今昔两个方面去运用材料，既要运用现实的材料，又要运用历史的材料，用发展的眼光将问题陈述明白

② ▶	正反结合	正反两方面的材料往往可以形成鲜明对比，以使问题论述得更加有说服力
③ ▶	直接与间接结合	与表达中心问题有关的材料固然重要，但我们也不能忽视与中心问题间接有关的材料。相反，它有时可以起到开阔思路、补充说明等作用
④ ▶	主客观结合	不仅要运用客观实际材料，还要对通过思索得出的材料加以运用，如心得、感受及对问题的认识、看法等

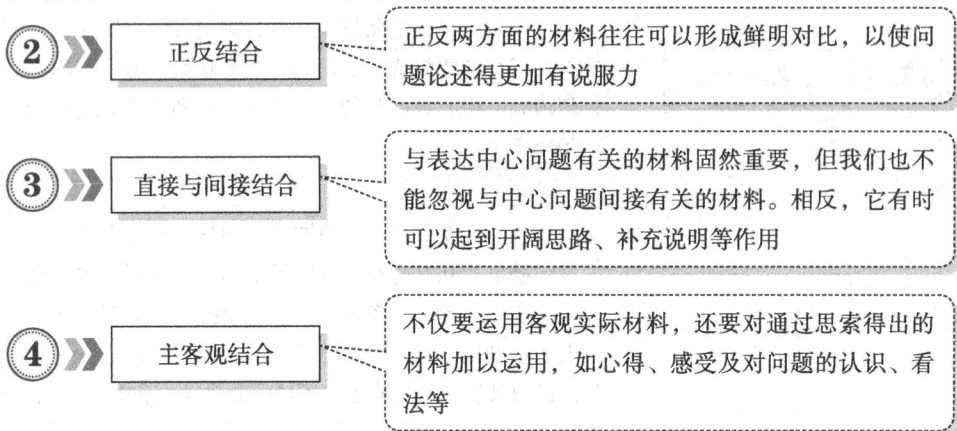

图2　运用材料的四个结合

（1）对材料的鉴别要"精"，即对材料进行精确鉴别，分析材料性质，判断材料的真伪，估计材料的价值，明确材料的作用等。这是一项非常细致的工作，只有把这项工作做好了，材料的表象和实质、轻和重、大和小、主和次、典型与一般等特征才会格外明晰。因此，我们必须勤于分析，善于思索，真正做到"吃透材料"。

（2）对材料的选择要"严"。收集材料时，我们提倡以十当一，以多为佳；选择材料时，我们则主张大家以一当十，以严为上。选择材料的要点如图3所示。

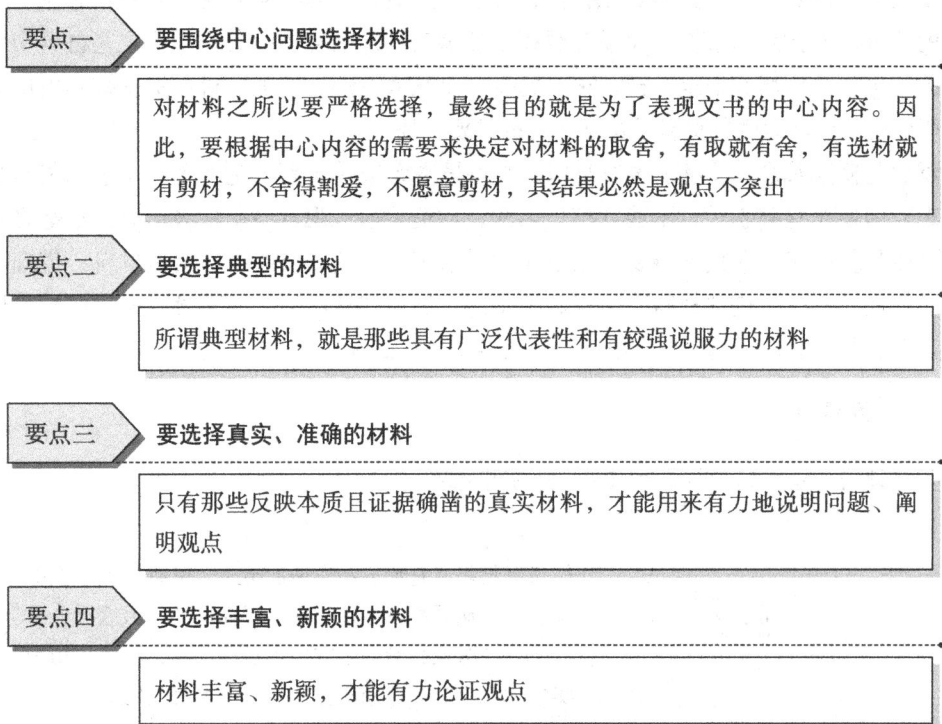

要点一 ▶ **要围绕中心问题选择材料**

> 对材料之所以要严格选择，最终目的就是为了表现文书的中心内容。因此，要根据中心内容的需要来决定对材料的取舍，有取就有舍，有选材就有剪材，不舍得割爱，不愿意剪材，其结果必然是观点不突出

要点二 ▶ **要选择典型的材料**

> 所谓典型材料，就是那些具有广泛代表性和有较强说服力的材料

要点三 ▶ **要选择真实、准确的材料**

> 只有那些反映本质且证据确凿的真实材料，才能用来有力地说明问题、阐明观点

要点四 ▶ **要选择丰富、新颖的材料**

> 材料丰富、新颖，才能有力论证观点

图3　选择材料的四大要点

4. 安排结构

为了使文书成为一个统一和谐、严密紧凑、首尾通顺、行止自如的有机整体，我们必须做到以下几点。

（1）要树立"整体在胸"的观念。

安排结构，就是研究文书的整体构成，即组"局部"为"整体"的过程，不能整体在胸，就不能顺然于手。有的人对此认识不足，往往是拿起笔来还不知从何处写，于是只好想一点写一点，每写一段，都要从头看起，十步九回头，这样写出来的文书的观点往往不明确。

（2）要重视思维逻辑性和条理性。

要分清先后次序，有条不紊地表达思想内容。例如，由开端说到结局，由原因说到结果，由正面说到反面，由一方面说到另一方面，由主体内容说到从属内容等。

（3）要花心思拟写提纲。

拟写提纲一般按图4所示的步骤进行。

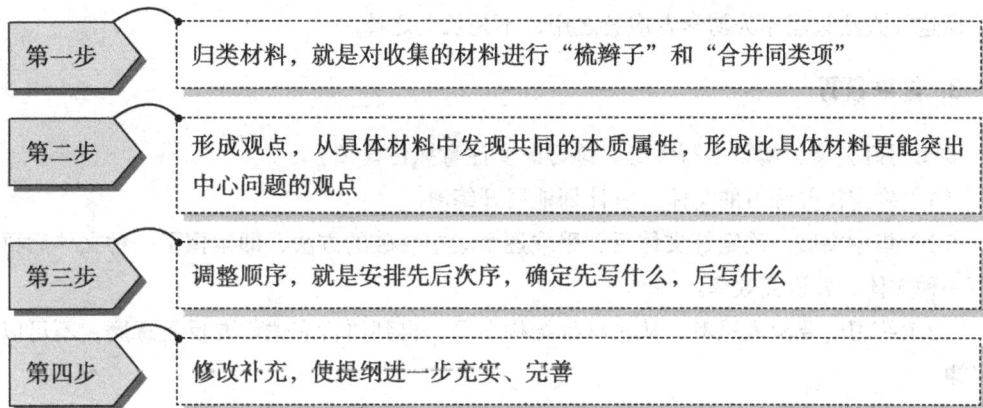

第一步	归类材料，就是对收集的材料进行"梳辫子"和"合并同类项"
第二步	形成观点，从具体材料中发现共同的本质属性，形成比具体材料更能突出中心问题的观点
第三步	调整顺序，就是安排先后次序，确定先写什么，后写什么
第四步	修改补充，使提纲进一步充实、完善

图4 拟写提纲的步骤

5. 起草初稿

起草初稿时要一丝不苟，认真拟制，力求为终稿提供合格的"正品"，把"次品率"降到最低。

6. 审核修改

我们一般会按规定的程序，对文稿进行反复审核修改。

四、对初学写作文书者的建议

1. 循序渐进

学习公文写作有方法但没有捷径，需要一步步来。

（1）由简到难。初涉公文写作可以从那些简单的、短篇的学起，如可以先从通知、公告等内容相对单一的文体着手，然后再去试着向工作意见、规划、汇报等有点复杂的文体展开。

（2）由规范到不规范。办法、规定、条例等都是规范性、模式化的文体，初涉公文写作，可以从这类文书学起，然后再向讲稿、调查报告、经验材料等没有规范性和模式化的文体开展。

（3）从熟悉领域入手，再开展其他领域。

2. 照猫画虎

这种方法很容易理解，即套用或者模仿范文。有以下三种文体适合用这种方法。

（1）内容简单、模式化的文体。

（2）跟要写作的文体一样。

（3）内容相同或者相近的文稿。

这种方法主要套用的是范文的结构，必要的时候，文中的观点、素材等也可以拿来运用。但这种方法只能作为初学者应急之用，不是长久之计。

3. 熟中取巧

要想写好公文，就得多写多练。练习时要注意抓住要领。

（1）确定需要练习的文体，有计划地展开练习。

（2）集中突破。确定好文体后，采取逐个集中突破的方法，即掌握了一种文体后再转向下一种文体，并讲究效率。

（3）练习时要深入思考，从选材到结构布局，再到语言表述都要反复琢磨，不可以敷衍了事。

（4）确定一个目标。确定一个板块，如信息、科研等，向期刊社或报社投稿。这样做还有一个好处就是有被选用的可能，从而激发自己写作的动力。

4. 改中求精

文章成稿后还要经过反复修改，以达到最佳，修改内容大致体现在以下四个方面。

（1）主题：是否突出、鲜明。

（2）结构：前后衔接是否得当。

（3）素材：是否生动、真实、典型，与主题是否照应。

（4）文字：反复琢磨，大到段落、语句，小到词组，包括标点符号。

5. 比较鉴别

拿自己的文章跟别人的做比较，发现自己的优劣势，具体方法如图5所示。

方法一	将初稿与领导修改后的或者刊登后的定稿比较。查看修改之处，多加琢磨，为以后累积经验
方法二	同公认比较好的相同主题、题材的文稿做比较，发现自己的不足之处
方法三	多找几篇相同主题和体裁的文稿做比较，借鉴别人的长处，弥补自己的短处
方法四	同上级单位相同文稿做比较，了解他人的写作风格

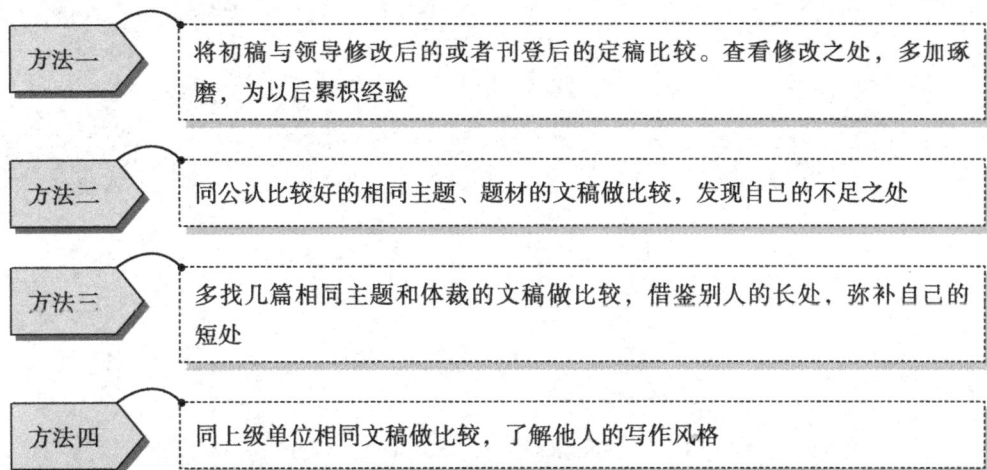

图5　比较鉴的方法

6. 虚心请教

虚心请教也需要有方法。

（1）就问题求答案。不同人有不同的观点，多听听不同的言论，从中也会受到启发。

（2）带文章求修改。拿自己的文章向比自己优秀的人请教，并让其给予修正，如果是基层题材的，也可以征求基层人员的意见，并加以修改。

（3）向书本求教。书本是知识量丰富的老师。

7. 参与其中

很多单位，文案的起草工作并不是由一个人来完成的，这时要抓住机会参与进来，从文案讨论到写作，尽可能加入其中。如果有能力，也可以承担一部分写作的任务。完稿后的集体修改过程也很重要。这样的机会对个人成长非常有利。

8. 勤于总结

凡事都有规律可言，公文写作也一样，所以我们要养成善于总结的习惯。平时可以收集一些同题材的文章进行分析总结，从中学到经验，然后再用于实践，这种方法对提升自己的写作能力是很有用的。

第一部分

▼

公文写作

第一章　公文概述

第一节　公文认知

一、公文的概念

公文即公务文书，是指行政机关及其他社会组织在行政管理活动中产生的，按照严格的、法定的生效程序和规范的格式制定的具有传递信息与记录作用的载体。公文的基本含义体现在图1-1所示的四个方面。

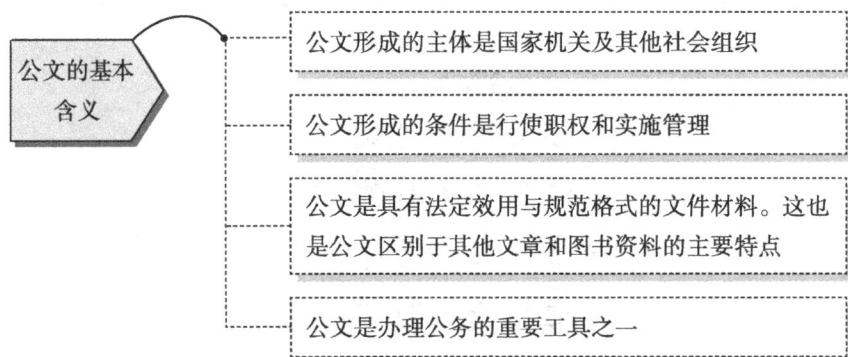

公文的基本含义

- 公文形成的主体是国家机关及其他社会组织
- 公文形成的条件是行使职权和实施管理
- 公文是具有法定效用与规范格式的文件材料。这也是公文区别于其他文章和图书资料的主要特点
- 公文是办理公务的重要工具之一

图1-1　公文的基本含义

二、公文的特点

公文的特点主要体现在图1-2所示的五个方面。

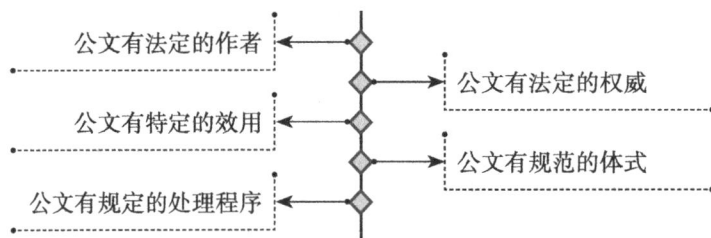

- 公文有法定的作者
- 公文有法定的权威
- 公文有特定的效用
- 公文有规范的体式
- 公文有规定的处理程序

图1-2　公文的特点

三、公文的作用

公文的作用主要体现在图1-3所示的五个方面。

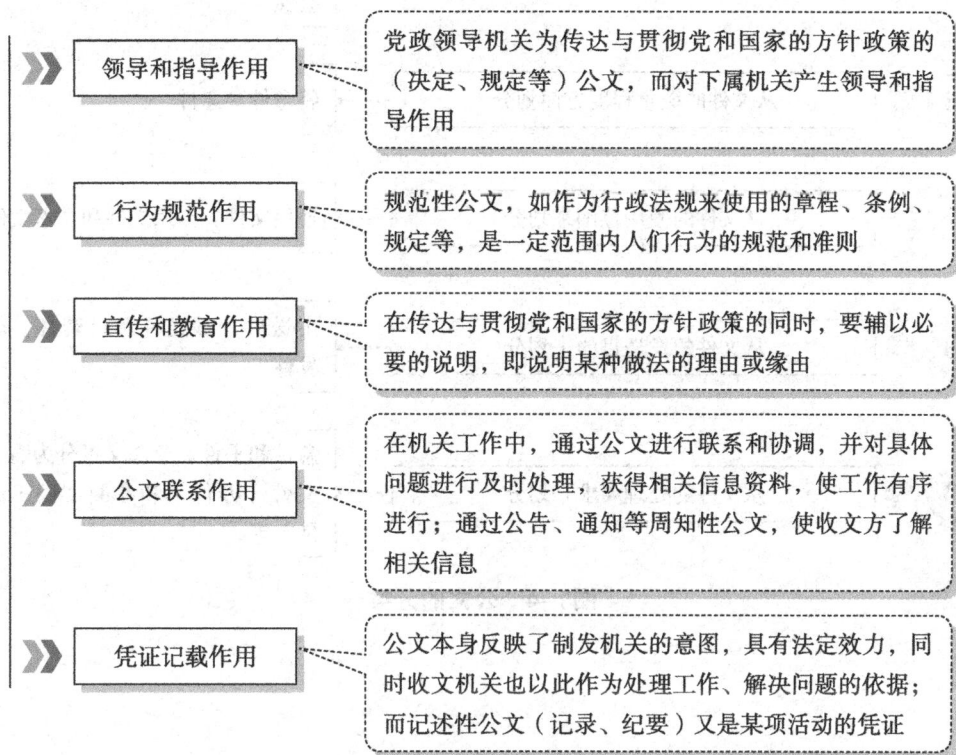

领导和指导作用	党政领导机关为传达与贯彻党和国家的方针政策的（决定、规定等）公文，而对下属机关产生领导和指导作用
行为规范作用	规范性公文，如作为行政法规来使用的章程、条例、规定等，是一定范围内人们行为的规范和准则
宣传和教育作用	在传达与贯彻党和国家的方针政策的同时，要辅以必要的说明，即说明某种做法的理由或缘由
公文联系作用	在机关工作中，通过公文进行联系和协调，并对具体问题进行及时处理，获得相关信息资料，使工作有序进行；通过公告、通知等周知性公文，使收文方了解相关信息
凭证记载作用	公文本身反映了制发机关的意图，具有法定效力，同时收文机关也以此作为处理工作、解决问题的依据；而记述性公文（记录、纪要）又是某项活动的凭证

图1-3 公文的作用

四、公文的分类

常见的公文分类方式主要有图1-4所示的九种。

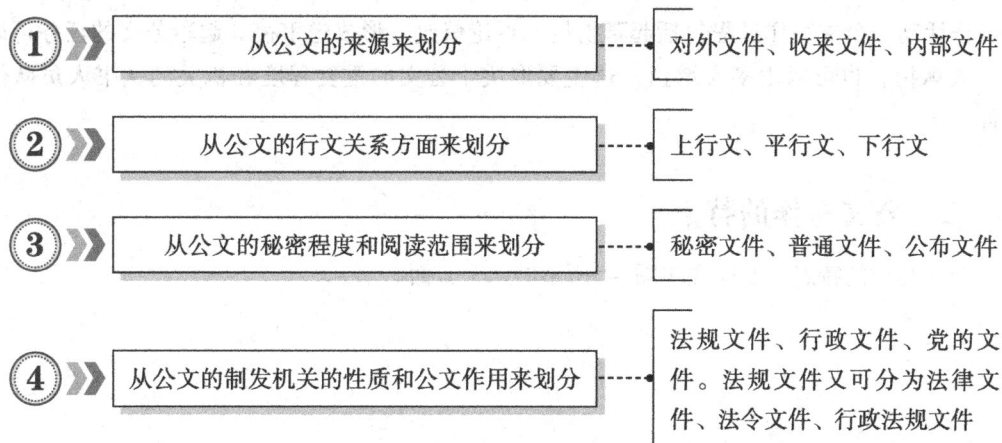

①	从公文的来源来划分	对外文件、收来文件、内部文件
②	从公文的行文关系方面来划分	上行文、平行文、下行文
③	从公文的秘密程度和阅读范围来划分	秘密文件、普通文件、公布文件
④	从公文的制发机关的性质和公文作用来划分	法规文件、行政文件、党的文件。法规文件又可分为法律文件、法令文件、行政法规文件

⑤ ▶▶ 从公文内容的性质和特点来划分 ┅┅▶ 指挥性公文、规范性公文、报请性公文、周知性公文、记录性公文

⑥ ▶▶ 从文件的缓急程度方面划分 ┅┅▶ 特急件和急件

⑦ ▶▶ 从文件的使用范围来划分 ┅┅▶ 通用文件、专用文件和技术文件

⑧ ▶▶ 从文件的发送目的来划分 ┅┅▶ 主送件、抄送件和批转件、转发件

⑨ ▶▶ 从文件的处理要求来划分 ┅┅▶ 急件和平件。急件又可分为需办文件（办件）和参阅文件（阅件）等

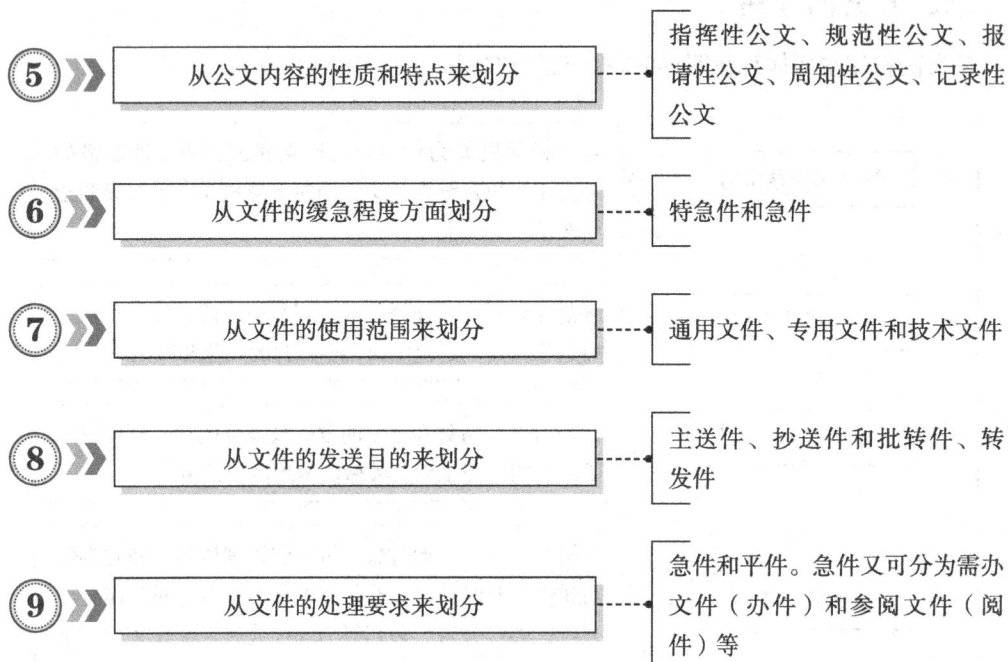

图1-4 公文的分类

第二节 公文写作

一、什么是公文写作

公文写作是指公文的起草与修改，是撰写者代机关立言，体现机关领导意图和愿望的写作活动。公文写作过程包括起草初稿、讨论修改、形成送审稿。起草公文的任务可以由一人承担，也可以由多人承担，这主要取决于公文的重要程度和机关的文书人员队伍条件。

二、公文写作的特点

公文写作的特点主要体现在图1-5所示的六个方面。

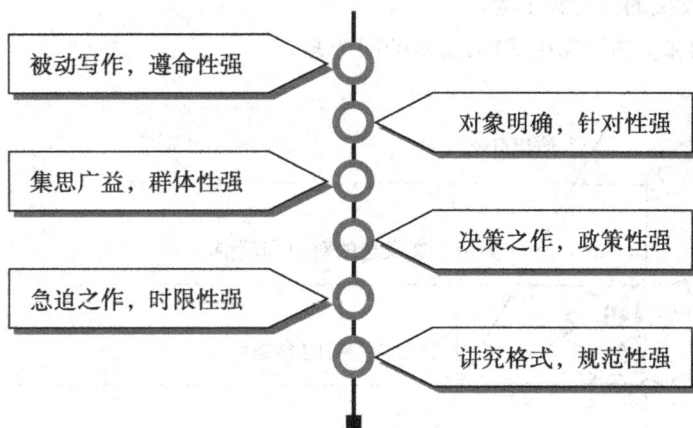

图1-5　公文写作的特点

三、基本要求

公文写作的基本要求体现在图1-6所示的五个方面。

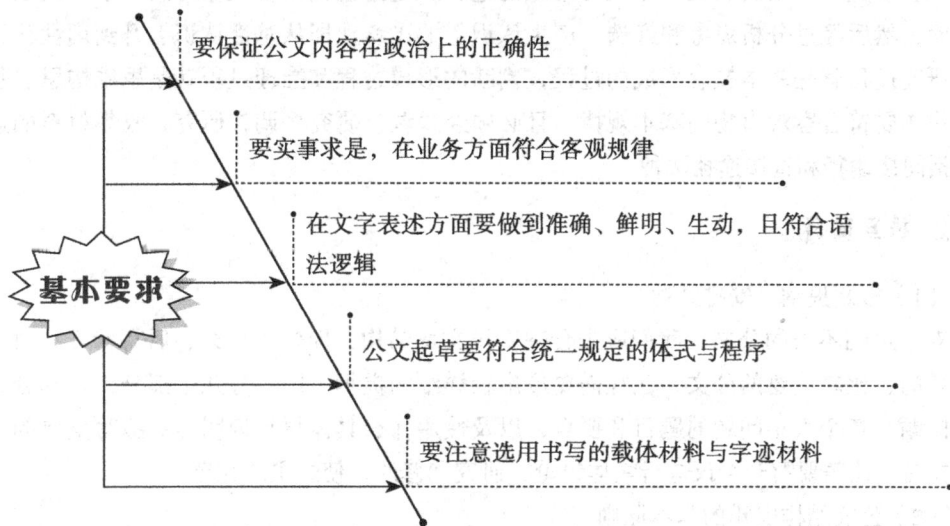

要保证公文内容在政治上的正确性

要实事求是，在业务方面符合客观规律

在文字表述方面要做到准确、鲜明、生动，且符合语法逻辑

公文起草要符合统一规定的体式与程序

要注意选用书写的载体材料与字迹材料

基本要求

图1-6　公文写作的基本要求

四、公文写作的过程

公文写作一般分为三个阶段，即准备阶段、撰写阶段和审核修改阶段。

1. 准备阶段

公文写作的准备阶段主要包括两方面的内容。

（1）明确发文的目的和主题

发文的目的和主题体现在图1-7所示的四个方面。

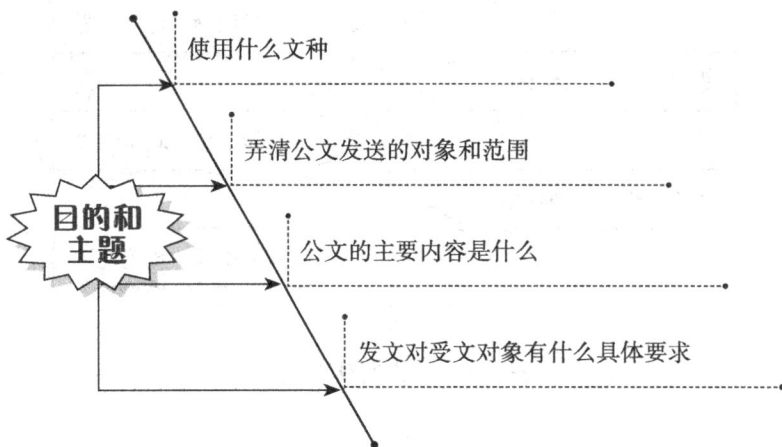

使用什么文种

弄清公文发送的对象和范围

目的和主题

公文的主要内容是什么

发文对受文对象有什么具体要求

图1-7　发文的目的和主题

（2）调查研究、收集材料

调查研究、收集材料是一个充分酝酿的过程，通过全面掌握大量材料，了解问题的各个方面，然后经过分析思考和筛选，产生认识上的飞跃，即从感性认识上升到理性认识。调查研究过程就是基本概念形成的过程，判断的形成过程和推理过程就是思维构思过程。公文写作要符合客观事物的基本规律，且必须经过调查研究。调查研究、收集材料的途径又包括间接途径和直接途径两种。

2. 撰写阶段

（1）拟制提纲、安排结构

对于篇幅不长的公文，我们应先合理安排文章结构，即先写什么、后写什么；对于篇幅较长的、比较重要的公文，往往需要拟出较详细的提纲，即共分几个部分，每部分又分几个问题，各个大小问题的题目和要点，以及使用什么具体材料说明等。拟写重要的指导性公文时，还需要召开会议进行集体讨论、研究和修改，使之更臻完善。

（2）公文结构安排的基本原则

安排公文结构要遵循两个基本原则，具体如图1-8所示。

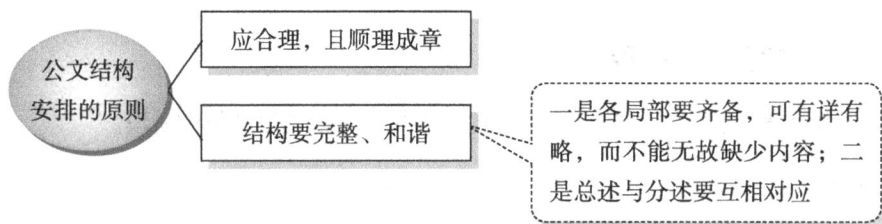

公文结构安排的原则

应合理，且顺理成章

结构要完整、和谐

一是各局部要齐备，可有详有略，而不能无故缺少内容；二是总述与分述要互相对应

图1-8　公文结构安排的原则

（3）落笔起草，拟写正文

拟写正文要注意两个要点，具体如图1-9所示。

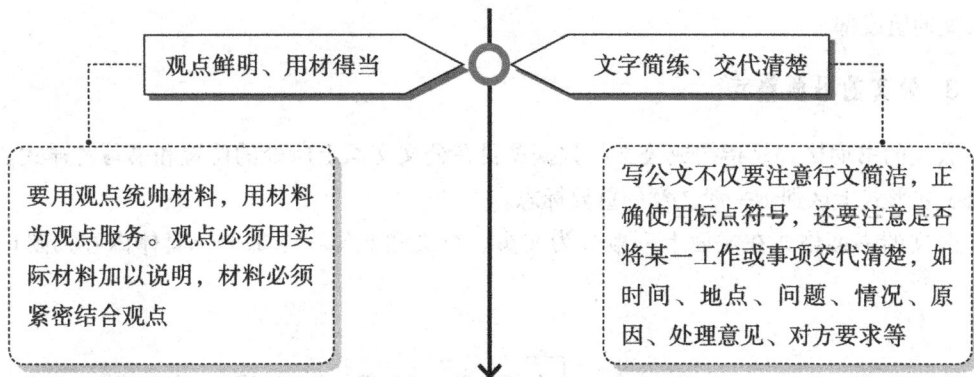

图1-9　拟写正文的要点

左侧：观点鲜明、用材得当

要用观点统帅材料，用材料为观点服务。观点必须用实际材料加以说明，材料必须紧密结合观点

右侧：文字简练、交代清楚

写公文不仅要注意行文简洁，正确使用标点符号，还要注意是否将某一工作或事项交代清楚，如时间、地点、问题、情况、原因、处理意见、对方要求等

3. 审核修改阶段

（1）反复检查、认真修改

好文章是反复修改出来的，公文更是如此。

要逐字逐句修改斟酌，连一个标点也不要放过；要舍得删去可有可无的语句和段落；改正描述不清晰的地方，使观点更鲜明；推敲词句，调整结构，使表达更加准确得当。

（2）审核、签发

具体内容略。

第三节　公文的体式与稿本

一、公文的体式

公文的体式是指公文的文体、构成要素及在格式上的安排。公文之所以要有一定的体式，主要是为了保证公文的完整性、正确性与有效性，提高办事效率并为公文处理工作提供方便。公文的体式主要包括以下三个方面的内容。

1. 公文的文体

公文的文体是指在公文写作中运用语言陈述事情、说明问题所采取的具体方法和特点，即公文的表达方式和语体特征。公文属应用文体，它除了具有应用文体的一般特点，在表达方式和语言运用上也有其自身的特点：在表达方式上，兼用叙述、说明和议论三种方式；在语言运用方面做到准确、简明、庄重、得体。

2. 公文的构成要素

一份完整的公文由一些规定的数据项目构成，这些数据项目就是公文的构成要素，又称公文的组成部分。

3. 公文的书面格式

公文的书面格式是指构成公文的数据项目在公文文面上所处的位置和书写的样式。这是公文在形式上区别于一般文章的重要标志。

公文的书面格式在文面上一般分为文头、行文和文尾三个部分，具体内容如图1-10所示。

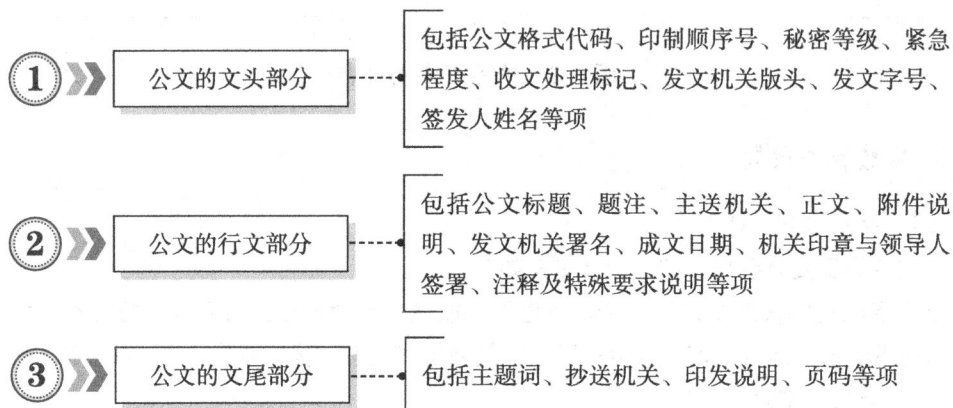

① 公文的文头部分 ----- 包括公文格式代码、印制顺序号、秘密等级、紧急程度、收文处理标记、发文机关版头、发文字号、签发人姓名等项

② 公文的行文部分 ----- 包括公文标题、题注、主送机关、正文、附件说明、发文机关署名、成文日期、机关印章与领导人签署、注释及特殊要求说明等项

③ 公文的文尾部分 ----- 包括主题词、抄送机关、印发说明、页码等项

图1-10　公文的书面格式

二、公文质量

公文质量直接关系到机关的工作效率问题，关系到党和国家方针政策的贯彻问题，关系到公文本身的效用问题。为确保公文质量，企业在进行公文写作时，必须做到图1-11所示的两个方面的要求。

在思想内容方面，政策性要强、针对性要强、科学性要强　**1** **2**　在文字表述方面，应做到结构严谨、语言精练、行文规范

图1-11　公文质量的两个方面要求

三、公文的排版形式

公文的排版形式是指公文数据项目在文件版面上的标印格式。它是公文的外观形式。

公文的排版形式主要包括公文版头设计、版面安排、字体字号选用、字行字距设计、天地页边设计、用纸规格选择等。

四、公文的装订要求

公文一般采用左侧装订，其装订方式包括线装、钉装或胶粘等。装订公文时，要按页码顺序摆放整齐，不可出现错页或漏页，以保证公文的完整性。

五、公文的稿本

公文的稿本是指公文的文稿和文本。同一内容和形式的文件，在撰写或印刷过程中，根据使用时的不同需求，又往往形成不同的文稿和文本。公文的文稿是指公文在起草过程中形成的稿件，包括草稿和定稿两种。同一份文件，根据不同用途，又可将其分为正本、副本、存本和修订本；一些法规性文件又分为试行本、暂行本等。同一内容的文件使用不同的文字就会形成不同的文字文本。

在公文形成过程中，将有各种文稿、文本产生，它们在内容、外观形式及效用方面均有很大区别。

（1）原始文稿。公文的原始文稿包括讨论稿、送审稿、征求意见稿、草稿、修改稿等多种形式，这些都是草拟成文的未定稿，均供讨论、征求意见和修改审核使用，不具备正式公文的效用。

原始文稿的外观特点是没有生效标志（如签发、用印等）；文面上常见"讨论稿""征求意见稿""送审稿""草案""初稿""二稿""三稿"等稿本标记。这些标记大都位于标题下方或标题右侧并加括号注明。

（2）定稿。定稿又称原稿，是已经履行法定生效程序的最后完成稿，即已经机关领导人审核并签发、正式会议讨论通过或经上级机关审核批准的文稿。定稿具备正式公文的法定效用，是制作公文正本的标准依据。

（3）正本。正本是指根据定稿印制，供受文者使用的具有法定效用的正式文本。它具备各种生效标志。

（4）副本。副本是指再现正本内容及全部或部分外形特征的公文复制本或正本的复份。副本与正本在内容上并无区别，两者只是作用不同。

（5）试行本。试行本是法规文件正本的一种特殊形式，在试验推行期间具有法定效用。试行本主要适用于发文机关认为公文内容经过一段时间的实践检验后可能将予修订的情况。试行本的外形特征主要是在公文标题中加注稿本标记，一般是在文种后用括号注明"试行"字样。

（6）暂行本。暂行本是法规文件正本的一种特殊形式，在暂行实行期间具有法定效用。这类公文在标题的文种前有"暂行"二字，如《××市鼓励外商在××工业开发区投资若干政策暂行规定》。

（7）修订本。修订本是指对已经发布生效的文件，在实行一定时期以后进行修改订正再行发布时使用的文本。修订本具有法定效用。修订本的外形特征除与其他正本相似之外，还需要做出稿本标记，即在标题结尾处标注"（修订本）"，也可在标题下做题注，并在圆括号内注明"某年某月某日修订"。

（8）不同文字稿本。同一公文在形成过程中，需要采用两种或两种以上文字撰制时，不同文字所形成的内容相同的文稿或文本在效用上是相同的。

第四节 公文的行文规范

行文规范是指按照一定的规定或准则来维护机关之间的行文秩序的活动。公文行文规范的内容包括行文关系、行文方式和行文规则三个方面。

一、公文的行文关系

公文的行文关系是指发文机关与收文机关之间的公文往来关系。具体来说，行文关系是指根据机关的组织系统、领导关系和职权范围所确定的机关之间的文件授受关系。

二、公文的行文方式

根据机关之间的不同的行文关系，我们可以将机关的行文分为下行文、上行文和平行文三种。

（1）下行文。下行文是指上级领导机关或业务主管部门对所属下级机关或业务部门的一种行文。根据发文的不同目的和要求，下行文可分为逐级下行文、多级下行文，以及直达基层组织和群众的下行文。下行文的文种较多，如命令、决定、公告、通告、通知、通报、批复、会议纪要等。

（2）上行文。上行文是指下级机关或业务部门向所属上级领导机关或业务主管部门的一种行文。上行文包括报告、请示和议案三种公文类型。根据发文机关的实际工作需要，上行文又可以分为三种行文方式：

①逐级上行文，这是上行文中最基本、最常用的一种方式；

②多级上行文；

③越级上行文。

（3）平行文。平行文是指同级机关或不相隶属的、没有领导与指导关系的机关之间的行文。平行文多采用公函文件。

三、公文的行文规则

各级机关互相行文时，务必要遵守的规则如图1-12所示。

规则一 行文机关应明确发文权限，在自己的职权范围内制发公文。对超出自己权限的待处理事项，应行文商请职权部门发文或双方联名行文，不可越俎代庖。越权而行之的公文没有任何权威和约束力

规则二 下级机关应向自己的直接上级机关行文，不可随意越级向上行文。如有特殊情况必须越级请示，则应抄报所越机关。上级机关如有必要越级向下行文时，亦应同时抄送受文机关的直接上级机关

规则三 受双重领导的机关上报公文，应根据内容写明主报机关和抄报机关，由主报机关答复请示的问题。上级机关向受双重领导的下级机关行文时，应同时抄送另一上级机关

规则四 贯彻党政分开原则，实行党政分别行文。凡属政府的工作，应以政府名义行文；凡属党委的工作，则应以党委名义行文

规则五 若待办事项涉及多个机关的职权范围，或多个机关遇有相同问题需请示和报告时，各机关可联合行文。联合行文的各方应是同一级别。各部门对某一问题若没有达成一致意见，均不得擅自向下行文

规则六 经批准在报刊上发表的行政公文，应被视为正式公文而依照执行。如不另外行文，发文机关在报刊上发表该文时应加以注明

规则七 本着精简高效的原则，严格控制发文的数量、投送范围，尽量减少行文的中间环节，不重复行文

图1-12 公文的行文规则

第二章 公文基本格式

第一节 一般公文格式

一般公文格式是指平行文或下行文的格式，又称为通用型公文格式。根据《党政机关公文处理工作条例》（中办发〔2012〕14号）和《党政机关公文格式》（GB/T 9704—2012）规定，公文格式一般由份数序号、秘密等级和保密期限、紧急程度、发文机关标识、发文字号、签发人、标题、主送机关、正文、附件说明、印章、成文日期、附注、附件、主题词、抄送机关、印发机关、印发日期等要素组成，平行文和下行文格式一般由除签发人以外的上述其他各要素组成。一份完整的公文分为版头、主体和版记三部分。置于公文首页红色反线（又称"间隔线"）以上的各要素统称公文版头；置于红色反线以下至主题词之间的各要素统称公文主体；置于主题词以下的各要素统称公文版记。

一般公文格式各部分的要素及其编排顺序、标识规则如下。

一、版头部分

版头部分又称文头和眉首，包括份数序号、秘密等级和保密期限、紧急程度、发文机关标识、发文字号、签发人等要素，具体内容如表2-1所示。

表2-1 版头包含的要素

序号	要素	要点
1	份数序号	（1）份数序号即该份文件印制份数的顺序编号，一般用六位阿拉伯数字顶格编排在版心左上角第一行，并用黑色字体标注 （2）涉密公文一定要标注份号，如果发文机关认为有必要，也可对不涉密公文标注份号
2	秘密等级和保密期限	（1）秘密等级是指公文内容涉及秘密程度的等级。秘密等级分为"秘密""机密""绝密"三级 （2）保密期限即对公文保密期的规定，至保密期限之后公文自行解密。保密期限标识一般以日、月、半年、年为时间段

序号	要素	要点
2	秘密等级和保密期限	（3）如需标注密级和保密期限，一般用三号黑体字，顶格编排在版心左上角份号之下；保密期限中的数字用阿拉伯数字，秘密等级和保密期之间加★。如秘密等级为机密、保密期限1年，则标识为"机密★1年"
3	紧急程度	（1）紧急公文应当根据紧急程度分别标明"特急""加急" （2）电报格式的公文紧急程度分为四级，从急到缓依次为特提、特急、加急、平急 （3）如需标注紧急程度，一般用三号黑体字，顶格编排在版心左上角；如需同时标注份号、密级和保密期限、紧急程度，应按照份号、密级和保密期限、紧急程度的顺序自上而下分行排列
4	发文机关标识	（1）发文机关标识俗称文件红头，由发文机关全称或者规范化简称加"文件"二字组成，一般采用红色小标宋体，居中均匀排列 （2）发文机关标识上边缘距版心上边缘35毫米。联合行文时，主办机关名称在前，其他机关名称并列下方，右侧"文件"二字上下居中排列；不管联合行文机关有多少，都必须保证公文首页显示正文
5	发文字号	（1）发文字号又称文号，由发文机关代字、年份和序号组成。发文字号编排在发文机关标志下空两行位置，用三号仿宋字体标注。上行文左空一字，下行文居中 （2）发文字号的书写顺序是机关代字、年份、序号，如"国统字〔××〕1号"表示国家统计局在××年度制发的第1号文。发文字号由本机关公文管理部门统一编写。年份、序号均用阿拉伯数字标识；年份应标全称，用六角括号"〔〕"括入；序号不编虚位，不加"第"字。联合行文，只标明主办机关发文字号，发文字号之下4毫米处标一条与版心等宽的红色反线
6	签发人	上报的公文需标识签发人姓名。这时发文字号标识在发文机关之下居左空一个字，签发人姓名平行居右空一个字，用三号楷体字标注。联合行文时有多位签发人的，签发人姓名按发文机关的顺序从左到右、自上而下依次顺排，一般每行排两个姓名，回行时与上一行第一个签发人姓名对齐，最后一位签发人姓名应与发文字号处在同一行

公文版头示例和公文版记示例分别如图2-1、图2-2和图2-3所示。

000001

机密★1年

特急

××××××

×　　×　　×　文件

版头部分

> 发文字号编排在发文机关标志下空两行的位置，用三号仿宋字体。上行文左空一字，下行文居中。

××〔2020〕30号　　　　　　　　　　签发人：×××

> "签发人"三字后加全角冒号，右空一字。"签发人"三字用三号仿宋字体，姓名用三号楷体字。

×

主体部分

×××局：

　　根据×××《关于×××的通知》（××〔2019〕10号），×××××××，现将有关情况通知如下。

　　×××××××××××××××××××××××××××××××××××。

　　×××××××××××××××××××××××××××××××××××。

注：版心实线框仅为示意，在印制公文时并不印出。

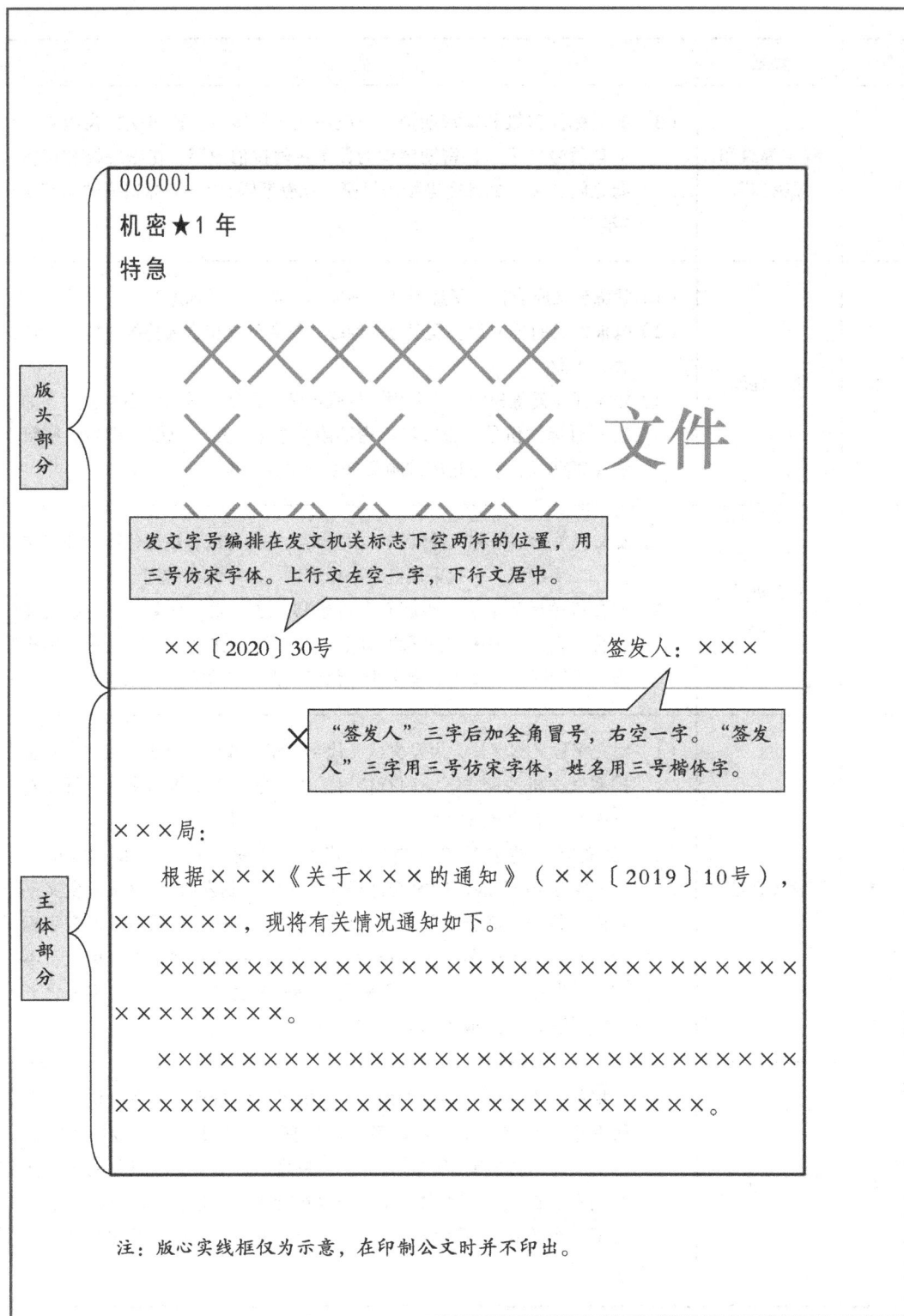

图2-1　公文版头示例（一）

版头部分

000001

机密★1年

特急

×××××

× × × 文件

发文字号，下行文居中排列

××〔2020〕30号

主体部分

×××关于×××的通知

×××局：

根据×××《关于×××的通知》（××〔2019〕10号），×××××××，现将有关情况通知如下。

×××××××××××××××××××××××××××××××××××××。

×××××××××××××××××××××××××××××××××××。

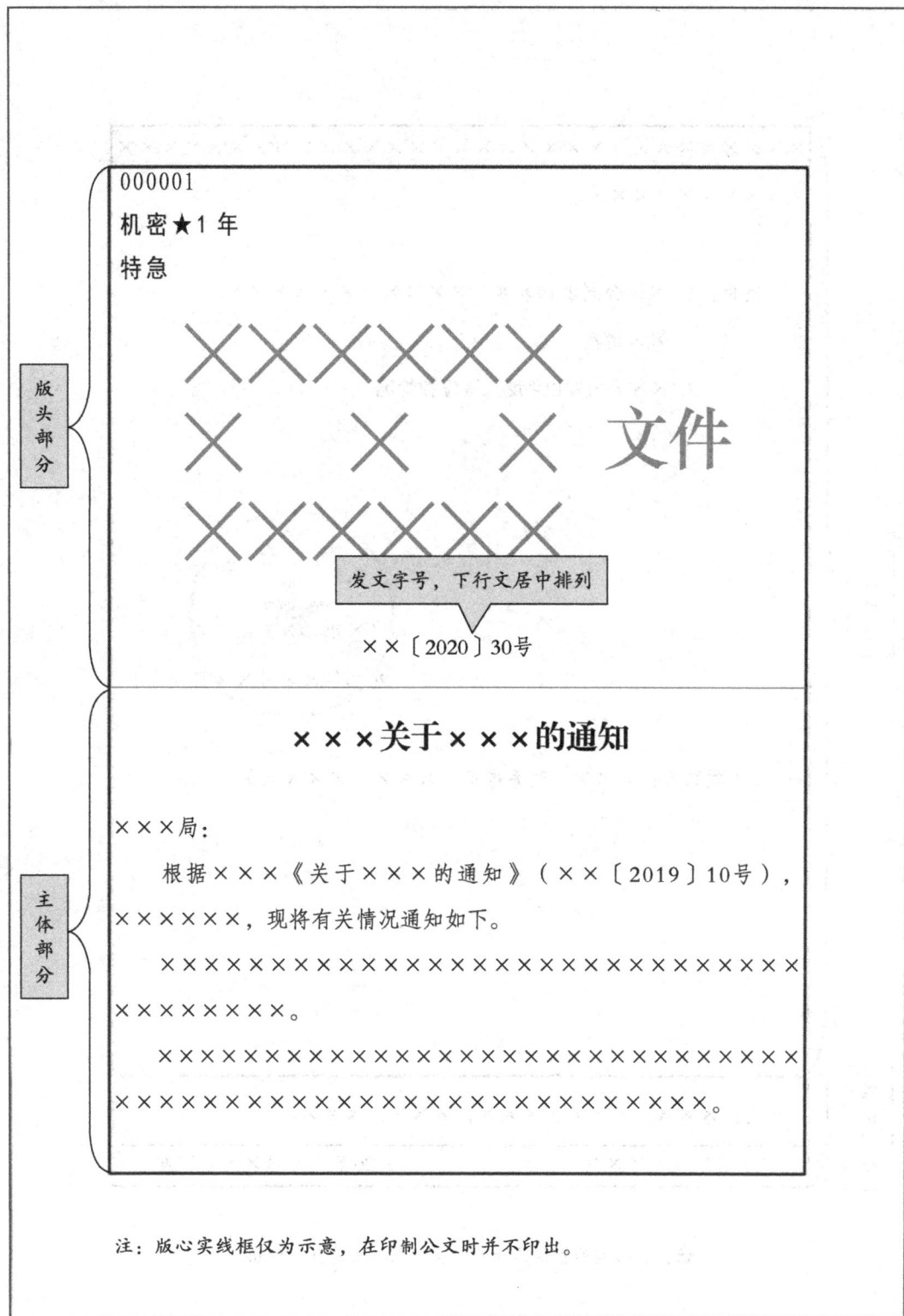

注：版心实线框仅为示意，在印制公文时并不印出。

图2-2 公文版头示例（二）

××××××××××××××××××××××××××××××××××
××××××××××。

附件：1.××公司2019×××××××××××××
　　　　　××情况

　　　　2.××公司2019年度风险管控情况

主体部分

××市××有限公司
2020年××月××日

（联系人：×××，联系电话：××××××××）

版记部分

抄送：×××，×××，×××，×××，×××。

×××××××××　　　　　　　2020年××月××日印发

—2—

注：版心实线框仅为示意，在印制公文时并不印出。

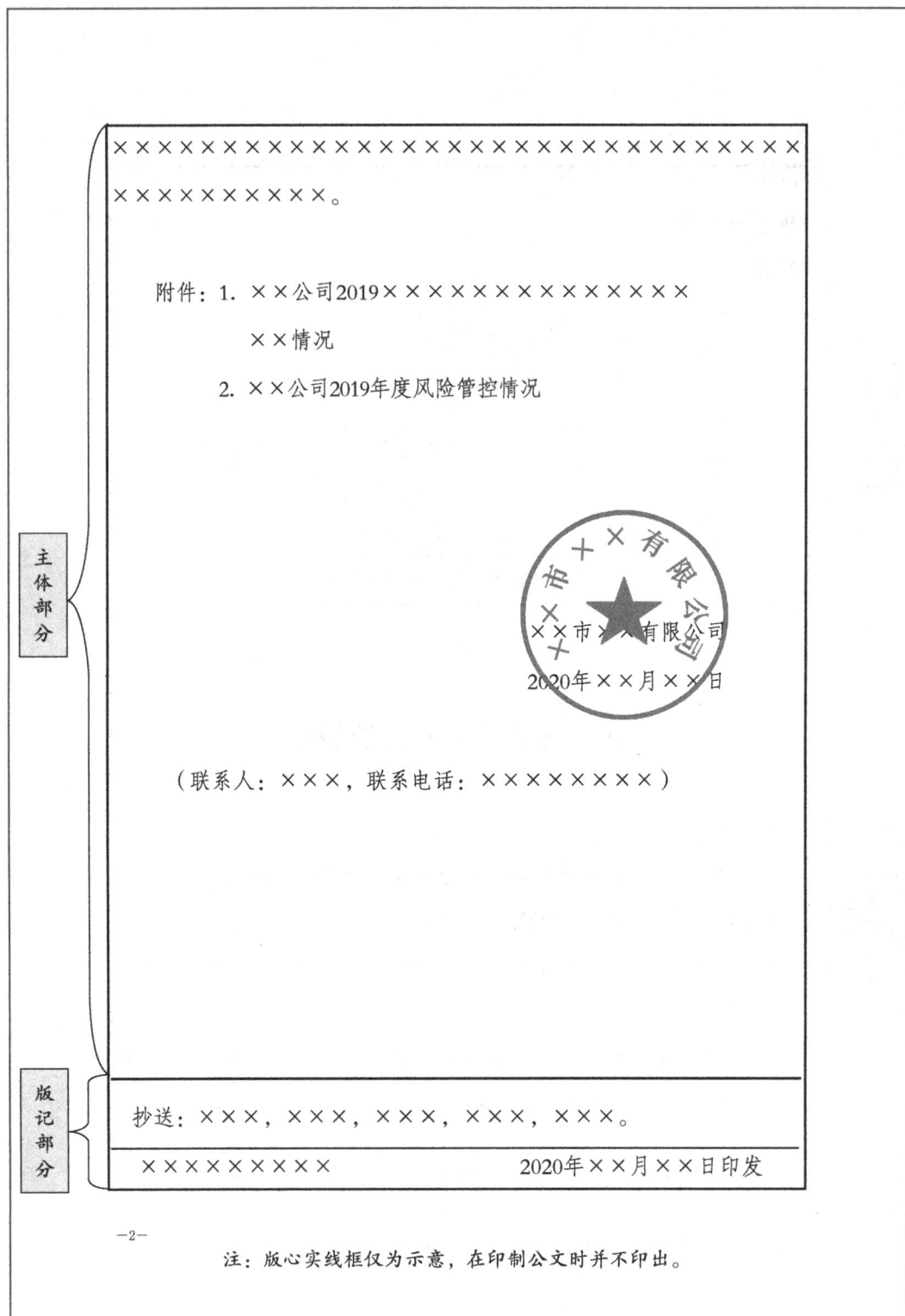

图2-3　公文版记示例

二、主体部分

公文主体是公文最主要的部分，包括标题、主送机关、正文、附件说明、发文机关署名、成文日期、印章和附注等要素，具体内容如表2-2所示。

表2-2 公文主体要素

序号	要素	内容
1	标题	标题由发文机关名称、事由和文种组成。四个（含）以上机关联合行文时，标题中的发文机关名称可简略。公文标题中除法规、规章名称加书名号外，一般不加标点符号，停顿用空格符或换行。公文标题一般用二号小标宋体字，编排于红色分隔线下空两行的位置，分一行或多行居中排列；回行时要做到词意完整、排列对称、长短适宜、间距恰当
2	主送机关	主送机关又叫"抬头"，是指公文的主要受理机关。主送机关写在正文之前、标题之下（空一行），左侧顶格，后加全角冒号。主送机关应当使用全称或者规范化简称、统称。主送机关较多时，应按其性质、级别或惯例依次排列，同类并列机关中间用顿号隔开，类与类之间用逗号隔开。若主送机关太多，则要注意保证首页显示正文。主送机关名称过多而使公文首页不能显示正文内容时，可将主送机关名称移至版记中的主题词之下、抄送之上，标识方法同抄送机关
3	正文	公文正文是公文的主体和核心，用来表述公文的内容，正文紧接主送机关下一行，每个自然段开头左侧空两个字，回行顶格。字号、年份不能回行。公文首页须显示正文。一般公文的首个盖章页应当同时显示正文、发文机关署名和印章 正文中标题字号的使用：文种结构层次依次可以用"一、""（一）""1.""（1）"标注，一般一级标题用黑体字，二级标题用楷体字，三级标题、四级标题和正文用三号仿宋字体
4	附件说明	公文如有附件，应在正文下一行标识附件说明。附件说明包括"附件"二字和附件名称，"附件"前空两个字，后标全角冒号。如有两个以上附件，要以阿拉伯数字标识附件序号 每个附件名称分行并列编排，附件名称后不加标点符号。附件名称较长需回行时，下一行的左边第一个字应与上一行附件名称第一个字对齐。附件序号和名称应分别与正文后面所附的附件排列顺序和标题一致。被批转、转发或以命令发布的公文，不应作为附件处理，即不加附件说明 附件是公文的附属公文，是文件的组成部分。附件应与公文正文一起装订，并在附件左上角第一行顶格标识"附件"，有序号的应以阿拉伯数字标注；如附件与正文不能一起装订，应在附件左上角第一行顶格标注该公文的发文序号，并在其后标注"附件"或"附件"加序号。附件中若有附件，一般附在其主附件后面，子附件说明只注明"附"字和附件名称

（续表）

序号	要素	内容
5	发文机关署名	应当用发文机关全称或规范化简称。如遇特殊情况，如议案、命令（令）等文种需要由机关负责人署名的，应当注明职务 单一机关行文时，发文机关署名在成文日期之上，以成文日期为准居中编排。联合行文时，应将各发文机关署名按发文机关顺序编排在相应位置，并在其上加盖印章 发文机关署名较长时，应右空两个字编排，并相应增加发文机关署名右空字数。不加盖印章的公文，单一机关行文时，在正文下空一行且右空两个字编排发文机关署名，在发文机关署名下一行编排成文日期
6	成文日期	成文日期是公文的生效时间，是党政机关公文生效的重要标志。成文日期确定的原则和标注位置有两种： 一是会议通过的决议、决定等以会议正式通过的日期为准，成文日期编排在公文标题之下，并用圆括号括起来 二是经机关负责人签发的公文，以签发日期为准（联合行文以最后签发的机关负责人签发的日期为准） 成文日期在公文正文或附件说明的右下方右空四个字用阿拉伯数字标注，年份应标全称，月、日不编虚位。对于不加盖印章的公文，应在发文机关署名下一行编排成文日期，并和发文机关署名居中对齐
7	印章	印章是公文生效的标志，是鉴定公文真伪最重要的依据之一。上行文一定要加盖印章。有特定发文机关标志的普发性公文可以不加盖印章。纪要不加盖印章 单一机关行文时，印章端正、居中下压成文日期，使发文机关署名和成文日期居印章中心偏下位置，印章顶端应上距正文一行之内。不得出现空白印章。联合上行文，发文机关只署主办机关名称时，可以只加盖主办机关印章。联合下行文时，所有联署机关均须加盖印章 联合行文时，应将各发文机关署名按发文机关顺序整齐排列在相应位置，并使印章加盖其上，最后一个印章端正、居中下压发文机关署名和成文日期，印章之间排列整齐、互不相交相切，每排印章两端不得超出版心，每排最多放三个印章
8	附注	附注一般是对公文的发放范围、使用时需注意事项的说明。请示件应当在附注的位置上标注联系人和联系方式。如有附注，应居左空两个字加圆括号编排在成文日期下一行

公文末页版式示例和联合行文公文末页版式示例如图2-4和图2-5所示。

××××××××××××××××××××××××××××××××
××××××××××。

　　附件：1. ××公司2019年××××××××××××

　　　　　　××情况

　　　　　2. ××公司2019年度风险管控情况

××市××有限公司

2020年××月××日

（联系人：×××，联系电话：××××××××）

抄送：×××，×××，×××，×××，×××。

××××××××× 　　　　　　　2020年××月××日印发

－2－

图2-4　公文末页版式示例

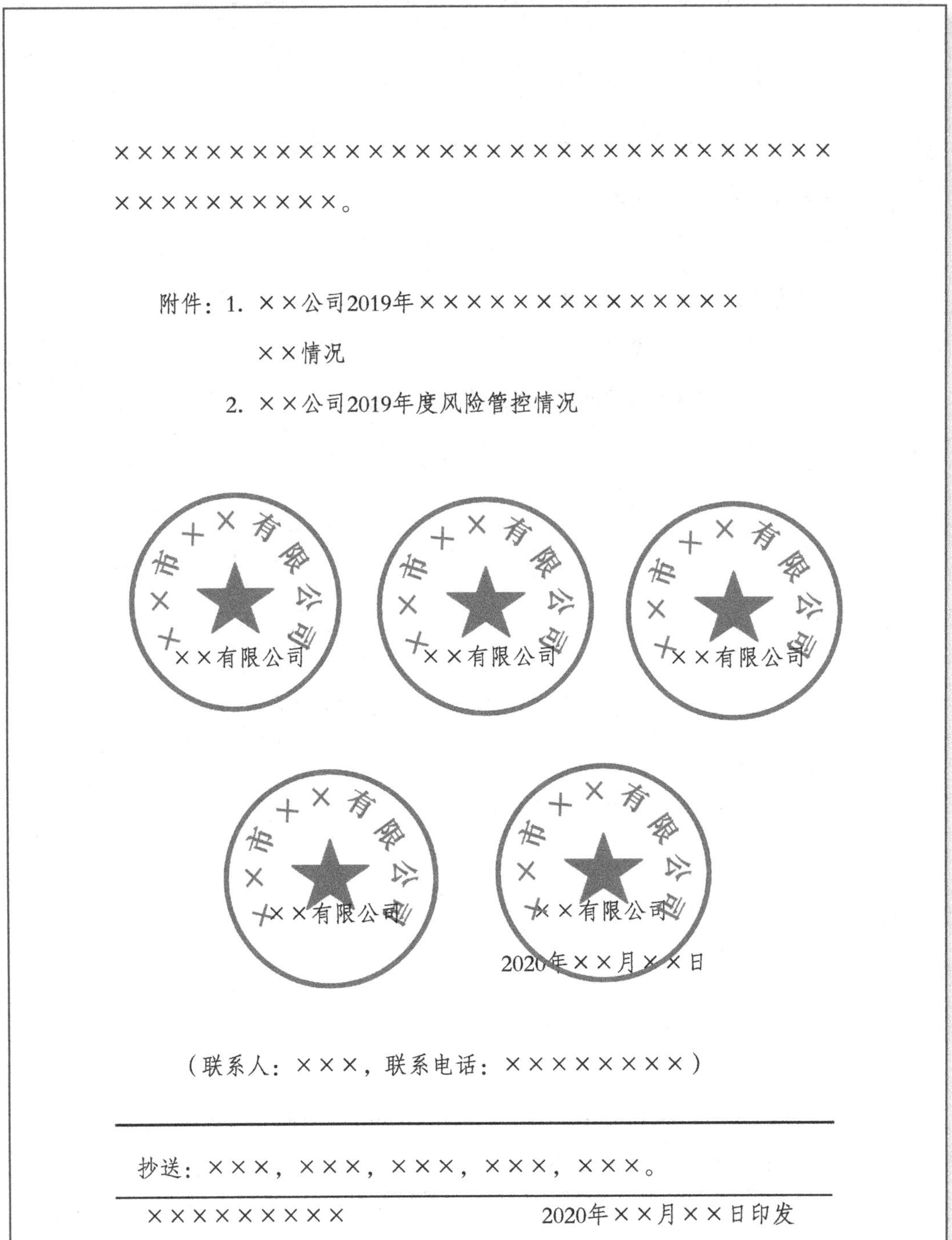

××××××××××××××××××××××××××××××
××××××××××。

　　附件：1. ××公司2019年××××××××××××

　　　　　　 ××情况

　　　　 2. ××公司2019年度风险管控情况

（联系人：×××，联系电话：×××××××××）

抄送：×××，×××，×××，×××，×××。

××××××××　　　　　　　　2020年××月××日印发

图2-5　联合行文公文末页版式示例

三、版记部分

版记部分包括抄送机关、印发机关和印发日期、页码等。版记部分位于公文最后一页的底部，均在偶数页。版记中各栏目之间要用黑色实线隔开。

版记应置于公文最后一页，版记的最后一个要素置于最后一行。这样做是为了方便阅文和查询。

版记中的分隔线与版心等宽，首条分隔线和末条分隔线用粗线，中间的分隔线用细线。

首条分隔线位于版记中第一个要素之上，末条分隔线与公文最后一面的版心下边缘重合。

版记部分包含的要素如表2-3所示。

表2-3 版记部分包含的要素

序号	要素	内容
1	抄送机关	抄送机关是指除主送机关外需要执行或者知晓公文内容的其他机关，可以是上级、平级、下级或不相隶属机关 公文的抄送范围应当严格按照工作需要确定，不能滥抄也不能错抄和漏抄，排列顺序一般按机关性质和隶属关系确定，依照先上级、再平级、后下级的次序 如有抄送机关，一般用四号仿宋字体，编排在印发机关和印发日期之上一行，左右各空一个字编排。"抄送"二字后加全角冒号和抄送机关名称，回行时与冒号后的首字对齐，最后一个抄送机关名称后加句号。如需把主送机关移至版记，除将"抄送"二字改为"主送"外，编排方法同抄送机关。既有抄送机关又有主送机关时，应当将主送机关置于抄送机关上一行，二者之间不加分隔线
2	印发机关和印发日期	印发机关是指公文的印制主管部门，一般是各党政机关办公厅（室）或文秘部门。发文机关没有专门的办公厅（室）的，发文机关就是印发机关 印发机关和印发日期一般用四号仿宋字体，编排在末条分隔线之上，印发机关左空一个字，印发日期右空一个字，年份应标全称，月、日不编虚位（即不编"01"），后加"印发"二字 版记中如有其他要素，应当将其与印发机关和印发日期用一条细分隔线隔开
3	页码	页码一般用四号半角宋体阿拉伯数字，编排在公文版心下边缘之下，数字左右各放一条一字线；一字线上距版心下边缘七毫米。单页码居右空一个字，双页码居左空一个字 公文的版记页前有空白页的，空白页和版记页均不编排页码 公文的附件与正文一起装订时，页码应当连续编排

案例

行文格式及常见错误举例

一、主送机关错误

1. 主送机关一般不能直接写上级单位某部门。

2. 确定文件的主送机关后，还要正确选择主送机关的标注形式。主送机关常见的标注形式有如下三种。

一是全称。只要主送机关名称不是很长，都可以采用这种形式，但普发性文件除外。

二是规范化简称。这种形式可以浓缩那些常用但是字数较多的机关名称，如市发改委、市城投公司。

三是统称。统称即同级或者同类型机关概括性的总称，一般用于下行文。

二、发文字号不规范

年份应标全称，用六角括号"〔 〕"括入；序号不编虚位（即"1"不编为"001"），不加"第"字。

发文代字由发文机关自行拟定，固定使用，不能经常更改。年份用六角括号括起，顺序号不用括号。例如，"国办发〔2020〕2号"说明这是国务院办公厅在2020年发出的第2号文件。

年份要用全称，不应简化，如"19""20"等均属标识不正确。年份应用六角括号"〔 〕"括起来。注意，六角括号不是数学的中括号，因为当引用公文时，标题后面的发文字号要用圆括号"（ ）"括起来，如果年份用中括号括起来，就违反了低级符号中不得包含高级符号的原则。因此，称之为"六角括号"是为了与数学的中括号相区别。

引用上级机关公文时，一般采用上级机关名称加书名号内的文件标题，发文字号在书名号后并用圆括号括起来。

三、序数层级使用错误

1. 正确的序数词

第一层用"一、""二、""三、"。

第二层用"（一）""（二）""（三）"。

第三层用"1.""2.""3."。

第四层用"（1）""（2）""（3）"。

若出现第五层，则用"①""②""③"。

2. 错误的序数词

第一层用"一，""二，""三，"。

第二层用"（一）、""（二）、""（三）、"。

第三层用"1）、""2）、""3）、"。

规范的版头示例如下。

000001

机密★1年

特急

××市××有限公司文件

××〔2020〕30号　　　　　　　　　　签发人：×××

××公司关于×××的报告

××公司：

根据×××《关于×××的通知》（××〔2020〕10号），

> 发文字号的正确表述

×××××，现将有关情况报告如下。

一、2019年度企业××××工作回顾

（一）经营管理情况。

1. 各经营板块收入情况。

（1）地产板块收入情况。

一是×××××××××。×××××××××××××××

×××××××。

二是×××××××××。×××××××××××××××

××××××××××。

序号层级

注：版心实线框仅为示意，在印制公文时并不印出。

31

四、附件表述错误

1. 附件应在正文下空一行并左空两个字标注"附件"，同时标全角冒号和名称，附件如有序号则使用阿拉伯数字。

2. 附件的前后标题和顺序要一致。

3. 附件名称后不加标点符号。

错误示例如下：

"附件：1. ×××××××

　　　　2. ×××××××。"

附件一、×××××

附件二、《××××××××××》

附件三：×××××

规范的附件示例如下。

×××××××××××××××××××××××××××××
××××××××××。

　　附件：1. ××公司2019年度×××××××××××××
　　　　　　××情况

　　　　2. ××公司2019年度风险管控情况

××市××有限公司
2020年××月××日

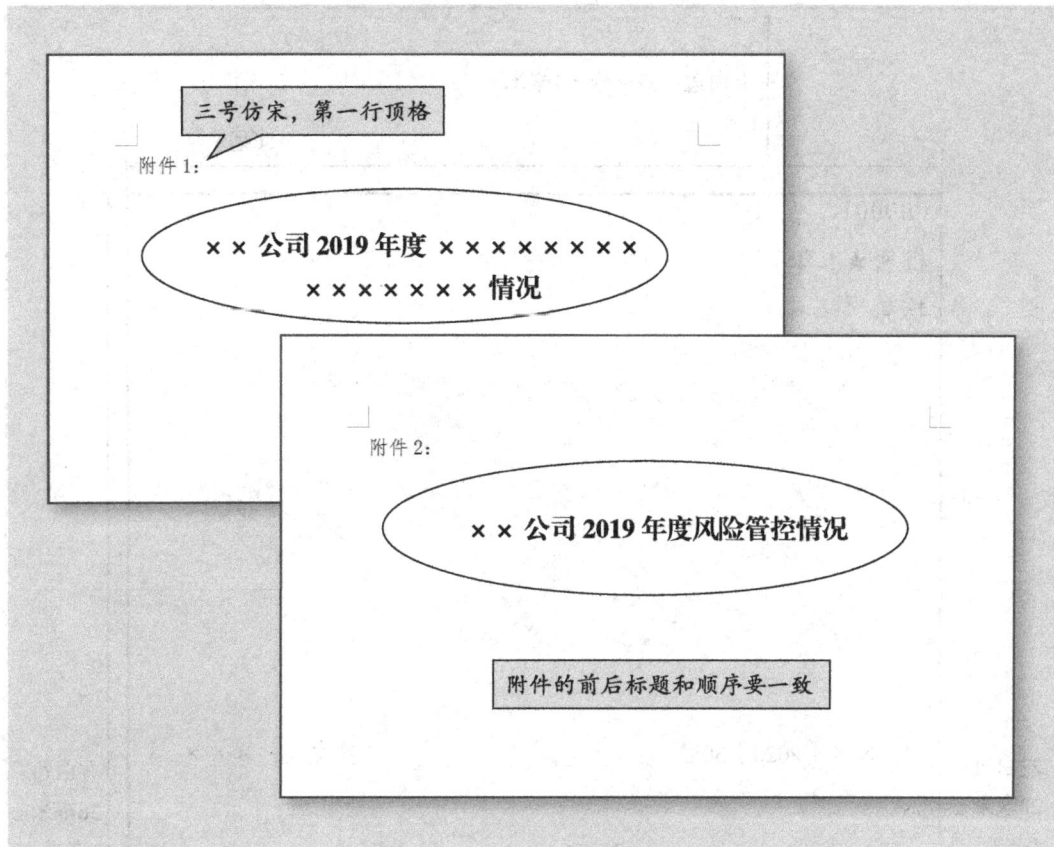

三号仿宋，第一行顶格

附件1：

××公司2019年度×××××××
×××××××情况

附件2：

××公司2019年度风险管控情况

附件的前后标题和顺序要一致

第二节　公文版式及其他有关规定

一、公文用纸和版心规格

《国家行政机关公文格式》规定，公文用纸一般采用国际标准A4型（210毫米×297毫米）；纸的规格一般为60g/m²～80g/m²的胶版印刷纸或者复印纸。

公文版心规格为156毫米×225毫米（不含页码）。

公文页边设置如下：

（1）上白边（天头）空37毫米±1毫米；

（2）下白边空35毫米±1毫米；

（3）左白边（订口）空28毫米±1毫米；

（4）右白边（翻口）空26毫米±1毫米。

公文版心规格示例如图2-6所示。

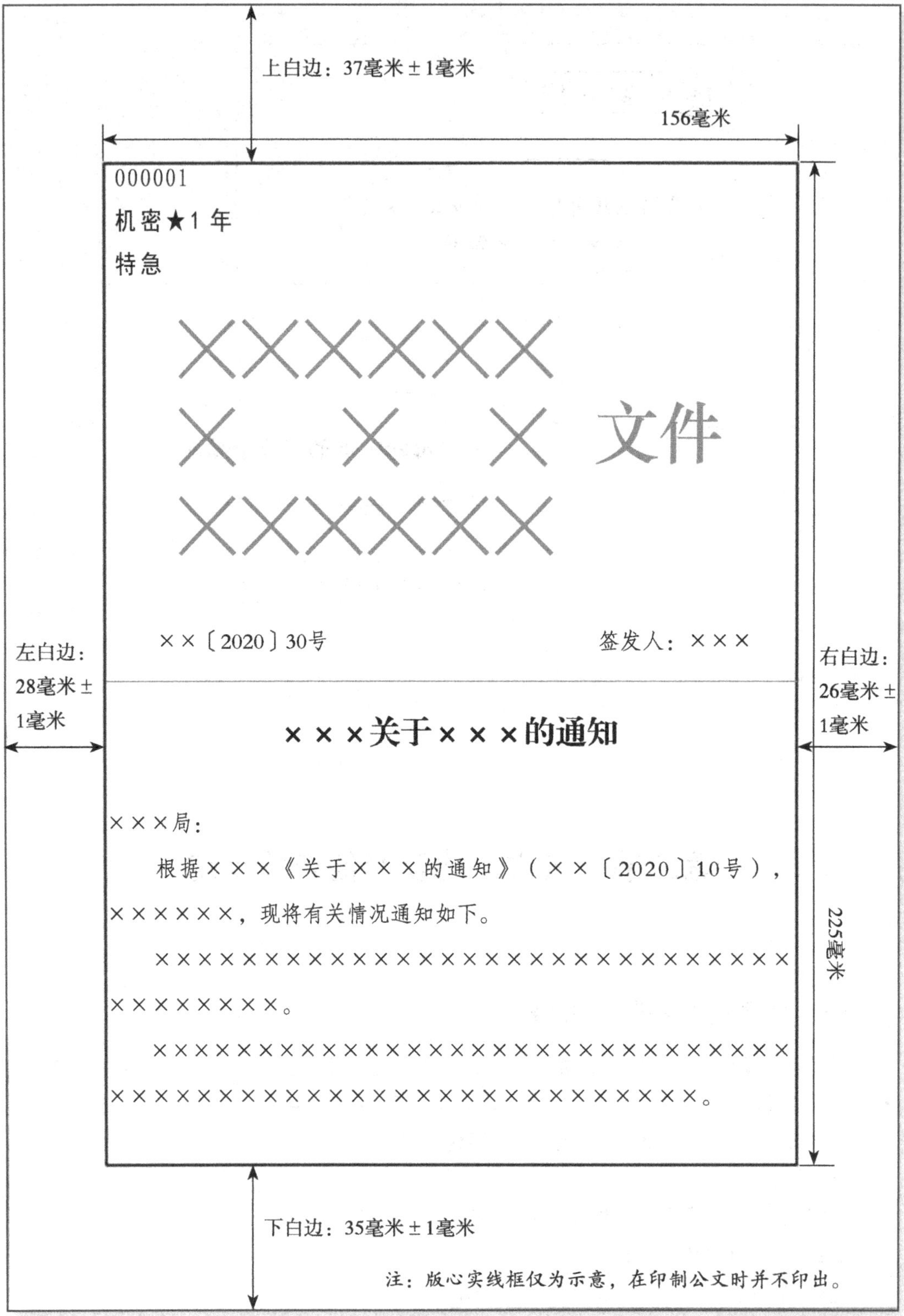

上白边：37毫米±1毫米

156毫米

000001

机密★1年

特急

××××× ××× 文件

××〔2020〕30号　　　　　　　　　签发人：×××

左白边：
28毫米±
1毫米

右白边：
26毫米±
1毫米

×××关于×××的通知

×××局：

　　根据×××《关于×××的通知》（××〔2020〕10号），×××××××，现将有关情况通知如下。

　　××××××××××××××××××××××××××××××××××××。

　　××××××××××××××××××××××××××××××××××××。

225毫米

下白边：35毫米±1毫米

注：版心实线框仅为示意，在印制公文时并不印出。

图2-6　公文版心规格示例

二、排版规格

关于公文排印，汉字从左往右横排，少数民族文字可按其书写习惯排印。

公文正文用三号仿宋字体（16磅，其字高与宽为5.6毫米，下同），一般每页排22行，每行排28个字。正文行距（即字体高度加行间距离）以10.5毫米或10毫米为宜。

一般公文格式（平行文或下行文）的发文机关标识上边缘距版心35毫米，上行文的发文机关标识上边缘距版心上边缘80毫米。

眉首部分下方的红色"反线"（即间隔线）为红色实线，位于发文字号下方4毫米，红线粗1毫米，与版心同宽，一般长156毫米。

版记部分的横线为黑色实线，与版心同宽，一般长156毫米。

三、公文字号

公文的印刷字体一般按发文机关标识、大标题、小标题、正文等顺序，依次从大到小选用。

发文机关标识推荐使用小标宋体字，用红色标识；发文机关标识字以醒目美观为原则酌定，但应小于15毫米×22毫米。发文机关标识版记应由本机关的文秘部门统一规定，不应随意变动，以保证公文的权威性。

有关公文的字体和字号规定如下：

（1）公文标题用二号小标宋体字（21磅）；

（2）秘密等级和保密期限、紧急程度、主题词标识用三号黑体字，其中主题词词组用三号宋体字；

（3）正文、发文字号、主送机关、附件说明、成文日期、附注、附件、抄送机关、印发机关、印发日期、份数等均采用三号仿宋字体；

（4）签发人用三号楷体字；

（5）份数序号用三号半角黑体阿拉伯数字。

公文字号示例如图2-7所示。

000001

机密★1年

特急

××市××有限公司文件

××〔2020〕30号 签发人：×××

××公司关于×××的报告

标题：二号小标宋体字，加粗

××公司：

　　根据×××《关于×××的通知》（××〔2020〕10号），×××××，现将有关情况报告如下。

　　一、2019年度企业×××工作回顾 ← 一级标题：三号黑体

　　（一）经营管理情况。 ← 二级标题：三号楷体

正文内容：三号仿宋

　　1.各经营板块收入情况。

　　（1）地产板块收入情况。 ← 三级及以下标题：三号仿宋，加粗

　　一是××××××××。×××××××××××××××

×××××××××××××。

　　二是××××××××。×××××××××××××××

×××××××××××××。

注：版心实线框仅为示意，在印制公文时并不印出。

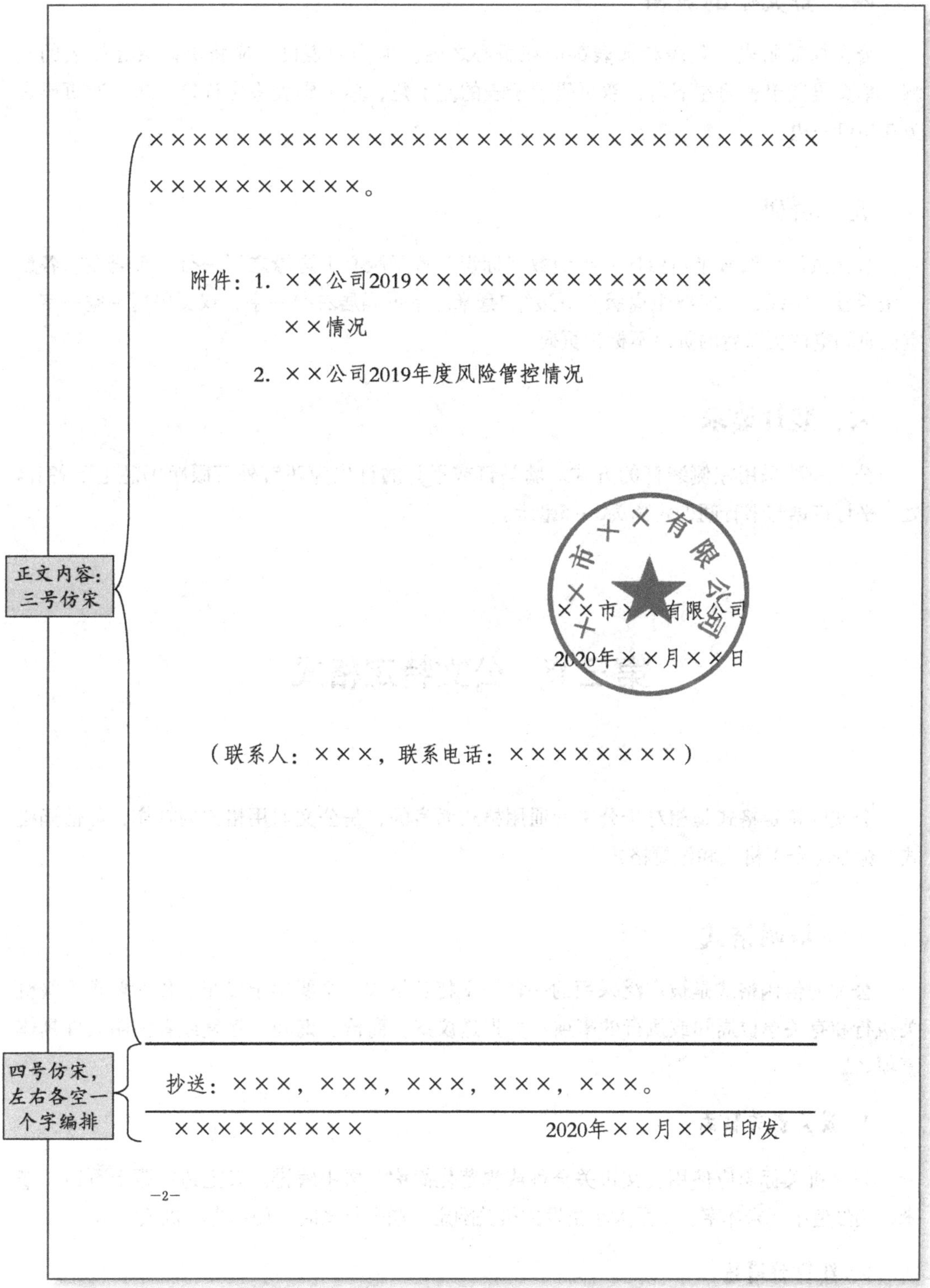

××××××××××××××××××××××××××××××××
××××××××××。

　　附件：1. ××公司2019××××××××××××

　　　　　　××情况

　　　　　2. ××公司2019年度风险管控情况

正文内容：三号仿宋

××市××有限公司

2020年××月××日

（联系人：×××，联系电话：×××××××××）

四号仿宋，左右各空一个字编排

抄送：×××，×××，×××，×××，×××。

×××××××××　　　　　　　　　2020年××月××日印发

图2-7 公文字号示例

四、公文中的表格

公文如需附表，竖表和横表都应在版心之内。横排的表格，应将页码放在横表的左侧，单页码置于表的左下角，双页码置于表的左上角；单页码表头在订口一边，双页码表头在切口一边。

五、页码

公文页码用四号半角白体阿拉伯数字标识，置于版心下边缘之下一行，页码左右各放一条四号一字线，一字线距离版心下边缘7毫米。单页码居右空一字，双页码居左空一字。空白页和空白页以后的页面不标识页码。

六、装订要求

公文一般采用左侧装订的方式。骑马订或平订的订位为两钉外订眼距书芯上下各1/4处，平订钉锯与书脊间的距离为3～5毫米。

第三节　公文特定格式

公文的特定格式是相对于公文的通用格式而言的，是公文通用格式的补充，如信函格式、命令（令）格式和纪要格式。

一、信函格式

公文的信函格式是被广泛采用的一种公文特殊格式，主要用于发布、传达要求下级机关执行和有关单位周知或执行的事项，如报送议案，商洽、询问、答复或者说明某件具体事项。

1. 发文机关标志

发文机关标志应使用发文机关全称或规范化简称，居中编排。其上边缘距上页边30毫米，用红色小标宋体字，字号大小由发文机关酌定。联合行文时，使用主办机关标志。

2. 红色分隔线

发文机关标志下4毫米处为一条红色双线（上粗下细），距下页边20毫米处为一条红色双线（上细下粗），线长均为170毫米，且均以版心为准居中编排。

3. 份号、密级、保密期限和紧急程度

公文如需标注份号，应顶格居版心左边缘编排在第一条红色双线下，字号为三号汉字高度的7/8；如需同时标注密级、保密期限和紧急程度，密级和保密期限顶格编排在份号下一行，紧急程度顶格编排在密级和保密期限下一行。

4. 发文字号

发文字号顶格居版心右边缘编排在第一条红色双线下，字号为三号汉字高度的7/8。

5. 标题

标题居中编排，与其上最后一个要素相距两行。

6. 页码

信函式公文首页不显示页码，从第二页开始标注。只有两页的信函式公文，第二页可以不标注页码。

7. 版记

版记中不加印发机关、印发日期和分隔线，其位于公文最后一面版心内最下方。

【范本01】

关于商洽委托代培涉外秘书人员的函

××大学文学院：

本集团公司新近上岗的秘书人员缺乏专门的涉外秘书知识，业务素质亟待提高。据报载，贵院将于今年9月开办涉外秘书培训班，系统讲授新时代下的涉外秘书业务、公关礼仪、实用文书写作等课程。该培训项目为我集团公司新上岗的涉外秘书人员提供了一个难得的在职进修机会。为了适应新时代、掌握新知识、实现新突破、成就新作为，尽快提高本集团公司涉外秘书人员的从业素质，我们拟选派八名在岗秘书人员随该班进修学习，委托贵院代培。有关代培费用及其他相关经费，将按时如数拨付。

如蒙慨允，恳请函复为盼。

××集团公司（印章）

××年××月××日

【范本02】

关于××超市总公司商租商场一事的复函

××超市总公司：

贵公司《关于商租××商厦五楼的函》（沪×超函〔×××〕20号）收悉，经研究，现答复如下。

贵公司欲租我商厦五楼闲置的楼面开设超市，这是满足顾客的购物需求、有利于盘活我商厦的闲置资源、扩大我商厦的经营规模与商品种类的好事，也是在"不忘初心、牢记使命"的理念下，汇聚新动能，实现新发展，展示新风貌，迈上新台阶，更是收获新成效的好事。本商厦欢迎贵公司来我商厦五楼开设超市，具体租金请贵公司来人面洽。

特此复函。

××商厦（印章）

××年××月××日

【范本03】

××市统计局关于请求拨款的函

市财政局：

我局原有××平方米砖瓦结构车库（平房）一处，因年久失修于今年雨季突然倒塌，现急需修复。经测算，共需资金××万元。因我局除财政拨款外无另外资金来源，故请能予临时拨款为盼，以便解决车辆越冬之急需。

附件：维修图纸与预算

××市统计局（印章）

××年××月××日

【范本04】

××感谢函

_____（××单位）：

××大会于××月××日在××大厦成功召开，在会议筹备期间，贵单位的××先生给予了大力支持和热心帮助。××先生十分关心××物流产业的发展，并在百忙之中抽出时间参加协会的活动，使××的各项工作得以顺利开展。××协会成立至今，举办了一些在国内外有影响力的活动，发展了近百家会员，为企业、行业、政府做了很多实事，这与××先生一年来的热心参与是分不开的。

值此，××公司全体工作人员表示衷心的感谢和诚挚的敬意！在今后的工作中，真诚希望贵单位对协会工作提出更多宝贵意见，继续关心和支持协会，再次感谢！

××公司（印章）

××年××月××日

二、命令（令）格式

命令格式可以说是行政机关公文中的最高形式。命令格式包括以下内容。

1. 发文机关标志

命令的发文机关标志由发文机关名称加"命令（令）"组成，如"中华人民共和国国家统计局令"，居中编排，其上边缘距版心上边缘20毫米。发文机关名称应使用全称，不能用机关简称和规范化简称，如国务院令的发文机关名称就是"中华人民共和国国务院"。发文机关标志推荐用红色小标宋体字，字号大小由发文机关酌定，但要注意不大于上级机关发文机关标志字号。

2. 令号

命令的发文字号为令号，其位于发文机关标志下空两行居中位置，如"第×号"。令号的编制可自发第1号令开始，不受年度限制，也可按年度编排。

3. 正文

令号和正文间无红色分隔线，在令号下两行标识正文内容，正文的内容一般较为简短。

4. 签名章

由于"命令"或"令"比较严肃、内容简练，所以正文之后须加盖印章，标注成文时间。命令的印章不是发文机关名称印章，而是发文机关负责人的手写签名章，其位于正文下两行右侧空四个字。签名章左空两个字并标注负责人的职务（如"部长""局长"等），且相对于签名章上下居中。联合发布的命令，应先编排主办机关签发人职务、签名章，其余机关签发人职务、签名章依次向下编排；签发人职务应标注全称。签名章一般用红色。在签名章下一行右空两个字标注成文年、月、日。

若是几个机关的联合命令，其发文机关为各有关机关，这时应将"命令"或"令"字居中排放在发文机关标志后。签发人名章也依次并列盖印，但主办机关应放第一位，并应注明各签发人职务全称。

面对社会发布的命令（令）不加主送机关。其他格式同一般公文格式。

5. 主送机关

命令（令）的主送机关置于版记中，其位置在抄送机关之上。

【范本01】

清理道路检查站的命令

各市、县人民政府，省府直属各单位：

为了扎实推进"不忘初心、牢记使命"主题教育活动，奋力实现新发展，展现新风采，制止在公路上随意设卡查车、乱罚乱扣的现象，坚决纠正行业不正之风，促进经济、文化交流，保障人民群众和企业的合法权益，省人民政府决定清理在各地道路上设置的检查站（卡），特发布命令如下。

一、除我省与毗邻省（区）接壤的公路交通要道设立必要的检查站外，省内国道上的所有检查站（卡）自××月××日起一律撤销。

二、公安、交通、工商、税务、林业、畜牧等部门需要在省道、县道及与毗邻省（区）接壤的交通要道上设置检查站（卡），必须经省人民政府批准。各地、各部门自行设置的检查站（卡）均为非法，群众和车辆驾驶人员可拒绝接受其检查。

三、除公安干警追捕刑事案犯、打击车匪路霸、维护交通秩序及处理交通事故外，其他任何人员不得上路流动检查，不得拦截在公路上正常行驶的车辆，不得对旅客实施人身检查。

四、经批准设立的检查站的执勤人员在执行检查任务时，应出示省人民政府办公厅统一核发的《公路检查证》，佩戴行业检查标志。无上述证件、标志的均为非法检查。

五、各类检查人员执行检查公务时不得超越本职检查范围，不得进行非法扣罚。被检查者应尊重执勤人员并配合检查。省各主管部门对本系统的检查人员要实行有效的监督管理，发现问题必须及时处理。

六、本命令责成省人民政府××局、省××厅及各级法制、监督部门监督执行，并负责对各类检查站及执法人员进行监督。被检查单位、群众认为检查人员有违反本命令的行为的，可以向监察部门反映、举报，监察部门应及时做出处理。

（省××厅的监督电话专线号码：×××××××）

七、以前的有关规定与本命令相抵触的，一律以本命令为准。

××省人民政府（印章）

××年××月××日

【范本02】

关于撤销××市擅自改变上级机关对外商赠送物品的审批权限规定的命令

××市人民政府：

关于外商赠送物品审批权限问题，外贸部贸进管字〔××××〕353号文件规定，外商赠送物品以及××、××接受外商赠送汽车十辆以下，由省人民政府批准，而且省府已发出×府办〔××××〕××号文件明确了接受赠送物品报批手续。××市政府×府〔××××〕××号文件通知市属单位，从今年×月×日开始，外商赠送物品由市政府批准，下级机关擅自改变上级机关的规定是不对的。为此，现重申：凡接受外商赠送国家限制进口的物品，都应按现行规定报省人民政府审批，违背规定越权审批的一律无效。接受汽车的，持加盖省政府办公厅印章的"接受外商赠送物品报批表"和外商赠送书，到经贸部申领许可证，海关一律凭省政府办公厅办理的批件和经贸部许可证验收。

××省人民政府（印章）

××年××月××日

【范本03】

××市消防支队嘉奖令

××市、区人民政府各部门，各有关单位：

××年，××市消防支队开展"不忘初心、牢记使命"主题教育，紧紧围绕全市中心工作，以人民满意为根本标准，团结拼搏，创新进取，无私奉献，积极提升支队战斗力，不断提高执法服务质量，全面消除火灾隐患。同时广泛开展消防宣传教育，以不断提升城市综合应急救援能力，保障我市经济发展和人民群众安居乐业。全市全年火灾形势始终保持高度平稳，未发生亡人火灾和较大以上火灾事故。该支队被应急管理部消防救援局评为"全国安全工作先进支队"，被省消防救援总队评为"20××年先进支队"。为表彰先进，市政府决定，对取得优异成绩的市消防支队予以通令嘉奖。

希望市消防支队珍惜荣誉，再接再厉，再创佳绩，能够再一次开创新局面，迈上新台阶，迈出新步伐。全市各级、各部门、各单位要以市消防支队为榜样，团结拼搏，努力工作，为实现我市"十三五"经济社会发展目标，构筑"四个之城"做出更大贡献。

××市人民政府（印章）

××年××月××日

三、纪要格式

1. 纪要标志

纪要标志由"××纪要"组成，居中编排，其上边缘距版心上边缘35毫米，推荐用红色小标宋体字，字号大小由发文机关酌定。

2. 纪要编号

纪要标志下空两行居中编排纪要编号，即"第×号"，并用圆括号括入，不受年度限制；也可按年度编排，如"〔××〕×号"。

3. 发文机关和成文日期

纪要编号下空一行编排发文机关和成文日期，发文机关居左空一个字，成文日期居右空一个字。会议纪要标题可不标发文机关。另外，会议纪要不加盖机关印章。

4. 分隔线

在发文机关和成文日期下印一条与版心等宽的红色分隔线。

5. 标题和正文

在红色分隔线下依次标注纪要的标题和正文。

6. 出席、列席和请假人

标注出席人员名单时，一般用三号黑体字在正文（或附件说明）下空一行左空两个字编排"出席"二字，后标全角冒号，冒号后用三号仿宋字体标注出席人单位、姓名，回行时与冒号后的首字对齐。标注请假和列席人员名单时，除依次另起一行并将"出席"二字改为"请假"或"列席"外，编排方法同前。

7. 纪要不加盖印章

具体内容略。

8. 纪要的特殊形式可以根据实际情况确定

具体内容略。

【范本 01】

××办公例会纪要

时间：××年××月××日16：20～17：50

地点：××会议室

主　持　人：××

与会人员：××、××

外勤缺席：××

记　录　人：××

本次会议内容如下。

一、近期公司重大事件通报

祝贺我公司于20××年××月××日顺利取得物业服务企业一级资质！

公司从20××年年底成立到××年正式运营，直至如今成功取得一级资质证书，这是公司全体人员努力的结果。然而，获得一级资质也意味着我们将面临更大的压力，因此我们要用更高的标准要求自己。

二、公司领导工作点评与指示

（一）严格遵守国家政策法规

新出台的××市《物业服务企业资质动态监督管理暂行办法》于××年××月××日

开始执行，对物业企业的监管将采用类似驾照的扣分制度。如果物业企业出现违法违规行为将被扣分，并接受相应的处理……

（二）重视工作的日常性和延续性

各职能部门近期开展了很多专项检查活动，取得了一定的效果。检查完毕，各项目应明确责任人，根据检查结果及时整改，切勿再次出现同样的问题，否则将做追究处理。工作的日常性和延续性关系到各项目整体状况的好坏、管理费收缴率的高低等。

（三）员工纪律问题

公司领导层、职能部门的各级人员在项目例行检查工作中要合理安排时间，用餐问题自行解决，不得出现由项目或下属员工请客吃饭的现象，不得增加项目负担。员工之间不得搞"小团体"，严禁非正常的频繁聚餐。

………

（十一）车场管理方面

1. 本周五在××就车场收费事宜进行研讨。我们将对重点业主相关情况和跟踪信息做出分析，为下一步启动租赁收费工作及配合地产销售做好准备。

2. 六七月份，重点推进车位的租赁工作。同一层车位的价格不再"一刀切"，位置好的相对租赁价格也略高。××、××等项目要制定好工作方案，并做好对业主的解释说明工作。

【范本02】

×××召开"不忘初心、牢记使命"主题教育工作会议纪要

时间：××年××月××日上午9：00

地点：公司会议室

主 持 人：×××

参会人员：×××、×××、×××、×××、×××、×××

本次会议内容如下。

按照公司党委的统一部署，今天召开"不忘初心、牢记使命"主题教育工作会。安排此次主题教育工作的目的是深刻领会中央、省委、集团和公司党委部署要求，引导公司全体党员干部把不忘初心的标尺立起来，把牢记使命的责任扛起来，把党员的先锋模范作用彰显出来。

一、×××做"不忘初心、牢记使命"主题教育工作会讲话，对开展主题教育进行全面动员，并做出安排部署。

（一）要深刻认识"不忘初心、牢记使命"主题教育的重大意义。

一是充分认识到，开展"不忘初心、牢记使命"主题教育是深入学习贯彻习近平新时代中国特色社会主义思想的实际行动。

二是充分认识到，开展"不忘初心、牢记使命"主题教育是推进全面从严治党向纵深发展的重要抓手。

三是充分认识到，开展"不忘初心、牢记使命"主题教育是激发党员干部干事创业的内生动力。

（二）要突出抓好"不忘初心、牢记使命"主题教育的关键环节。

一是强化理论武装，打牢学习教育这个基础。

二是强化问题导向，把握"调查研究、检视问题"这个关键。

三是开展专项整治，抓好整改落实这个核心，坚持边学边查边改。

（三）加强领导，确保主题教育活动的实效性。

一是加强领导，做好表率。

二是强化宣传，营造氛围。

三是确保主题教育取得实效。

二、"不忘初心、牢记使命"主题教育巡回指导组组长代表指导组做重要讲话，对×××开展主题教育工作提出了具体建议和意见。

（一）强化政治担当，抓好落实。

（二）聚焦根本任务，抓好落实。

（三）把握"12字"总要求，抓好落实。

（四）紧扣"五句话"目标，抓好落实。

（五）坚持"四个贯穿始终"，抓好落实。

（六）围绕企业中心工作，抓好落实。

（七）力戒形式主义，抓好落实。

【范本03】

××局长会议纪要

××月××日，××局长主持召开局长会议。会议就年初的几项主要工作进行了认真的研究，现特纪要于后。

一、关于××年财务解决的问题。会议认为，全系统的财务解决必须按照县政府召开的财政决算会议精神办理，盈利企业要保证年度计划盈利的完成，亏损大户企业要尽量多减亏，微亏企业要扭亏为盈。全系统要坚决完成县政府下达的亏损不突破××万元的目标。

二、关于××年度商业工作初步打算问题。会议提出××年的目标任务：

（一）销售总额完成××万元，增长××%以上；

（二）工业产值完成××万元，增长××%以上；

（三）收购××万头牛（其中，食品公司××万头，肉制公司××万头，含内销××万头）以上；力争达到××万头，增长××%以上；

（四）实现利润（按上年同口径）亏损不突破××万元，减亏××%以上；

（五）项目投资××万元以上，增长××%以上；

......

以上各款，望局各股室及时付诸实施。

公司项目论证会议纪要

时间：××年××月××日

地点：××公司会议室

出席人员：××公司各部门主任

主持人：××（公司副总经理）

记录人：××（办公室主任）

一、主持人讲话：今天主要讨论一下×××软件是否投入开发以及如何开展前期工作的问题。

二、各部门主任做出如下发言。

技术部××总：类似的×××软件已经有不少，如×××、×××、×××，以及×××、×××、×××的软件。我认为首要的问题是确定方向，如果没有特色或市场前景不大，千万不能投入开发。

资料部××主任：我们通过调查和分析发现，×××软件虽然有很多，但从专业角度而言，大都不规范。我指的是编辑方面的问题。如×××对于×××这一块就干脆忽略掉，而书信这一部分也大多是×××习惯，我们使用起来很不方便。×××是中国人开发的软件，在技术上很有特点，但离专业水准还差很远。我认为我们定位在这一方面是很有市场的。

市场部××主任：这好比在众多航空母舰中间寻求突破，我认为我们有成功的希望。因为我们建造的不是航空母舰，所以必须考虑兼容性问题。

三、各部门都同意立项，初步的技术方案将在10天内完成，资料部预计需要3个月完成资料编辑工作，系统集成约需要20天，该软件预定于元旦投放市场。

散会。

主持人：（签名）

记录人：（签名）

第三章　常用公文写作（上）

第一节　决议

一、定义

决议是指多个主体根据表决原则做出的决定。

决议适用于会议讨论通过的重大决策事项。它是指党的领导机关就重要事项，经会议讨论通过，并要求贯彻执行的重要指导性公文。

二、特点

决议的特点如下。

（1）权威性。决议是经过党的会议讨论通过才能生效并由党的领导机关发布的，是党的领导机关意志的反映。

（2）指导性。决议表述的观点和对事项的评价都具有指导意义。

三、内容格式

决议由首部和正文两部分组成。

1. 首部

首部由标题和成文时间两部分组成。

（1）标题。决议的标题有两种形式，一种由发文机关（或会议名称）、事由和文种构成，另一种由事由和文种构成。

（2）成文时间，即决议正式通过的日期。成文时间一般位于标题下，并用圆括号注明。

2. 正文

正文由决议缘由、决议事项和结语三部分组成。

（1）决议缘由：一般简要说明有关会议审议决议涉及事项的情况，陈述做出决议的原因、根据、背景、目的或意义。

（2）决议事项：写明会议通过的决议事项，或会议对有关文件、事项做出的评价、决定，或对有关工作做出的部署安排和要求、措施。

（3）结语：一般紧扣决议事项有针对性地提出希望、号召和执行要求。有的决议不单列这部分内容。

四、填空式模板

_____（发文机关、事由）决议

_____（成文时间）

_____。（介绍会议基本情况）

会议提出，_____，

_____。

会议强调，_____，

_____。

会议号召，_____，

_____。

【范本】

××公司第××次代表大会关于党委工作报告的决议

（2019年××月××日）

××市××公司第××次代表大会是在××公司转型发展关键时期召开的一次重要会议。大会审议并同意××同志代表××公司第××届党委所做的《××》的工作报告。

大会同意报告对××公司第××届党委××年来各项工作的总结。大会认为，××年来，在市委市政府、市××党委的正确领导下，××公司党委坚持以习近平新时代中国特色社会主义思想为指导，紧紧围绕公司中心工作，带领系统各级党组织和广大党员，积极推进企业党的建设工作，认真完成上级党组织下达的各项工作任务，有力地促进了公司物质文明和精神文明建设协调发展。坚持"××"，充分发挥各级党组织的政治核心作用，公司改革发展取得显著成绩；全面加强党的组织建设，公司基层党组织和党员队伍的战斗力进一步增强，党的固本强基工程得到扎实推进；坚持党管干部、党管人才原则，创新人才选拔机制，××领导班子和经营管理者队伍的整体水平进一步提高；不断加强思想政治工作和企业文化建设，公司凝聚力、战斗力得到进一步提升；全面加强党风廉政建设，深入反腐倡廉，有效规范的公司××监督体系初步形成；认真履行社会责任，争当优秀企业公民，为公司发展回馈社会做出积极贡献。

大会同意报告确立的今后××年××公司党委工作的指导思想、总体目标和对各项重点工作做出的部署。

大会强调，当前和今后一个时期，××公司各级党组织和广大党员要紧紧围绕打造××，充分发挥各级党组织的政治核心作用，促进××目标的顺利实现；要坚持党管人才原则，以培养造就一批行业领军人物和优秀企业家为核心，进一步加强人力资本建设；要紧紧围绕转型发展和改革创新的主旋律，进一步加强企业党的自身建设，充分发挥基层党组织的战斗堡垒作用和广大党员的先锋模范作用；要围绕××中心工作，进一步加强思想政治工作和企业文化建设，为公司改革创新营造良好的内外部环境；要认真履行社会责任，争当优秀企业公民，积极塑造公司良好形象。

大会同时审议了公司纪委的工作报告。同意该报告对××年来党风廉政建设和反腐败工作的总结与今后工作的意见。

大会号召，××各级党组织、广大党员和员工要积极行动起来，发扬锐意进取、开拓创新的精神，为实现××而努力奋斗！

第二节　决定

一、定义

决定是对重要事项或重大行动做出决策或安排，并要求机关各部门和下级机关或有关单位贯彻执行的指令性公文。

二、特点

决定主要有两大特点，具体如图3-1所示。

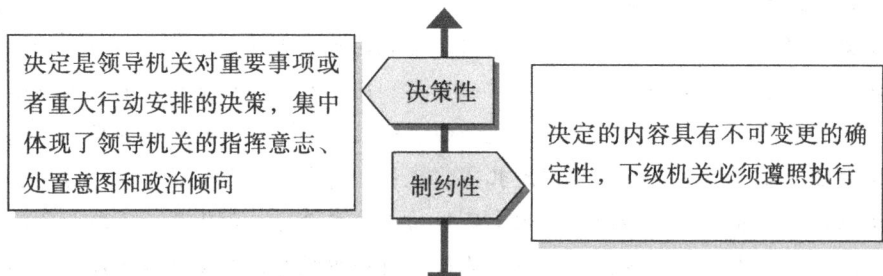

图3-1　决定的特点

决定是领导机关对重要事项或者重大行动安排的决策，集中体现了领导机关的指挥意志、处置意图和政治倾向

决策性

制约性

决定的内容具有不可变更的确定性，下级机关必须遵照执行

三、种类

根据具体用途和内容的不同，决定一般分为两类，具体内容如图3-2所示。

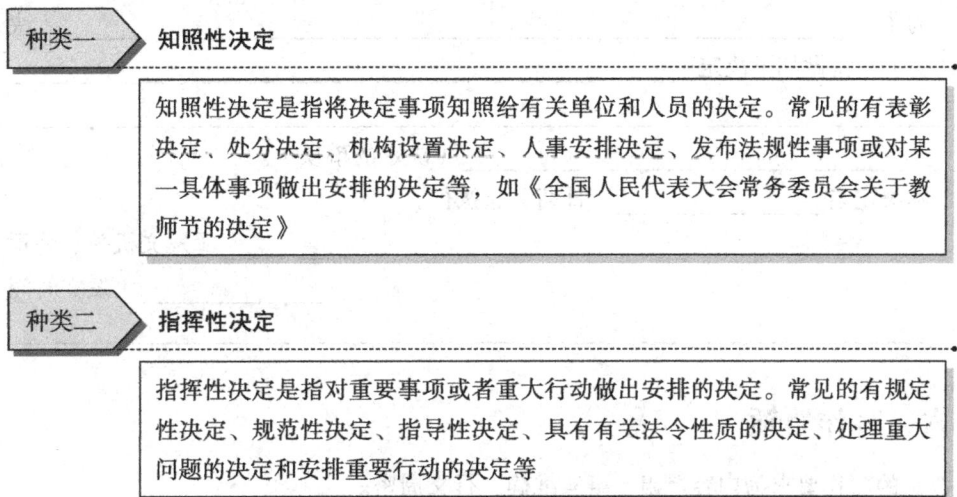

种类一 知照性决定

> 知照性决定是指将决定事项知照给有关单位和人员的决定。常见的有表彰决定、处分决定、机构设置决定、人事安排决定、发布法规性事项或对某一具体事项做出安排的决定等，如《全国人民代表大会常务委员会关于教师节的决定》

种类二 指挥性决定

> 指挥性决定是指对重要事项或者重大行动做出安排的决定。常见的有规定性决定、规范性决定、指导性决定、具有有关法令性质的决定、处理重大问题的决定和安排重要行动的决定等

图3-2 决定的种类

四、结构

1. 标题

决定的标题如《×××关于×××的决定》。

2. 决定的原因和目的

决定的原因和目的如"目前×××（事实依据）。根据×××（理论依据），为了×××（目的主旨），现决定×××（意图主旨），具体×××如下"。

3. 决定的内容

决定的内容，即对具体事项做出安排，写清安排的步骤。

4. 希望与要求

具体内容略。

5. 公章

决定要加盖公章，并注明日期。

五、填空式模板

_____（发文机关、事由）决定

为了_____（决定的依据），特做如下决定_____

_____（决定的事项）。

本决定自_____（日期）起执行。

_____（发文机关、公章）

_____（发文时间）

六、写作要领

决定的写作要求为内容严肃、事实准确、行文周密。

决定的内容要领如图3-3所示。

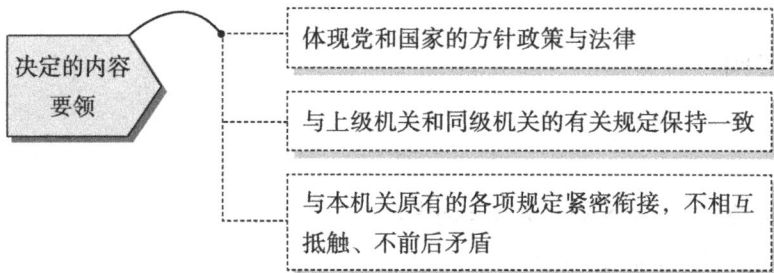

图3-3　决定的内容要领

七、决议与决定的异同

2012年，中共中央办公厅和国务院办公厅联合印发的《党政机关公文处理条例》明确规定，决议适用于会议讨论通过的重大决策事项；决定适用于对重要事项做出决策和部署、奖惩有关单位和人员、变更或者撤销下级机关不适当的决定事项。由于决议和决定的性质、作用等有相似或相近之处，因此有些人在实际工作中容易将二者混淆。

1. 决议与决定的相同点

决议和决定都是对重大事项或行动做出决策安排的指挥性下行公文。它们的相同点体现在以下几个方面。

（1）文体性质相同

决议是党政机关对重要问题或重大事项进行决策部署时使用的领导指导性公文；决定是各级党政机关安排重要事项，或对重要问题、重大行动进行决策部署时使用的具体规定性和领导指导性的公文。决议与决定同属决策性、领导指导性公文。

（2）具体作用相同

决议与决定都是对某些重要事项、重要问题的处理或对重要工作的安排，一般都要求下级机关坚决贯彻执行。其中，决议一律要求下级机关执行，而决定中只有部署性决定才要求下级机关执行，宣告性决定只起知照性作用，一般不要求下级机关执行。但是，两者都带有决策性质，并具有一定的强制性，一经公布，必须坚决贯彻执行。

（3）行文方向相同

决议与决定一样，都是公文种类中比较典型的下行公文。上级党政领导机关一旦对某些带有全局性的重要事项、重要问题做出处理或对一些重要工作、重大行动做出部署安排，就要及时向下级发文，并要求贯彻执行，起到领导、指导作用。

（4）写作模式相同

决议与决定的写作模式基本相同。两者的标题拟写与其他公文一样，即在标题之下标明题注，注明会议通过的时间和会议名称。标题之下正文之前一般不写主送机关。两者的正文一般由缘由、事项和结语三部分构成，可视内容多少采用篇段合一式、分条列项式、自然分段式、总分式等结构形式。

2. 决议与决定的相异点

（1）制作程序不同

决议所要贯彻的决策事项是会议集体讨论通过的；而决定是会议集体讨论并按照法定程序表决的结果，有的是由领导机关直接做出的。

（2）性质用途不同

决议经常用于由会议审议批准某项议案、重要报告、法规以及审议机构成立或撤销，所审议批准的条文作为决议的附件；决定则常用于由会议或领导机关直接制定发布行政法规以及给予表彰奖励或处分。

（3）使用范围不同

决议比决定的使用范围相应小一些，决议一般由会议讨论通过并要正式公布，而且决议涉及的事项一般是比较重大的；决定的使用范围比较宽泛，决定不限于会议通过的，也可以是某个单位、某个组织或者某个人确定的。决定的内容可以是重大的事项，也可以是普通的事项，其可直接告知相关人员，不一定公布。

（4）类型划分不同

决定可分为指挥性决定、奖惩性决定和知照性决定三类。决议可分为批准文件的决议、重大问题的决议和专门问题的决议。

（5）写作要求不同

决议内容比较概括，原则性条文多，常涉及事关全局、原则性强的重大问题，以指导为主，议论较多；决定着重提出开展某项工作的步骤、措施、要求等。决定内容要明确、具体，措施要易于落实，行政约束力要强，可以直接作为下级机关的行动准则。

【范本01】

关于表彰特殊贡献奖员工的决定

公司所属各单位：

公司自20××年××月××日成立以来，在公司董事会的正确领导下，全体员工齐心协力，锐意进取，奋力拼搏，取得了良好的经济效益与社会效益。在此期间，涌现出一批工作业绩突出、绩效卓越的金牌员工和先进个人。为表彰先进，弘扬和激励全体员工的团队精神，增强企业凝聚力，促进公司健康发展，公司决定，在公司成立十周年之际，评选五名特殊贡献奖员工，树立楷模，树立榜样。

特殊贡献奖名单如下：

×××　×××　×××　×××　×××

公司号召全体员工向特殊贡献奖员工学习，以他们为榜样，同时希望受表彰的五名员工珍惜荣誉、再接再厉，为实现公司快速、健康发展做出更大的贡献。

××××有限公司（公章）
××年××月××日

【范本02】

关于表彰优秀单位会员、优秀分支机构、特殊贡献奖的决定

各单位会员：

根据《中国××行业协会优秀单位会员评选办法》和《中国××行业协会单位会员管理办法》的相关规定，为表彰我单位会员在××行业重大工程和年度行业工作中取得的崭新业绩，以及在本次年会、展会暨论坛的成功举办中所做出的突出贡献，特决定表彰以下单位会员。

一、20××年度优秀单位会员

中国××股份有限公司、中国××工业集团公司、中国××重工集团公司、中国××石油总公司、××工程有限公司、××海洋工程有限公司等单位会员，经营管理规范、作业及科研业绩突出，近年来对××行业的建设发展做出了积极贡献，树立了良好行业典范，特授予"优秀单位会员"荣誉称号。

二、20××年度优秀分支机构

中国××行业协会水下工程质量检测与评定管理专业委员会、中国××行业协会××办事处、中国××行业协会××工程技术专业委员会在各项工作中，积极主动、运行规

范、管理严格、成绩显著，特授予"优秀分支机构"荣誉称号。

三、20××年度单位会员特殊贡献奖

20××年××月××日，在14级强台风"××"袭击下，××市受灾严重，多个小区地下车库海水倒灌，出口完全被淹，相关人员被困。由于积水浑浊不清，水下车辆及障碍物不明，救援难度大，情况危急。我会单位会员××潜水服务有限公司主动承担起应急救援责任，经过19小时的坚持搜救，成功救出三名被困的遇险人员。此举既体现了我会员对生命的尊重，也实现了其在应急救援行动中的社会价值，更扩大了行业的社会影响，特授予"特殊贡献奖"。

希望受到表彰的会员珍惜荣誉、再接再厉、拼搏奉献、再立新功。我会号召全体会员要以学习贯彻落实党的十九大精神为动力，在走进新时代、学习新思想、追赶新目标的进程中，以更加饱满的热情、更加奋进的姿态和更加务实的作风，勇于担当、主动出击、凝心聚力、开拓创新，为共创行业发展新局面而努力奋斗。

××行业协会（公章）

××年××月××日

第三节 意见

一、定义

意见的本意是人们对事物所产生的看法或想法。意见是上级领导机关对下级机关部署工作，指导下级机关工作活动的原则、步骤和方法的一种文体。意见的指导性很强，有时是针对当时带有普遍性的问题发布的，有时是针对局部性的问题发布的。意见适用于对重要问题提出见解或处理办法。

二、特点

从字面上理解，意见多代表个人主观意念上对客观事件或人物的见解，带有较为强烈的主观意愿和色彩，但意见并不代表建议，通常只表达自己的观点。要想将意见落到实处，我们还需要从实际情况出发进行进一步的规划和整理。

意见的特点主要有四项，具体如图3-4所示。

重要性	所涉及的必须是重要问题，即应当是工作中所遇到的涉及方针政策性的重大事项和主要问题
指导性	意见用于下行文时，具有指示的性质，对下级机关开展工作具有指导作用
针对性	就某一重要问题制发，对下级机关发挥帮助和解决问题的作用，如《进一步加强国企改革的指导意见》
原则性	就重要问题提出见解和处理办法时，从宏观方面提出原则性意见

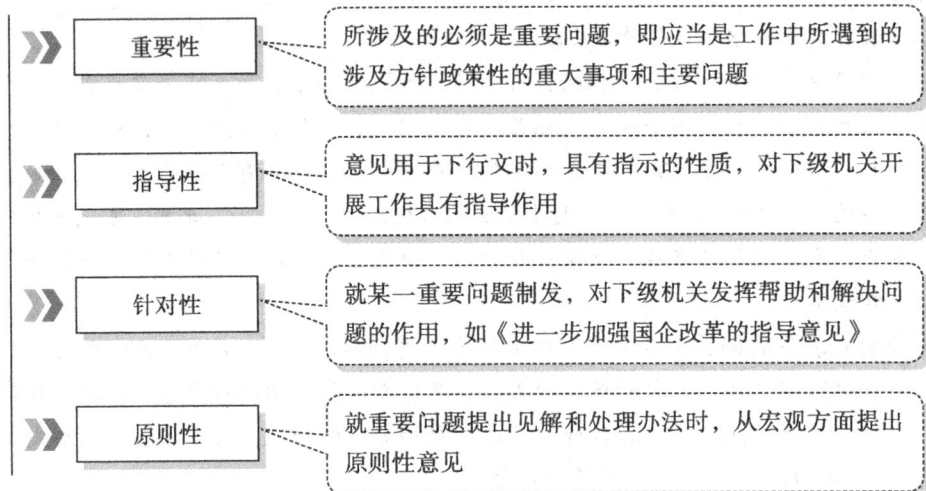

图3-4　意见的特点

三、内容格式

意见的正文一般由开头、主体和结尾三部分组成。

（1）开头，概括性说明制定意见的缘由、目的或依据。常用"现提出如下意见"作为承启语转入意见的主体部分。

（2）主体，该部分主要解决"如何认识"和"如何解决"这两个问题。结构安排上应先写原则性指导意见，后写具体性指导意见；先写理论性认识，后写解决办法。内容较多、篇幅较长的意见，可以用序号或小标题形式排列，以使结构更清晰明朗。

（3）结尾，列出上报的意见，也可提出请求批转的要求，如"以上意见如无不妥，请批转各地（单位）执行"。下发的意见一般要求下级结合实际情况贯彻执行，有的还可以提出在贯彻执行中遇到的困难和问题或结合本单位实际情况制定具体实施方案的要求。

意见正文示例如下。

关于×××××××的意见

×××××××：

　　为了×××××××××，按照××××××，让×××××××，现提出如下意见：

　　1.

　　2.

　　3.

　　4.

```
    5.
    ……
    ……
    ……
                                            ××年××月××日
```

四、写作要领

（1）意见是就贯彻执行上级精神写作的带有宣传、引导、说明、阐释意义的指导性文件。文件的语言描述要相对缓和，不应使用命令性的词语。

（2）意见内容较多地表述建议，不应用写论文或宣传材料的手法做全面论述。

（3）意见大多是就现实工作中出现的新情况、新问题，经过调查研究，提出解决问题的思路和办法。因此，写作意见时要注意选题，深入调查研究，掌握第一手资料。

五、填空式模板

```
                _____（发文机关、事由）意见
_____（主送机关）：
    根据_____（发表意见
的背景、缘由、目的等），现提出以下意见。
    一、_____
_____
_____。（阐明工作或问题的意义）
    二、_____
_____
_____。（提出目标任务、具体措施或阐明意见看法）
_____
_____
_____。（提出要求、期望）

                                    _____（发文机关）
                                    _____（发文时间）
```

【范本01】

××年防汛抗旱工作意见

为扎实做好××年防汛抗旱工作，随时应对可能出现的水旱灾害，根据××区防汛抗旱指挥部对今年防汛抗旱工作的具体部署和要求，结合镇情，现就做好今年的防汛抗旱准备工作通知如下。

一、指导思想

各村（居）要充分认识做好防汛抗旱工作对保障经济社会发展的重要作用，牢固树立防汛保安全、减灾保稳定的思想，坚持以人为本，以防为主，以急为先，及早部署，及早准备，增强水患意识，全面做好防汛抗旱准备工作，随时迎战可能出现的水旱灾害。全镇干群全力协作，坚持以人民利益高于一切的高度负责的精神，把自然灾害造成的损失降低到最低限度，为构建和谐社会和我镇新农村建设提供有力的保障。

二、科学制定防汛抗旱各种预案

我镇地理环境特殊，易涝易旱，水利基础设施防汛抗旱能力较为薄弱，防汛抗旱工作一直是我镇农村工作的重中之重。近年来，极端气候事件时有发生，各村（居）要吸取往年在防汛抗旱中的经验教训，进一步明确防汛抗旱的责任分工，落实防汛抗旱责任制，居安思危，警钟长鸣。

（一）关于防汛工作

1. 深入开展工程度汛安全大检查

××××××。

2. 筹集防汛器材

××××××。

3. 成立抢险组织

××××××。

4. 落实撤退方案

××××××。

5. 加大水法执法力度，依法清障

××××××。

（二）关于抗旱工作

1. 制定抗旱预案

成立抗旱放水协调小组，责任到人，及时处理各种矛盾和用水纠纷（抗旱人员分工表附后）。

2. 统筹抓好春灌供水和抗大旱准备工作

各村要在做好当前防汛工作的同时，抓住有利时节，立足现有水源，利用现有的蓄水工程，加强库塘蓄水的巡查管理工作，在确保安全度汛的前提下，力争多引、多蓄，增加可用水量，为今年的农业用水打好基础。

3. 做好渠道疏通整理

各村要组织劳动力对部分渠道进行疏通整治，完善水源工程的配套工作，使其在抗旱中发挥应有作用，同时做好调整种植结构的准备，对无水源的高膀田块，要做好水改旱的准备。

三、严明措施，严格要求

防汛抗旱工作是一项长期的、涉及面广的社会系统工作，任务艰巨，责任重大，只有用严明的纪律做保证，才能带领广大群众战胜旱魔水患。

1. 健全机构，明确责任

镇调整防汛抗旱指挥部组成如下。

政委：×××。

指挥长：×××。

副政委：×××、×××。

副指挥长：×××、×××、×××。

成员：×××、×××、×××、×××、×××、×××、×××、×××。

指挥部下设办公室，×××同志任办公室主任，×××同志任副主任，各村也要成立相应的防汛抗旱指挥机构，以明确责任、分工负责。

2. 严格执行防汛抗旱纪律

一旦进入防汛抗旱时期，各级干部就要高度警觉，不能有丝毫麻痹、松懈和侥幸心理。镇村两级干部及镇有关单位在防汛抗旱期间不得擅离职守，应严格履行请销假手续，顾全大局，服从指挥。凡违反防汛抗旱纪律的，一律从严处理。凡造成损失的，须将其绳之以法。要大力弘扬在防汛抗旱工作中涌现出的好人好事。

3. 加强宣传贯彻水法法规

加强宣传贯彻《中华人民共和国水法》《中华人民共和国防洪法》等相关法律法规，进一步增强全民抗灾意识；严禁在抗旱中发生偷水、抢水现象，甚至在水源紧缺的关键时刻进行敲诈、索取财物；严禁破坏水利设施，如在圩堤渠道、主公路上乱开缺口，在圩埂上乱搭、乱建、乱种植。若出现以上问题，将依法严肃从重处理，对出现袒护包庇责任人的领导给予批评教育，直至给予党政纪处分。

以上意见，希望各村、各有关单位认真贯彻执行，确保我镇防汛抗旱工作顺利、有序进行。

××镇

××年××月××日

【范本02】

作风建设监督检查工作意见

为深入贯彻党的××大和××届中央纪委××次全会精神，进一步巩固和扩大党的"不忘初心、牢记使命"教育实践活动成果，驰而不息正风肃纪，打造作风建设新常态，现就我局加强作风建设监督检查、深化正风肃纪工作提出如下实施意见。

一、指导思想

加强作风建设监督检查是深化机关和干部作风建设、着力整治作风问题、严肃廉政纪律的一项专门工作。通过完善作风建设长效机制，加强作风建设监督检查，进一步健全正风肃纪工作的组织保障，明确作风建设的督查重点，规范作风建设的组织实施，严格作风建设的问题查办，严肃作风建设的问责追究，实现作风建设工作的常态化、制度化、科学化运作，营造爱岗敬业、干事创业、廉洁从业的勤政廉政氛围。

二、组织保障

（一）局党组牵头负责全局作风建设工作，调整充实工作人员，完善工作机制。纪检监察部门具体承担全局作风建设日常工作，做好作风建设工作中涉及党政纪处理问题的立案调查、定性量纪和处分执行工作。

（二）各分管领导负责管理分管区域范围内的专项检查，并根据日常监督检查工作需要，全力支持、配合、参与局组织开展的各类专项检查工作。

（三）把贯彻落实正风肃纪工作作为作风建设重点，并与××年局绩效目标管理与落实党风廉政建设制情况一同考核。

三、工作重点

作风建设工作以贯彻落实有关作风建设制度规定为主线，重点围绕查纠"四风"问题、执行廉洁自律、公务支出消费、公车使用管理、作风效能建设、重点工作推进情况等内容开展监督检查。

（一）对"节日病"的监督检查，主要包括公款相互请吃，公职人员接受服务管理对象安排的宴请，违规购送、收受礼品礼金，违规发放津补贴及福利，参与"酒局、牌局"等问题。

（二）对"吃喝玩"的监督检查，主要包括工作用餐饮酒，同城安排公务用餐，工作日中餐和公务出差期间饮酒，违规公款吃喝，将非公务活动纳入公务接待范围，上班时间、工作日午休时间和公务出差期间参加打牌、打麻将等相关活动，参加带有赌博性质的打牌、打麻将等活动。

（三）对"慵懒散"的监督检查，主要包括上班时间无故迟到早退；通过QQ或微信闲聊；网上购物或做微商；炒股；玩游戏；玩抖音、看小说、看与工作无关的视频等；擅离职守；工作精神面貌萎靡；工作态度恶劣、办事拖拉；对本职工作不作为、慢作为、乱作为；对县委县政府重大决策部署执行不力，有令不行、有禁不止；对县委县政府确定的重点工作推进不力，未按进度完成工作任务等问题。

（四）对"奢靡风"的监督检查，主要包括办公室用房超标准，大操大办婚丧喜庆事宜，违规收受并使用会员卡，违规出入私人会所，违规到风景名胜区开会，超规格、超标准安排和接受公务接待与组织会议，在公务活动中赠送或接受礼品礼金，违规组织或参与高消费娱乐、健身活动，违规使用公车、超范围租用公车，公款旅游以及借考察、学习等名义变相公款旅游等问题。

四、组织实施

根据作风建设正风肃纪工作的内容和要求，采取多种方式组织实施监督检查工作，主要方式如下。

（一）明察暗访。××××××。

（二）交叉检查。××××××。

（三）部门自查。××××××。

（四）公众参与检查。××××××。

五、问题查办

局纪检组牵头负责作风建设问题查办工作，根据问题的初步调查核实情况，提出处理建议，经局委会审议通过后，再按有关程序办理。根据问题的类别和性质，作风建设问题查办的主要形式如下。

（一）上级督办：××××××。

（二）上级查办：××××××。

（三）本级自办：××××××。

（四）下级自办：××××××。

六、责任追究

各股室对作风建设工作监督检查中查实的违纪违规问题，严格按照有关规定予以严肃处理；涉及问题的股室要举一反三，提出整改意见，落实整改责任。

（一）属于违反省、市、县有关制度规定要求的，严格按照有关规定，对相关涉事人员予以组织处理或者党政纪处分。涉嫌犯罪的，移送司法机关依法处理。

（二）属于违反机关效能建设规定的，严格按照《七项效能建设制度》（××办〔××〕4号）文件规定，对相关涉事人员予以问责。

（三）属于以下情况之一的，按照"党委主体责任、纪委监督责任"追究相关领导班子或领导干部责任。

1. 对正风肃纪工作领导不力，以致职责范围内明令禁止的不正之风得不到有效治理，造成不良影响的。

2. 疏于监督管理，致使领导班子成员或者分管的下属部门成员发生严重违纪违法问题的。

3. 对上级领导机关交（督）办的工作不传达贯彻、不安排部署、不督促落实或者拒不办理的。

4. 对本部门发生的严重违纪违法行为隐瞒不报、压案不查的。

七、有关要求

（一）局党组及领导班子成员要切实担负起各分管区域的作风建设的主体责任，加强领导，严格要求和管理，坚持抓常、抓细、抓长，层层传导压力，落实责任。针对存在的突出问题，及时查找漏洞和薄弱环节，强化建章立制，推进正风肃纪长效机制建设。

（二）要加大监督检查力度，对违纪违规问题保持"零容忍"，对顶风违纪、以身试法的坚决予以查处。

××局

××年××月××日

第四节　公报

一、定义

公报也称新闻公报，是党政机关和人民团体公开发布重大事件或重要决定事项的报道性公文，是党和国家经常使用的重要文种。

二、特点

公报具有权威性、指导性和新闻性。公报是应用写作的重要文体之一。

三、种类

公报的种类有会议公报、事项公报和联合公报三种，具体内容如图3-5所示。

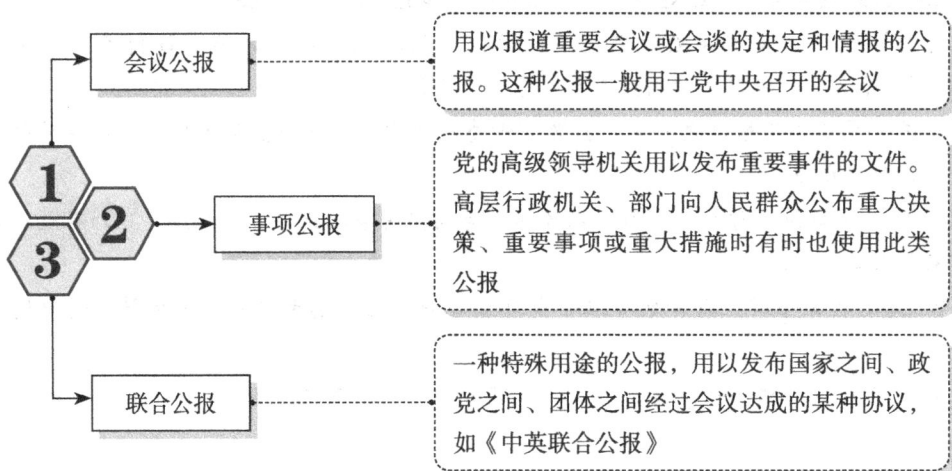

图3-5　公报的种类

四、结构

公报由首部、正文和尾部三部分组成。

1. 首部

首部由标题和成文时间两部分组成。

（1）标题。公报的标题有三种常见的形式：第一种是直写文种，如《新闻公报》；第二种是由会议名称和文种构成；第三种是联合公报，由发表公报的双方或多方国家的简称、事由和文种构成。

（2）成文时间。会议公报的成文时间用括号在标题之下正中位置注明。

2. 正文

正文由开头和主体两部分组成。

（1）开头，即前言部分。事件性公报要求用鲜明、精练的语言概述事件的核心内容，即何时、何地、发生了什么重大事件；会议性公报要求概述会议的名称、时间、地点、参加人员等；联合公报要求概述公报的来由，即在何时、何地、谁与谁举行了什么会谈或谁对谁进行了什么性质的访问等。

（2）主体，即公报的核心内容。主体部分清楚、完整、系统、有序地表述了公报的内容。主体有三种常见的写作形式：第一种是分段式，即每段说明一层意思或一项决定；第二种是序号式，多用于内容复杂、问题较多的公报；第三种是条款式，多用于联合公报。

3. 尾部

事件性公报和会议性公报一般没有尾部；联合公报要在正文之后写明双方签署人的身份、姓名以及签署时间和地点。

五、填空式模板

_____（会议名称/发文机关、事由）公报

_____（成文日期）

_____。（会议、事件的核心内容）

_____
_____
_____
_____。（公报的事项）

【范本】

××市市场和质量监管委20××年度食品药品监管统计公报

依据《食品药品监督管理统计管理办法》等有关规定要求，现将20××年度食品药品监管统计年报予以公布。

一、生产和经营许可情况

（一）食品生产和经营许可情况

1. 食品生产许可情况

20××年，共新颁发食品生产许可证××张，全市共有食品生产许可证××张，食品添加剂生产许可证××张；共有食品生产企业××家，食品添加剂生产企业××家。

2. 食品经营许可情况

20××年，全市共有食品经营企业××家，其中，食品销售××家，餐饮服务××家，单位食堂××家。

（二）保健食品生产许可情况

20××年，全市共有保健食品生产企业××家。

（三）药品生产和经营许可情况

1. 药品生产许可情况

20××年，全市共有药品生产企业××家。

2. 药品经营许可情况

20××年，全市共有药品经营许可证持证企业××家，其中，药品批发企业××家，药品连锁总部××家，药品零售企业××家。

（四）医疗器械生产和经营许可情况

1. 医疗器械生产许可情况

20××年，全市实有医疗器械生产企业××家，其中，可生产一类产品的企业××家，可生产二类产品的企业××家，可生产三类产品的企业××家。

2. 医疗器械经营许可情况

20××年，全市共有医疗器械经营企业××家，其中，二类产品经营备案企业××家，三类产品经营许可企业××家。

（五）化妆品生产许可情况

20××年，全市共有化妆品生产企业××家。

二、案件查处情况

20××年××市市场和质量监管委共查处食品安全案件××件，货值金额××万元，罚款××万元，没收违法所得金额××万元，移送司法机关××件。

20××年××市市场和质量监管委共查处保健食品案件××件，货值金额××万元，罚款××万元，没收违法所得金额××万元，取缔（查处）未经许可生产经营××户，捣毁制假售假窝点××个，责令停产停业××户，移交司法机关××件。

20××年××市市场和质量监管委共查处药品案件××件，货值金额××万元，罚款××万元，没收违法所得金额××万元，取缔无证经营××户，捣毁制假售假窝点××个，责令停产停业××户，移交司法机关××件。

20××年××市市场和质量监管委共查处医疗器械案件××件，货值金额××万元，罚款金额××万元，没收违法所得金额××万元，取缔无证经营××户，责令停产停业××户。

　　20××年××市市场和质量监管委共查处化妆品案件××件，货值金额××万元，罚款××万元，没收违法所得金额××万元，责令停产停业××户。

××市市场和质量监管委
××年××月××日

第五节　公告

一、定义

　　公告是行政公文的主要文种之一。公告和通告都属于发布范围广泛的晓谕性文种。公告是向国内外宣布重要事项或者法定事项时使用的公文。

二、特点

　　公告有四大特点，具体如图3-6所示。

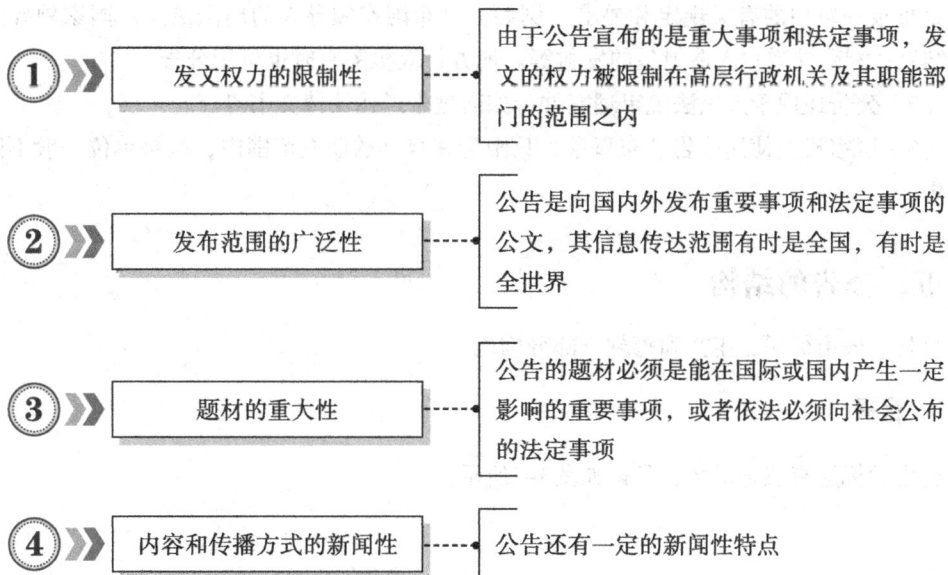

① 发文权力的限制性	由于公告宣布的是重大事项和法定事项，发文的权力被限制在高层行政机关及其职能部门的范围之内
② 发布范围的广泛性	公告是向国内外发布重要事项和法定事项的公文，其信息传达范围有时是全国，有时是全世界
③ 题材的重大性	公告的题材必须是能在国际或国内产生一定影响的重要事项，或者依法必须向社会公布的法定事项
④ 内容和传播方式的新闻性	公告还有一定的新闻性特点

图3-6　公告的特点

三、种类

公告包括三种类型，具体内容如下。

1. 重要事项公告

凡是用来宣布有关国家的政治、经济、军事、科技、教育、人事、外交等方面需要告知全民的重要事项，都属于重要事项公告。常见的有国家重要领导岗位的变动、领导人的出访或其他重大活动、重要科技成果的公布、重要军事行动等，如中国人大常务委员会关于确认中国人大代表资格的公告。

2. 法定事项公告

依照有关法律和法规的规定，一些重要事情和主要环节必须以公告的方式向全民公布。例如，《中华人民共和国专利法》第三十九条规定："发明专利申请经实质审查没有发现驳回理由的，专利局应当做出审定，予以公告。"

3. 专业性公告

有一类公告是属于专业性的，如经济上的招标公告。

四、使用范围

（1）公告通常是以国家的名义向国内外宣布重大事件，有时也授权新华社以公告形式公开宣布某一事项的有关规定和要求。例如，公布国家领导人的出国访问；国家领导人的选举结果；洲际导弹、人造卫星的发射等。地方行政机关有时也可用公告。

（2）公告还用于人民法院审理案件，如向被告送达法律文书等。

（3）国家机关使用公告公布事项，只限于在自己的职权范围内，基层单位一般不能制发公告。

五、公告的结构

公告一般由标题、正文和落款三部分构成。

1. 标题

公告的标题有三种形式，具体如图3-7所示。

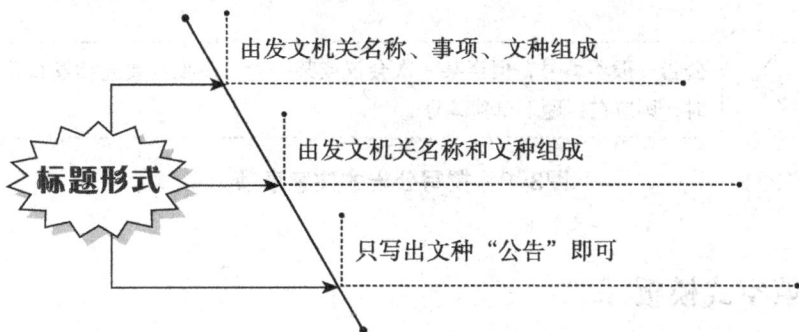

图3-7　公告的标题形式

2. 正文

公告的正文一般由因由、事项和结语三部分组成，具体内容如图3-8所示。

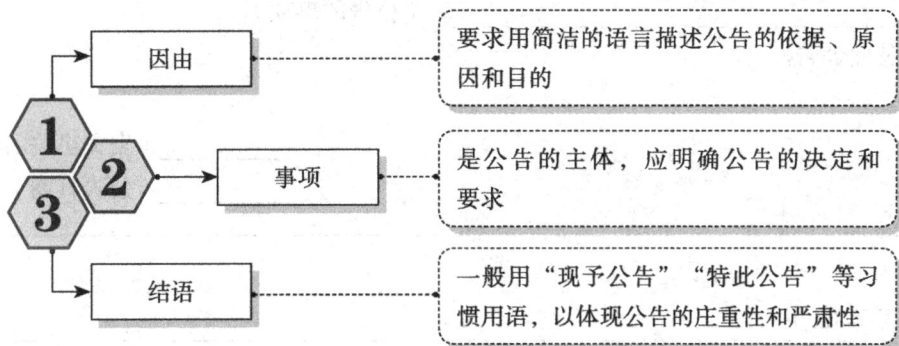

图3-8　公告的正文

3. 落款

公告的落款处应注明发布机关的名称和年、月、日。如果机关名称已在标题中出现，在落款处也可不写，只写年、月、日或将年、月、日写在标题的下方、正文的上方。

六、注意事项

撰写公告的注意事项主要有三项，具体如图3-9所示。

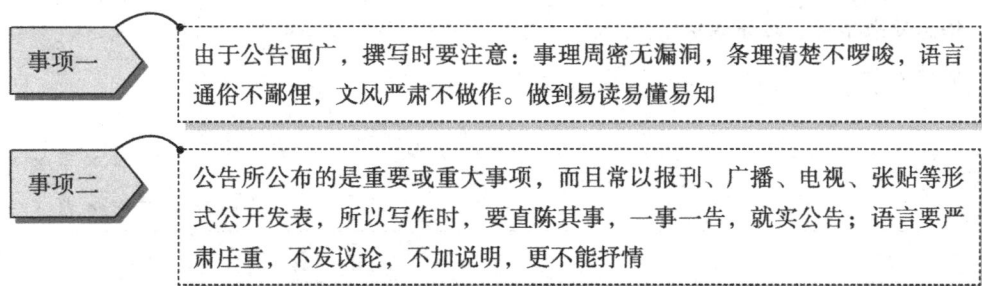

| 事项三 | 公告一般不编号，但当某一次会议或某一专门事项需要连续发布几个公告时，则应在标题下单独编号 |

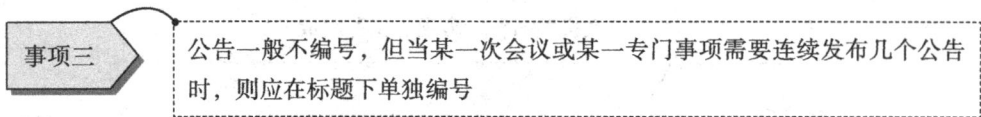

图3-9 撰写公告的注意事项

七、填空式模板

_____（发文机关、事由）公告

根据_____（公告的依据），公告如下。

_____

_____。（公告的事项）

特此公告。

_____（发文机关名称）

_____（公告日期）

【范本01】

关于××局网站域名变更的公告

为深入推进互联网政务信息数据和便民服务平台建设，提升政府网上服务能力，根据《国务院办公厅关于印发政府网站发展指引的通知》（国办发〔20××〕47号）《××省人民政府办公厅关于推进基层政府网站集约化建设的通知》（××办函〔20××〕156号）、《××省人民政府办公厅转发国务院办公厅关于加强政府网站域名管理的通知》（××办函〔20××〕336号）等文件关于政府网站域名规范的要求，××市××局网站域名（_____）将注销，将变更为_____，以上新网址自20××年××月××日起正式启用。

因涉及网站域名切换和栏目的撤并更新，期间可能出现部分链接暂时无法访问的情况。给您带来不便，敬请谅解!

特此公告。

××市××局

××年××月××日

【范本02】

关于省直社会保险信息系统升级的公告

参加省直社会保险统筹的各参保单位（参保人）：

为更好地服务参保人，满足当前精细化服务需求，我局将于20××年××月××日（周×）下午5时至6月5日（周××）上午8时30分期间对省直社会保险信息系统和网上服务系统进行升级，将暂停部分社保服务。现就有关事项公告如下。

一、5月28日下午5时起，省社保局办事大厅和网上服务大厅（含"××人社"App、"×省事"微信小程序、"××人社"微信公众号）将暂停省直企业职工养老保险、工伤保险业务查询和办理，"××社保"App和自助终端机将暂停所有服务。6月5日8时30分起省直企业职工养老保险、工伤保险业务恢复正常办理。

二、省直企业退休人员6月份的养老金，以及领取工伤保险长期待遇人员6月份的伤残津贴、生活护理费和供养亲属抚恤金将于5月底前发放到个人银行账户。

三、系统升级期间，机关事业单位养老保险和省直公费医疗有关业务正常办理。

系统升级后仍需一段时间恢复到最优运行状态，期间部分业务查询和办理可能会出现堵塞、响应慢等情况，由此带来的不便，敬请谅解。如有疑问，可致电×××-×××××。

特此公告。

××省社会保险基金管理局

××年××月××日

【范本03】

××市表彰先进管理企业公告

××年是我市确定的"企业管理年"。根据市委市政府关于××年工业工作安排意见和××市工业领导小组《关于加强工业企业管理工作的指导意见》（××工业〔××××〕6号）精神，拟于6月下旬召开全市工业企业管理工作现场会，并将在会上表彰10家管理先进企业。为使受表彰的企业更具代表性、先进性，我委决定在全市工业系统开展管理先进企业评选活动，现将有关事项通知如下。

一、参评对象

全市除煤炭企业外的所有规模工业企业。省直管企业和市属企业也纳入参评范围。

二、评选条件

（一）法人治理结构方面：××××××。

（二）发展战略管理方面：××××××。

（三）基础管理方面：××××××。

（四）质量管理方面：×××××××。

（五）信息化管理方面：×××××××。

（六）风险管理方面：×××××××。

（七）节能减排管理方面：×××××××。

（八）文化建设方面：×××××××。

三、评选名额分配、方式及程序

（一）各区市县××局和××经开区××局分别推荐两家企业，市××委在省直管企业和市属企业中推荐两家企业。

（二）各单位推荐的管理先进企业由市工业领导小组办公室初评，经市工业领导小组审核后报市委市政府审定。

（三）评选出的10家管理先进企业将在全市工业企业管理现场会上受到表彰并被授牌。

四、相关要求

（一）请各单位高度重视此次管理先进企业推荐评选工作，认真按照评选条件组织评选，评选过程要公平、公正、公开。

（二）各单位请于6月14日前将推荐评选企业审批表（含电子版）报送市××委企业科（推荐单位需加盖公章）。

联系人：××

电话（传真）：××××××

电子邮箱：××××××

××市××委

××年××月××日

【范本04】

工程项目招标公告

招标工程项目编号：××××

1. ××的××项目，已由××批准建设。现决定对该项目的工程施工进行公开招标，选定承包人。

2. 本次招标工程项目的概况如下：

（1）_____；（说明招标工程项目的性质、规模、结构类型、招标范围、标段及资金来源和落实情况等）

（2）工程建设地点为××××；

（3）计划开工日期为××年××月××日，计划竣工日期为××年××月××日，工期××日；

（4）工程质量要求符合××标准。

3. 凡具备承担招标工程项目的能力并具备规定的资格条件的施工企业，均可参加上述

（一个或多个）招标工程项目（标段）的投标。

4. 投标申请人须是具备建设行政主管部门核发的××及以上资质的法人或其他组织。自愿组成联合体的各方均应具备承担招标工程项目的相应资质条件；相同专业的施工企业组成的联合体，按照资质等级低的施工企业的业务许可范围承揽工程。

5. 本工程对投标申请人的资格审查采用资格后审方式，主要资格审查标准和内容详见招标文件中的资格审查文件，只有资格审查合格的投标申请人才有可能被授予合同。

6. 投标申请人可从××处获取招标文件、资格审查文件和相关资料，时间为××年××月××日至××年××月××日，每天上午××时××分至××时××分，下午××时××分至××时××分（公休日、节假日除外）。

7. 招标文件每套售价为××元，售后不退。投标人需交纳图纸押金××元，当投标人退还全部图纸时，该押金将同时退还给投标人（不计利息）。本公告第6条所述的资料如需邮寄，可以书面形式通知招标人，并另加邮费每套××元。招标人在收到邮购款后××日内，以快递方式向投标申请人寄送上述资料。

8. 投标申请人在提交投标文件时，应按照有关规定提供不少于投标总价的××%或××元的投标保证金或投标保函。

9. 投标文件提交的截止时间为××年××月××日××时××分，提交到××××。逾期送达的投标文件将被拒绝。

10. 招标工程项目的开标将于上述投标截止的同一时间在××公开进行，投标人的法定代表人或其委托代理人应准时参加。

招标人：××

办公地址：××××

邮政编码：××××

联系电话：××××

传真：××××

联系人：××××

招标代理机构：××××

办公地址：××××

邮政编码：××××

联系电话：××××

传真：××××

联系人：××××

日期：××年××月××日

【范本05】

20××—20××年度深圳市技能菁英候选对象公示公告

根据《××市技能菁英遴选及资助管理办法》（××人社规〔20××〕18号）规定，

现对20××—20××年度××市技能菁英候选对象予以公示（详情见附表）。

公示时间为20××年7月22日至20××年7月26日。公示期间，任何单位和个人对候选对象有异议的，可通过来访、来信等方式反映（地址：××市××区××路××号××大厦××室，邮编：×××××，联系电话：×××××××××）。所反映的情况和问题必须实事求是、客观公正。反映人应提供书面反映资料及真实姓名（单位必须盖公章）、联系电话、家庭地址或工作单位。我们将对反映人身份严格保密，对所反映的情况和问题进行认真调查核实，如候选对象有不符合遴选条件的，将取消其遴选资格，并视情况以适当方式向反映人反馈。

附件：20××—20××年度深圳市技能菁英候选对象公示名册

××市人力资源和社会保障局

××年7月21日

第六节　通告

一、定义

通告是指在一定范围内公布应当遵守或者周知事项的周知性公文。

通告的使用面比较广泛，一般机关、企事业单位甚至临时性机构都可使用，但强制性的通告必须依法发布，其限定范围不能超过发文机关的权限。

二、特点

通告是周知性下行文，其具有鲜明的告知性、一定的制约性等特点，因其内容多涉及具体的业务活动或工作，所以通告在内容上还具有专业性的特点。

三、种类

通告按用途可分为周知性（事务性）通告和规定性（制约性）通告两大类，具体内容如图3-10所示。

周知性（事务性）通告	规定性（制约性）通告
即在一定范围内公布需要周知或需要办理的事项，政府机关、社会团体、企事业单位均可使用。例如，建设征地通告、更换证件通告、施工通告等	用于公布应当遵守的事项，只限行政机关使用，如《关于禁止燃放烟花爆竹的通告》

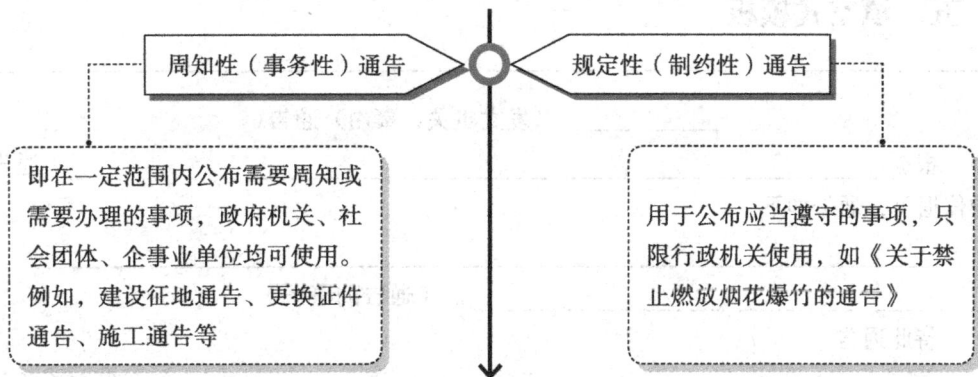

图3-10　通告的种类

四、内容格式

1. 标题

通告标题的写法有以下四种。

（1）《通告》。如遇特别紧急情况，可在通告前加上"紧急"二字。

（2）《关于××的通告》。

（3）《××关于××的通告》。

（4）《××的通告》。

2. 原由

通告原由主要阐述发布通告的背景、根据、目的、意义等。通告常用的特定承启句式"为……，特通告如下"或者"根据……，决定……，特此通告"等，以引出通告的事项。

3. 通告事项

通告事项是通告全文的核心部分，包括周知事项和执行要求。撰写这部分内容，首先要做到条理分明、层次清晰。如果内容较多，可采用分条列项的方法；如果内容比较单一，也可采用贯通式方法。其次要做到明确具体，需清楚说明受文对象应执行的事项，以便于理解和执行。

4. 结语

通告可用"特此通告"或"本通告自发布之日起实施"作为结束语。

五、填空式模板

_____（发文机关、事由）通告

根据_____（通告
的依据），通告如下。

_____
_____。（通告的事项）

特此通告。

_____（发文机关）

_____（通告日期）

六、公告与通告的异同

通告是行政公文的主要文种之一。《党政机关公文处理工作条例》对公告的定义为
"向国内外宣布重要事项或者法定事项"；对通告的定义为"在一定范围内公布应当遵守
或者周知的事项。"通告和公告二者有相似之处，也有不同之处。相似之处是都具有晓谕
性和公布性，也就是说，内容都是知照性的，发布范围都是面向全社会的。二者的不同之
处主要体现在以下四个方面。

1. 内容的重要程度不同

公告是用来发布重要事项和法定事项时所采用的文种，它所涉及的内容多是国家大事
或省市级的行政大事，或者履行法律规定必须遵循的程序。小的局部性事项和非法定的事
项，不能采用公告的形式公布。通告是用来发布在一定范围内需要遵守或周知事项时所采
用的文种，它所涉及的事项一般没有公告重要。

2. 对发文机关的限制性有较大不同

公告是一种高级别的文体，只有涉及全局性的重大事项或法定事项时，才能由高级别
的行政部门发布。通告是一种高级机关和基层单位都可使用的文体，不仅行政机关可以制
发，社会团体、企事业单位在自己的职权范围之内，也可以制发。例如，《××商场有奖
销售开奖的公告》《××区人民医院关于新设保健门诊的公告》《××火车站关于火车晚
点的公告》。这三种公告从发布机关来看都属企事业单位，从发布的事项来看都涉及业务
工作方面的某一事项。因此，这三种"公告"应改为"通告"。

3. 发布范围有所不同

公告是向国内外发布重要事项和法定事项所采用的文种，它的发布范围比较广，即

面向全国，有时面向全世界。虽然通告也是面向社会发布的，但大多限定在一个特定社区范围内，而且内容也多是指向一个特定的人群，要求这一社区的某一类特定人群遵守或周知。

4. 发布的方式不同

公告多数是在报刊上刊登，一般不用红头文件的方式下发，也不能印成布告的形式公开张贴。通告可以在新闻媒体上刊登，也可以用红头文件的形式下发，还可以公开张贴。

【范本01】

国家税务总局××市税务局
关于使用第三方服务平台开具电子发票有关事项的通告

为方便纳税人开具增值税电子普通发票（以下简称"电子发票"），现就我市纳税人使用第三方服务平台开具电子发票有关事项通告如下。

一、根据《国家税务总局关于进一步做好增值税电子普通发票推行工作的指导意见》（税总发〔20××〕31号）规定，纳税人可自愿选择使用电子发票或纸质发票。纳税人开具电子发票，可选择自建电子发票服务平台，或自主选择已在我局备案的电子发票第三方服务平台（目前已在我局备案的电子发票第三方服务平台名单详见附件）。

二、电子发票第三方服务平台应免费为纳税人提供电子发票版式文件的生成、打印、查询、交付、电子签章制作等基础服务。

三、电子发票第三方服务平台有义务为企业发票数据保密，不得利用企业发票数据进行商业营利活动。

特此通告。

附件：已在××市税务局备案的电子发票第三方平台名单

国家税务总局××市税务局
××年××月××日

【范本02】

关于提醒公民个人防范身份信息被冒用的通告

近期，有部分群众由于遗失身份证件等原因，被不法分子冒用身份登记为企业法定代表人。在此，××市税务局郑重提醒广大公民保管好自己的身份证件，切勿为了小利而出售、提供个人身份证件和相关信息，本人可通过"××税务服务号"微信公众号或××市税务局网上办税服务厅办理实名身份认证，切勿被不法分子诱导到各个办税服务厅办理实名办税身份信息采集。

　　为维护自身合法权益，对于身份信息已被冒用的人员，请持本人有效身份证件前往××市税务局全市任一办税服务厅或通过门户网站进行举报（××市税务局"税收违法行为检举"网址_____）。如有疑问，可拨打电话×××××咨询。

国家税务总局××市税务局

××年××月××日

【范本 03】

国家税务总局深圳市税务局
关于填报20××年全国税收调查资料的通告

　　根据《财政部 税务总局关于做好20××年全国税收调查工作的通知》（财税〔20××〕49号），现将我市20××年税收调查有关事项通告如下。

　　一、调查范围

　　20××年我市参与全国税收调查的纳税人范围按照《财政部 税务总局关于做好20××年全国税收调查工作的通知》（财税〔20××〕49号）的要求确定，具体调查企业名单详见本通告附件。国家税务总局深圳市税务局（以下简称"深圳市税务局"）将通过电子税务局等相关平台对纳入调查范围的纳税人给予通知。

　　二、调查方式和调查时间

　　纳税人自行选择调查方式，既可以使用税收调查网上直报系统进行在线填报，也可以下载安装企业录入版填报。全市税收调查填报从20××年5月15日开始，6月下旬截止。具体时间以各主管税务机关通知为准。

　　（一）网上直报方式说明

　　20××年我市税收调查工作采用单点登录、网上直报的方式作为数据报送入口，即调查企业通过互联网登陆我市税务局电子税务局，点击"我要办税"→"税费申报及缴纳"→"其他申报"→"税收调查网上直报"→"20××年度全国税收调查"，进入网上直报平台，按要求进行在线填报。为避免临近报送截止日期出现网络拥挤，请调查企业按照主管税务机关要求，提前登录网上直报系统填报。

　　1. 今年税收调查新增减税降费政策调查问卷表，要求每家调查企业都要填报。该表主要针对国家出台的减税降费政策，要求企业填写包括总体感受、政策效应、宣传辅导、纳税服务、意见建议五方面的主观感受，调查企业应结合自身实际情况，客观真实填报相关内容。

　　2. 为减轻调查企业重复填报数据的负担，今年××市税务局从税收征管系统（金税工程三期）抽取部分指标数据到直报系统，包括申报指标和财务指标，供企业参考。

　　3. 具体填报内容、填报口径以及操作办法详见电子税务局税收调查网上直报系统链接界面。

（二）下载安装企业录入版方式说明

企业录入版的调查软件和参数下载途径如下，供纳税人下载安装。

1. 下载途径：登录国家税务总局××市税务局网站＿＿＿＿＿＿＿，点击"办税服务"→"软件下载"→下载"20××年全国税收调查系统NTSS（企业录入版）"。

2. 上报数据：使用企业录入版填报审核数据后，在"收发"菜单下选择"上报数据"→"i@Report报表服务器"→"下一步"时，需填写服务器地址＿＿＿＿＿＿＿，同时选择"上报上级单位"。

三、注意事项

（一）纳税人在填报税收调查资料时，请注意报表期为"20××"年度，数据单位为千元，四舍五入保留整数填报（部分指标除外）。

（二）减税降费调查问卷表需在企业完整填写信息表后填报。需注意的是，该问卷表部分问题的选项次序代表重要性程度，企业填报完后将系统锁定，任何人不能再对其进行修改。

（三）纳税人在税收调查工作中有疑问的，请及时与各主管税务机关税收调查工作人员联系，或咨询各主管税务机关纳税服务热线电话，技术问题可拨打电话××××××××咨询。

特此通告。

附件：20××年税收调查企业名单

国家税务总局××市税务局

××年××月××日

【范本04】

关于××公司更名为××集团有限公司的通告

经××人民政府国有资产监督管理委员会批准，本公司依据《公司法》进行了公司制改制，由全民所有制企业改制为有限责任公司（国有独资），并于2019年××月××日完成了工商登记变更手续，取得了××市工商行政管理局换发的新《营业执照》。经××市工商行政管理局核准，本公司名称正式变更为"××集团有限公司"，同时英文名称正式变更为"××"。本公司名称在变更为"××集团有限公司"的同时，"××公司"这一名称继续保留使用至2020年××月××日，期间两个名称均可使用，具有同等法律效力。从通告之日起，若有需要使用公司名称的，优先使用新名称。

公司具体联系方式如下。

地址：××市××路××号

电话：××××

传真：××××

网址：××××××

电子邮箱：××××××

特此通告。

××集团有限公司

××年××月××日

第七节　通知

一、定义

通知是指用来发布法规、规章，转发上级机关、同级机关和不相隶属机关以及批转下级机关的公文，即要求下级机关办理某项事务的公文。通知是运用广泛的知照性公文。

二、种类

根据适用范围的不同，通知可以分为六大类，具体如图3-11所示。

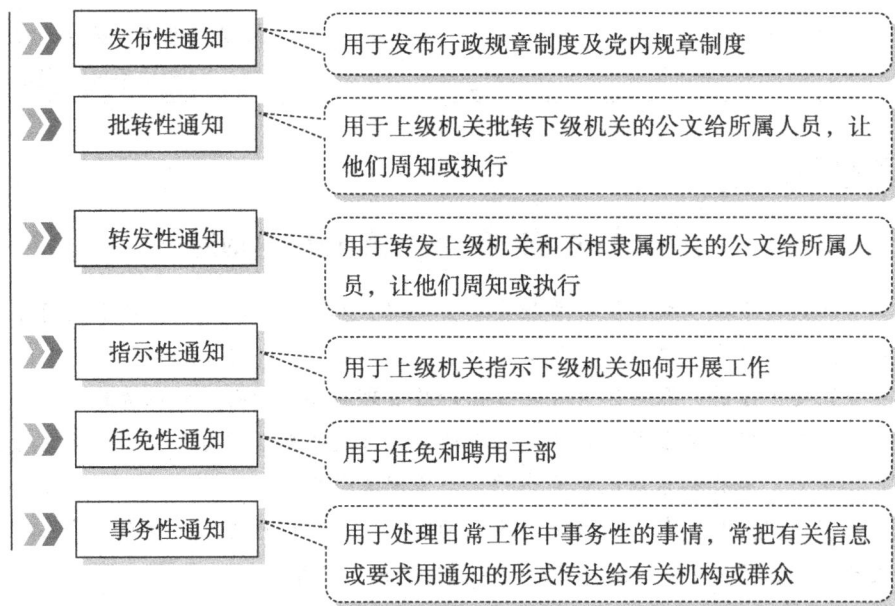

发布性通知	用于发布行政规章制度及党内规章制度
批转性通知	用于上级机关批转下级机关的公文给所属人员，让他们周知或执行
转发性通知	用于转发上级机关和不相隶属机关的公文给所属人员，让他们周知或执行
指示性通知	用于上级机关指示下级机关如何开展工作
任免性通知	用于任免和聘用干部
事务性通知	用于处理日常工作中事务性的事情，常把有关信息或要求用通知的形式传达给有关机构或群众

图3-11　通知的种类

三、结构

通知一般由标题、称呼、正文和落款四部分组成。

1. 标题

通知的标题居中排放在第一行，可只写"通知"二字，如果事情重要或紧急，也可写"重要通知"或"紧急通知"，以引起注意。有的在"通知"前面写上发通知的单位名称，还有的写上通知的主要内容。

层层转发的公文，由于"过桥"单位较多，很容易造成该类公文标题冗长烦琐，如"裹脚布"似的，解决此问题的办法有三种。

（1）只写转发第一次转发机关的通知。

（2）直接转发原文件。

（3）只用本机关发文的标题，而将其他机关的标题概括为文件。

2. 称呼

称呼部分应于第二行顶格写被通知者的姓名或职称或单位名称。如通知事项简短、内容单一，书写时可略去称呼，直起正文。

3. 正文

正文因内容而异。例如，会议通知要写清开会的时间、地点、参加会议的对象以及开什么会，另外还要写清要求；布置工作的通知，要写清所通知事件的目的、意义，以及具体要求和做法。

4. 落款

落款部分应分两行写在正文右下方，即一行署名，一行写日期。

四、填空式模板

_____（发文机关、事由）通知

_____（告知对象）：

_____
_____。（制发通知的原因、依据、理由、目的）
_____
_____
_____。（具体通知事项）

特此通知。

_____（制发通知机关名称）

_____（通知发布日期）

【范本01】

关于举办质量诚信教育暨"质量开放日"主题活动的通知

各有关单位、个人：

为落实国家、省、市有关20××年"质量月"活动部署，加强质量诚信教育，在全社会营造"政府重视质量、企业追求质量、人人关心质量"的良好氛围，市市场监管局拟组织开展"质量开放日"公益质量活动，包括先进质量基础设施参观、质量检验方法观摩体验、质量管理与监督工作交流研讨等内容。活动自愿参与，不收取费用。现将有关事项通知如下。

一、活动时间

20××年××月××日14：00～17：00，13：55入场完毕。

二、活动地点

××市检测院××基地（××区××路××号）。

三、参加人员

部分人大和政协代表、市质量强市办成员单位、名优企业、行业协会、学生、公众和媒体代表。

四、活动内容

（一）参观展览（14：00～14：30）

参观××市检测院展厅，听取检测技术等相关介绍。

（二）检测实验（14：30～15：30）

开放电磁兼容实验室、环境实验室，现场演示部分汽车电子、通信产品检测过程。

（三）研讨会（15：30～17：00）

邀请部分企业代表与检测技术人员参加产品质量监督抽查规则解读与案例解析研讨会。

五、其他事项

（一）报名方式。自愿报名，公众限50人，先到先得。报名人员要填写参会人员回执（见附件）并发送至传真×××××××××。报名时间：20××年××月××日9：00～××月××日18：00。

（二）交通指南。因现场停车场地有限，建议尽可能乘坐公共交通工具前往。选择公交或地铁出行的人员，均可从××地铁站B口出，然后右转200米即到（××小区对面）。

（三）安全要求。请参观人员听从主办方安排，在规定参观路线和场所内活动，注意安全，爱护现场设施、设备。

联系人：×××，联系电话：×××××××××。

特此通知。

附件：参会人员回执

××市市场监督管理局

××年××月××日

【范本02】

关于举办"××市××公司2020年迎新年歌舞晚会"的通知

各××企业：

为迎接2020年的到来，答谢在过去一年里上级部门对××公司的大力支持和广大系统企业为××发展所做出的积极贡献，进一步增强系统企业的凝聚力，经研究决定举办"××公司2020年迎新年歌舞晚会"。现将有关事项通知如下。

一、举办单位

主办：××有限公司

演出：××集团有限公司（专场演出）

二、晚会时间

××年××月××日（星期五）晚19：45开始，约22时结束。

三、晚会地点

××剧院（××场内）

四、参会人员

（一）上级领导嘉宾。

（二）××企业领导。

（三）××公司领导及××全体员工。

（四）××企业班子成员及员工代表。

五、注意事项

（一）请于××月××日至××日到×××领取演出票（联系人：×××，联系电话：××××××××）。

（二）为确保晚会圆满成功，请各企业（名单见附件）按照领取的演出票数量安排相关人员出席，原则上×××成员（含×××、×××）均须出席（如有特殊情况不能出席，应及时向××公司相关部门请假）。

（三）本次晚会将邀请×××出席，请各单位参会人员提前做好下班安排，务必于当晚7时15分至7时45分持票入场。

（四）为确保晚会演出效果，参会人员请将手机调成静音状态，禁用闪光灯，禁止吸烟及携带饮食。

（五）前往××剧院有三种出行方式供选择。

1. 乘坐地铁×号线（××站）到××站×出口，即可抵达××剧院正门。

2. 如自行开车，经××旁从××路进入××剧场地下停车场×区，由×号电梯上一层大厅进入剧场。

3. 如集中乘坐中巴，请在×××路××剧院正门处下车，由于地下停车场限高，中巴不能停放，建议在附近另找车位停放。

如有疑问，请与××公司××办公室联系。

特此通知。

附件：出席××公司××晚会名单

××公司××办公室

××年××月××日

（联系人：×××，联系电话：×××××××××）

【范本03】

××市人力资源和社会保障局关于印发2019年深圳技能大赛
——过程控制系统设计与调试职业技能竞赛实施方案和技术文件的通知

各有关单位：

为全面贯彻落实党的十九大提出"建设知识型、技能型、创新型劳动者大军，弘扬劳模精神和工匠精神，营造劳动光荣的社会风尚和精益求精的敬业风气"的要求，根据《××市人力资源和社会保障局关于组织开展20××年××技能大赛活动的通知》（×人社发〔20××〕42号）总体部署和安排，决定组织以"新时代、新技能、新梦想"为主题的20××年××技能大赛——过程控制系统设计与调试职业技能竞赛。现印发竞赛实施方案和技术文件，请结合实际组织落实。

特此通知。

附件：1. 20××年××技能大赛——过程控制系统设计与调试职业技能竞赛实施方案
2. 20××年××技能大赛——过程控制系统设计与调试职业技能竞赛技术文件

××市人力资源和社会保障局

××年××月××日

【范本04】

关于举办20××年春季学期党员发展对象培训班的通知

各分党委、党总支（直属党支部）：

经研究，20××年春季学期党员发展对象培训班（总第五期）将于5月上旬开班，现将有关事项通知如下。

一、培训对象

培训对象为列入20××年度发展党员计划且拟于本学期发展入党的发展对象。

二、培训时间

集中培训的时间为20××年5月，培训总学时为24学时，其中课堂学习10学时，在线学习10学时，课外实践4学时。集中培训主要安排在周四下午和周六全天。

三、培训内容

培训内容主要包括《中国共产党章程》《关于新形势下党内政治生活的若干准则》等文件的相关内容。培训具体安排另行通知。

四、培训形式

本次培训采取短期集中培训的形式，主要分为课堂学习、党校在线学习、交流研讨、课外实践、在线考试等环节。根据参训党员发展对象人数编小班分组，以小班为单位组织交流研讨和学习考核。

五、相关要求

（一）未参加党员发展对象培训班或考核不合格的发展对象，不能发展成为预备党员；参加党员发展对象培训班且考核合格但一年内未被接收为预备党员的，应重新参加培训且考核合格后才可发展成为预备党员。

（二）集中培训期间原则上不得请假。课堂学习、课外实践累计缺课超过四学时或未在规定时间内完成党校在线学习的学员，取消其参加在线考试的资格。

（三）请各分党委、党总支（直属党支部）按照《中共××委员会发展党员工作实施细则（修订）》的相关要求，结合本单位发展党员计划确定本学期发展对象培训班学员名单，并填写"党员发展对象培训班学员信息汇总表"（见附件），于4月22日（周一）前报至邮箱_____。

未尽事宜，请与党校办公室联系。联系人：×××，联系电话：××××××××。

附件：党员发展对象培训班学员信息汇总表

××党委组织部、××党校

××年××月××日

【范本05】

关于举办5G通信系统及其应用沙龙的通知

为了更好地为技能人才提供继续教育服务，××市高技能人才公共实训管理服务中心将于20××年××月××日（星期六）14：30～16：30，在××市××区××路××号××大厦××室，举办主题为"5G通信系统及其应用"公益性沙龙，本次沙龙邀请××通信股份有限公司工程博士××主持。本次沙龙活动的主要内容包括：移动通信发展历程；5G系统的基本原理；5G系统带来的新发展，并探讨与5G结合的应用场景及发展趋势。

通过5G通信系统的介绍，探讨5G在各行各业的应用前景，帮助技能人才提升5G通信在本行业的应用水平。

本次沙龙对社会免费开放，凡是对此课题感兴趣的技能人才均可自愿参加。

附件：1. 专家简介
　　　 2. 乘车路线

　　　　　　　　　　　　　　　　　××市高技能人才公共实训管理服务中心
　　　　　　　　　　　　　　　　　　　　　　　　　××年××月××日

（联系人：×××；咨询电话：××××××××）

第八节　通报

一、定义

通报是上级将有关的人和事告知下级的公文。通报的运用范围很广，各级党政机关和单位都可以使用。它的作用是表扬好人好事、批评错误和歪风邪气、指出应引以为戒的恶性事故、传达重要情况等。通报是各级机关、企事业单位和团体经常使用的文种。通报的目的是交流经验，吸取教训，教育干部、职工群众，推动工作的进一步开展。

二、特点

通报主要有三大特点，具体内容如下。

1. 告知性

通报常常是将现实生活中一些正反面的典型或某些带有倾向性的重要问题告诉人们，让人们知晓和了解。

2. 教育性

通报的目的不仅仅是让人们知晓内容，更重要的是让人们从中接受先进思想的教育，改正错误，接受教训。这一目的不是靠指示和命令来实现的，而靠的是正反面典型的带动、真切的希望和感人的号召力量，使人们真正从思想上树立正确的认识。

3. 政策性

政策性并不是通报独具的特点，其他公文也同样具有这一特点。但是，作为通报，尤其是对表扬性通报和批评性通报来说，在这方面显得特别强一些。因为通报中的决定（即处理意见）直接涉及具体单位、个人或事情的处理，此后也会牵涉其他单位、部门效仿执行的问题。其决定正确与否，影响颇大。因此，通报必须讲究政策依据，体现党的政策。

三、种类

通报主要分为三大类，具体如图3-12所示。

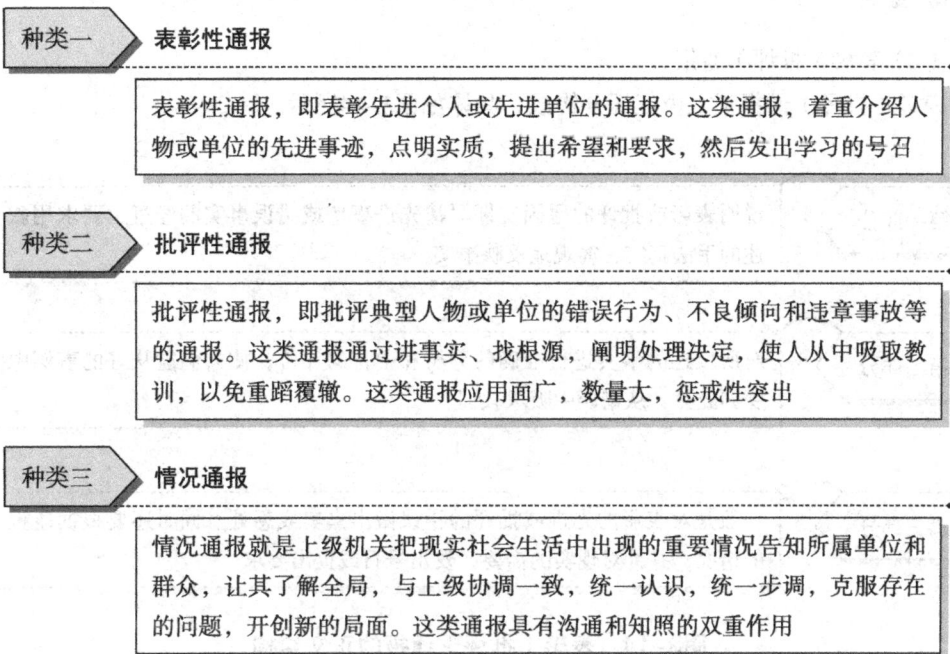

种类一 ▶ **表彰性通报**

> 表彰性通报，即表彰先进个人或先进单位的通报。这类通报，着重介绍人物或单位的先进事迹，点明实质，提出希望和要求，然后发出学习的号召

种类二 ▶ **批评性通报**

> 批评性通报，即批评典型人物或单位的错误行为、不良倾向和违章事故等的通报。这类通报通过讲事实、找根源，阐明处理决定，使人从中吸取教训，以免重蹈覆辙。这类通报应用面广，数量大，惩戒性突出

种类三 ▶ **情况通报**

> 情况通报就是上级机关把现实社会生活中出现的重要情况告知所属单位和群众，让其了解全局，与上级协调一致，统一认识，统一步调，克服存在的问题，开创新的局面。这类通报具有沟通和知照的双重作用

图3-12　通报的种类

四、结构

1. 标题

通报的标题由制发机关、被表彰或被批评的对象和文种构成。其通常有两种构成形式，具体如图3-13所示。

| 由发文机关名称、事由和文种组成，如《国务院办公厅关于对少数地方和单位违反国家规定集资问题的通报》 | **1** | **2** | 由事由和文种构成，如《关于给不顾个人安危勇于救人的王××同志记功表彰的通报》 |

图3-13　通报标题的构成

此外，有少数通报的标题是在文种前冠以机关单位名称，如《中共××市纪律检查委员会通报》；也有的通报标题只有文种名称。

2. 主送机关

有的通报特指某一范围，可以不标注主送机关。

3. 正文

（1）表彰（批评）通报

表彰（批评）通报正文由三部分构成，具体如图3-14所示。

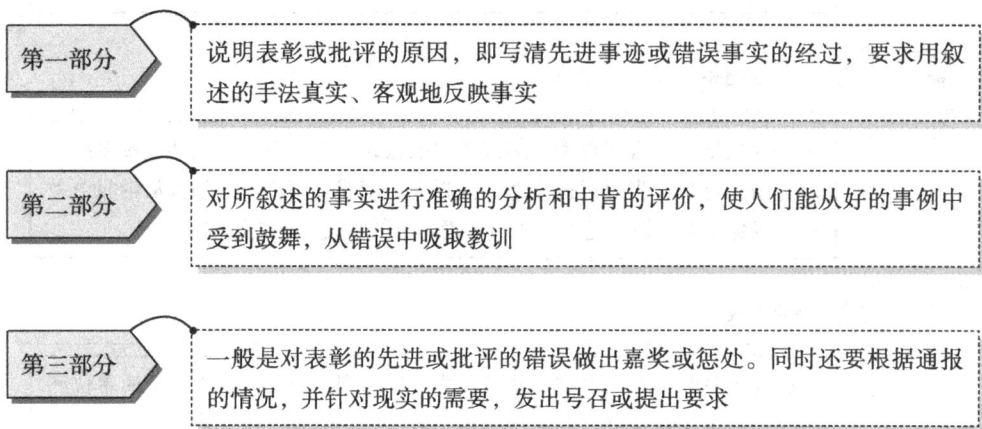

第一部分	说明表彰或批评的原因，即写清先进事迹或错误事实的经过，要求用叙述的手法真实、客观地反映事实
第二部分	对所叙述的事实进行准确的分析和中肯的评价，使人们能从好的事例中受到鼓舞，从错误中吸取教训
第三部分	一般是对表彰的先进或批评的错误做出嘉奖或惩处。同时还要根据通报的情况，并针对现实的需要，发出号召或提出要求

图3-14　表彰（批评）通报的正文结构

（2）情况通报

情况通报的正文结构一般由两部分构成，具体如图3-15所示。

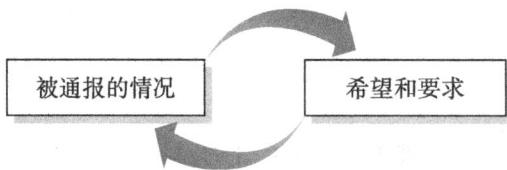

被通报的情况　→　希望和要求

图3-15　情况通报的正文结构

五、注意事项

书写通报时需注意图3-16所示的事项。

注意事项	行文要及时
	事例要真实、典型
	叙述事件（事情）时要做到实事求是，确保通报的客观性
	要把握分寸，无论表彰先进的通报还是批评错误的通报，评价或定性要准确且恰如其分

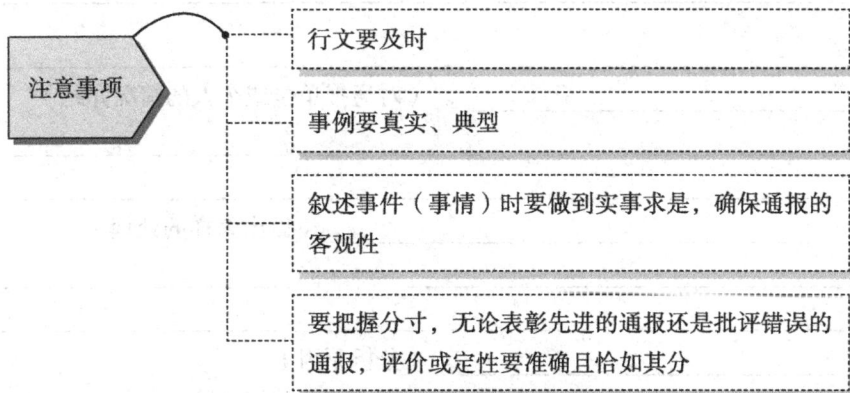

图3-16　书写通报应注意的事项

六、填空式模板

1. 表扬性通报模板

_____（发文机关）关于_____（事由）的通报

_____（通报对象）：

_____

_____

_____。（介绍有关任务的事迹）

_____

_____。（有何意义）

_____

_____。（做出决定并提出号召）

_____（发文机关）

_____（成文时间）

2. 批评性通报模板

_____（发文机关）关于_____（事由）的通报

_____（通报对象）：

_____

_____

_____（对通报单位或个人的情况介绍）

_____

_____（做出怎样的处理）

_____

_____（分析原因）

_____

_____（提出要求）

_____（发文机关）

_____（成文时间）

3. 情况通报模板

_____（发文机关）关于_____（事由）的通报

_____（通报对象）：

_____

_____（介绍情况）

_____

_____（分析情况）

_____

_____（提出希望和要求）

_____（发文机关）

_____（成文时间）

七、通报、通告、通知的区别

通报、通告、通知都有沟通情况、传达信息的作用，但它们之间也有一定的区别。

1. 所告知的对象不同

通报是上级机关将工作情况或带有指导性的经验教训通报下级单位或部门，无论哪种通报，受文单位只能是制发机关的所属单位或部门；通告所告知的对象是全部组织和群众，它所宣布的规定条文具有政策性、法规性和某种权威性，要求人们遵照执行，一般都要张贴出来或通过电台、电视台等新闻媒体大力宣传；通知一般只通过某种公文交流渠道，传达至有关部门、单位或人员，它所告知的对象是有限的。

2. 制发的时间不同

通报制发于事后，往往是对已经发生了的事情进行分析和评价，通报有关单位，从中吸取经验和教训；通告、通知制发于事前，都有预先发出消息的意义。

3. 目的不同

通报主要是通过典型事例或重要情况的传达，向全体下属进行宣传教育或沟通信息，以指导、推动今后的工作，没有工作的具体部署与安排；通知主要是通过具体事项的安排，要求下级机关在工作中照此执行或办理；通告公布在一定范围内必须遵守的事项，有较强的、直接的和具体的约束力。

4. 作用不同

通报可以用于奖惩有关单位或人员，而通知、通告不具有此作用。

【范本01】

××市人民政府办公室关于校车安全督查情况的通报

各区人民政府、市直各单位：

根据《××市人民政府办公室关于开展校车安全督查的通知》（××〔2019〕××号）精神，××月××日至××月××日，市校车安全领导小组办公室组织相关人员对全市校车安全情况进行了专项督查，抽查了××所大学、××所中小学校、××所幼儿园的校车使用情况。经市人民政府同意，现将有关情况通报如下。

一、基本情况

（一）组织领导坚强有力

各单位成立了以分管领导为组长的校车安全领导小组，建立了以××负责人为召集人的校车安全管理联席会议制度，并逐步完善校车安全管理各项制度。

（二）校车运行较为规范

各单位要严格执行《校车安全管理条例》，落实校车安装汽车行驶记录仪的要求，规范校车运行秩序，落实校车安全责任制。各单位普遍制定了校车整治工作方案，定期或不定期组织教育、公安、交通等部门对校车进行专项检查。

（三）宣传培训扎实开展

各区和各市直单位普遍重视校车安全教育工作，认真组织开展《校车安全管理条例》学习活动，加强校车安全管理人员和驾驶员培训，提高学生交通安全意识。

二、存在的问题

（一）专用校车达标率较低

除××区外，其他单位相当部分校车不符合国家标准。其中，××区不达标校车有××辆，占××%；××区不达标校车有×× 辆，占××%。主要表现在校车没有按规定配备安全带、安全锤、灭火器、应急箱等必备工具，安全隐患较大。

（二）校车标牌申领工作滞后

据统计，全市除××区外，其余单位共××辆校车、标牌申领××%。其中，××区无申领校车标牌校车共××辆，占××%……

（三）非法接送和超载现象普遍

一些学校周边存在蓝牌车或非机动三轮车非法营运接送学生上下学的现象；农村地区幼儿园校车超载现象普遍存在，有的甚至超载严重。

（四）规范化、精细化管理有待提高

部分地区对校车及驾驶员档案管理不规范，工作台账不够完善。例如，××学校没有按照一车一档、一驾驶员一档的要求建立档案，个别幼儿园甚至没有建立校车档案；个别地区对校车安全管理人员和驾驶员的教育培训不够重视。

三、下一步工作要求

（一）制定配套政策，进一步加大政策执行力度

各单位要尽快制定校车服务方案，明确过渡期的时限，建立校车安全管理统一监控平台。校车安全管理联席会议成员单位要建立健全信息共享机制，加强联动，充分发挥联席会议的作用。

（二）加大资金投入，切实提高专用校车达标率

各单位要加大财政支持力度，有计划、有步骤地更换不合格校车，消除安全隐患。对民办学前教育，各单位要研究制定优惠政策，探索政府补一点、学校贴一点、学生自己拿一点的路子，切实解决幼儿安全乘车问题。同时，规范校车标牌申领，促进校车管理规范化，进一步完善工作台账和校车、驾驶员档案，确保台账清晰，一车一档、一驾驶员一档。

（三）加强联合执法，规范校车运行秩序

各单位要经常组织开展校车安全专项督查联合执法活动，进一步加大校车安全的监管工作力度，严厉打击非法营运车辆接送学生，对违法违纪情况加大惩处力度，并加强通报，发挥强有力的警示震慑作用，确保校车运行规范有序、学生乘车安全放心。

××市人民政府办公室

××年××月××日

【范本02】

安全生产督查情况通报

按照市政府的安排，××月××日至××日，由市政府副秘书长××带领市政府督察室、市安监局、市交警支队、市消防救援支队等单位负责同志，就全市安全生产责任书落实情况，特别是道路交通专项整治活动情况进行了专项督查。现通报如下。

一、全市安全生产主要指标执行情况

××年以来，全市安全生产工作在市委、市政府的高度重视和正确领导下，围绕"推进新跨越，建设新××"的战略目标，全面贯彻落实全省安全生产工作会议和全市经济工作会议精神，坚持"安全第一，预防为主，综合治理"的方针，巩固"安全生产落实年"的活动成果，不断创新工作机制，进一步落实安全生产责任制，加强监管，强化宣传教育和"双基"工作，全市安全生产形势总体保持了基本稳定，但道路交通重特大事故频发，安全生产形势仍非常严峻。

二、当前要突出抓好的几项重点工作

一是认真组织实施道路交通安全专项整治。要认真贯彻落实市政府××月××日道路交通专项整治工作紧急电视电话会议精神，按照会议部署的各个阶段的工作任务，要进一步……

二是加强宣传教育培训，提高全民安全防范意识。积极倡导"以人为本"的安全发展理念，充分发挥主流媒体作用，宣传安全生产先进典型和经验，把安全生产作为媒介宣传的重点内容，强化舆论监督和社会监督……

三是加大监督检查力度。按照"谁主管、谁负责"的原则，重点抓好道路交通、煤矿、非煤矿山、危险化学品、建筑施工等工矿商贸企业的日常监管，定期组织开展安全检查，落实安全生产的各项预防措施。各县（区）、各安全管理部门要认真履行职责，抓好本地区、本行业、本领域的安全……

四是坚持预防为主，突出抓好重点行业的安全监管和专项整治。各专项整治牵头单位要认真组织抓好本行业专项整治工作，各级安监部门在抓好非煤矿山、危险化学品、烟花爆竹行业专项整治的同时，积极协调配合煤矿、道路交通、建筑施工、公众聚集场所消防等重点行业和领域的专项整治……

五是"三同时"制度，对各类新建、续建项目严格进行安全设施"三同时"审查、验收，坚决杜绝新建项目带着重大事故隐患投入生产经营；总结推广安全质量标准化活动试点工作经验……

六是加强应急管理，提高防范重特大事故救援能力。加快市、县（区）、重点行业和企业三级应急救援体系建设……

××

××年××月××日

【范本03】

关于表彰20××年度先进单位和先进工作者的通报

各村、社区、部门单位、企业：

20××年全镇各村、社区、部门单位、企业和广大干部群众在市委、市政府的正确领导下，按照更高品质的生态、文化、活力的总体要求，紧紧围绕"推进五要工作、打造故事小镇、推动全域旅游"的工作目标，上下同心，攻坚克难，各项事业呈现出良好的发展态势，有力地促进了我镇经济又好又快地发展，涌现出一大批先进集体和先进工作者。经民主推荐，综合考核，镇党委、政府决定对××村等××个先进单位和×××等90名先进工作者给予通报表彰。

各村、社区、部门单位、企业、广大党员干部和人民群众要以先进集体和先进工作者为榜样，求真务实，开拓创新，扎实苦干，全面完成今年经济社会发展的目标任务，为加速推进××各项事业的发展，全面构建党建总揽、党建引领的大格局，实现乡村振兴做出新的贡献。

附件：20××年度先进单位和先进工作者名单

中共××市××镇委员会

××市××镇人民政府（印章）

××年××月××日

第四章　常用公文写作（下）

第一节　报告

一、定义

报告是向上级机关汇报工作、反映情况、提出意见或建议，以及答复上级机关的询问时所使用的公文。报告的使用范围很广。一般按照上级部署或工作计划，每完成一项任务，我们都要向上级写报告，反映工作中的基本情况、工作中取得的经验教训、存在的问题，以及今后工作的设想等，以取得上级领导部门的指导。

二、特点

报告主要有五大特点，具体如图4-1所示。

特点一　内容的汇报性

一切报告都是下级向上级机关或业务主管部门汇报工作，让上级机关掌握基本情况并及时对自己的工作进行指导，所以汇报性是"报告"的一大特点

特点二　语言的陈述性

因为报告具有汇报性，即向上级讲述做了什么工作，或工作是怎样做的，有什么经验、体会，存在什么问题，今后有什么打算，对领导有什么意见、建议，所以行文上一般都使用叙述方法，即陈述其事，而不是像请示那样采用祈使、请求等方法

特点三　行文的单向性

报告是下级机关向上级机关行文，是为上级机关进行宏观领导提供依据，一般不需要受文机关的批复，属于单向行文

特点四　成文的事后性

多数报告都是在事情做完或发生后，向上级机关做出汇报，是事后或事中行文

特点五　双向的沟通性

报告虽不需批复，但却是下级机关以此取得上级机关支持和指导的桥梁；同时报告也是上级机关进行决策指导和协调工作的依据

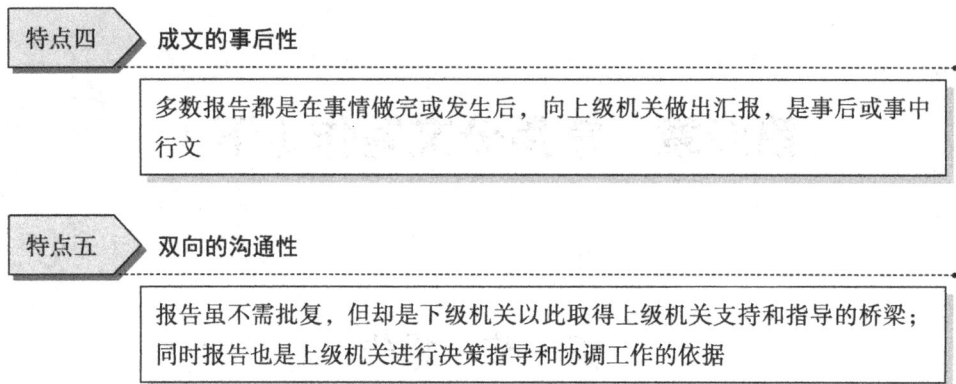

图4-1　报告的特点

三、种类

报告主要分为四大类，具体内容如下。

1. 汇报性报告

汇报性报告主要是下级机关向上级机关、执行机关向权力机关汇报工作及反映情况的报告。这种报告一般可分为两种类型。

（1）综合报告

综合报告是本单位、本部门或本地区、本系统工作到一定的阶段，就工作的全面情况向上级写的汇报性报告。其内容大体包括工作的进展情况、成绩或问题、经验或教训，以及对今后工作的意见。

综合报告的特点是全面、概括精练，具体内容如图4-2所示。

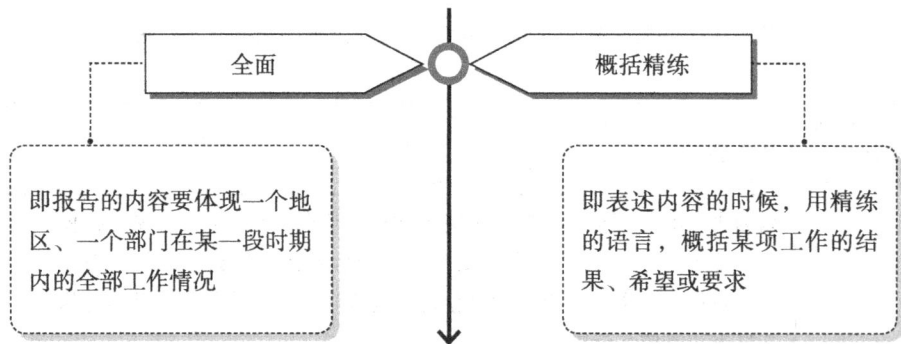

全面　　概括精练

即报告的内容要体现一个地区、一个部门在某一段时期内的全部工作情况

即表述内容的时候，用精练的语言，概括某项工作的结果、希望或要求

图4-2　综合报告的特点

（2）专题报告

专题报告是本单位、本部门或本地区、本系统就某项工作或某个问题，向上级领导部门所写的汇报性报告。

专题报告的特点如图4-3所示。

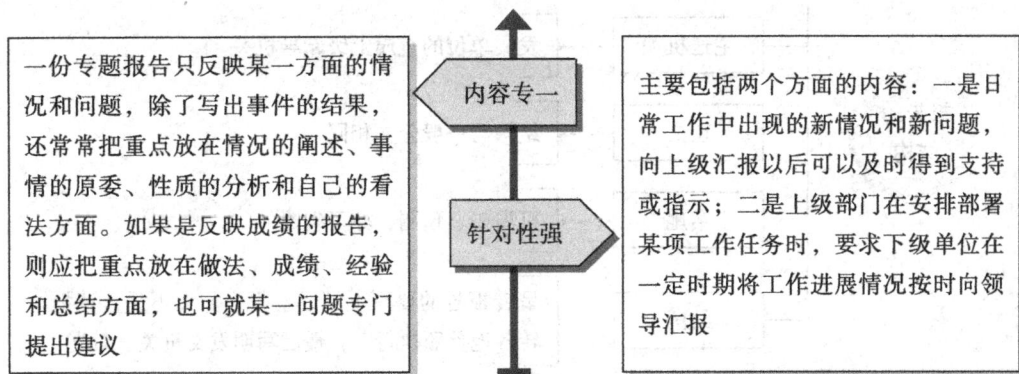

| 一份专题报告只反映某一方面的情况和问题，除了写出事件的结果，还常常把重点放在情况的阐述、事情的原委、性质的分析和自己的看法方面。如果是反映成绩的报告，则应把重点放在做法、成绩、经验和总结方面，也可就某一问题专门提出建议 | 内容专一 | 主要包括两个方面的内容：一是日常工作中出现的新情况和新问题，向上级汇报以后可以及时得到支持或指示；二是上级部门在安排部署某项工作任务时，要求下级单位在一定时期将工作进展情况按时向领导汇报 |

图4-3 专题报告的特点

汇报性报告主要便于领导掌握情况，为决策提供信息，除其中少数领导批转下发外，一般只予呈送，并不要求领导回答或批准什么问题。

2. 答复性报告

答复性报告是针对上级领导部门或业务管理部门所提出的问题或某些要求而编写的报告。这种报告要求问什么答什么，不涉及询问以外的问题或情况。

3. 呈报性报告

呈报性报告主要用于下级向上级报送文件、物件随文呈报的一种报告。一般是用一两句话说明报送文件或物件的根据或目的，以及与文件、物件有关的事宜。

4. 例行工作报告

例行工作报告是下级机关或企事业单位因工作需要，定期向上级领导机关或业务主管部门呈送的报告。例如，财务部门定期向业务主管部门和财政、税收、银行等业务指导机关呈送的财务报表，包括日报、周报、旬报、月报、季报等。

四、结构

报告的结构如图4-4所示。

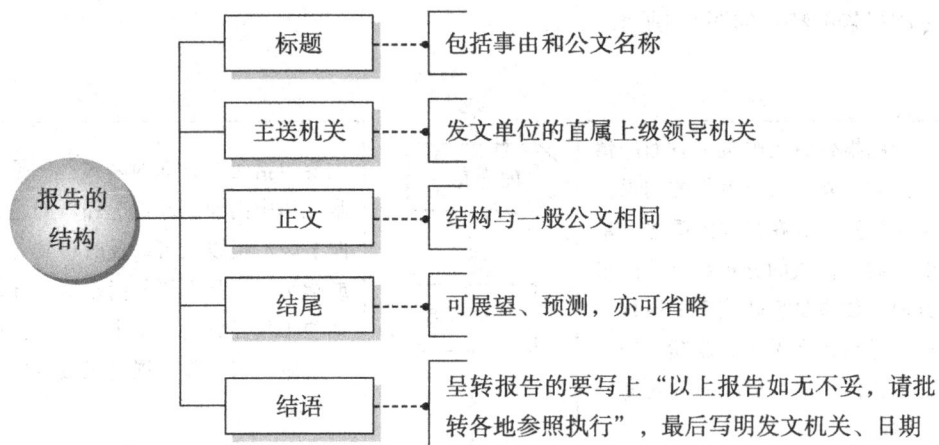

图4-4　报告的结构

五、填空式模板

_____（发文机关、事由）报告

_____（主送机关）：

_____

_____

_____。（发文的依据、缘由）下面将_____情况报告如下。

  1. _____

_____。（取得的成绩、经验）

  2. _____

_____。（存在的问题、应吸取的教训）

  3. _____

_____。（今后的打算、采取什么措施）。

以上报告请审阅。

_____（发文机关）

_____（发文日期）

【范本01】

××局挂职锻炼述职报告

××局：

    ××年××月，受××委派，我有幸到××局挂职任××。××局党委决定由我分管××、××、××等工作。尤其让我感到惊喜的是××局没有把我当成"临时工"，而是让我切实参与××党委的相关决策、重大问题研究、工作谋划等，这是对我极大的信任和鼓励，也为我学习和锻炼搭建了最好的平台。我十分感谢××局对我的关照、包容，同时也更加珍惜这难得的机会。一年来，在××党委的正确领导和同志们的大力支持下，我始终坚持加强学习、努力实践、恪尽职守、务实创新，扎实抓好分管工作，全面补充了基层工作阅历，较好地完成了各项工作。下面我将在××局的工作和学习情况汇报如下。

一、加强学习，努力提高政治素养和理论水平

本人始终重视加强自身思想政治建设和业务能力的学习，无论是在××还是在××局这一新的岗位上，都能坚持以良好的学风、坚强的党性、较强的大局意识和过硬的作风保持政治上的清醒坚定，具体体现在如下几个方面。

一是始终注重加强学习。一方面，认真学习党的路线、方针、政策，提升自身的政治素养。在实际工作中能做到讲政治、讲大局、讲团结；在处理问题上，始终保持头脑清醒，立场坚定，旗帜鲜明地执行××局党委的各项决议，对待工作不讲条件。另一方面，全面学习各种业务知识，使自己能快速适应角色的转变。我分管的工作主要是解决××问题，包括××、××、××等，每项业务都具有极强的专业性，所有业务都需要从头学起。我通过阅读材料、查阅档案、实地调研等方式，不断增强自学能力，丰富自身业务知识；通过向领导、同事勤于请教，并与××局中的相关部门及时沟通交流，不断拓宽解决问题的思路；通过虚心向年轻同志学习专项知识，并到社区、一线岗位实地走访调查，及时掌握相关工作情况。目前，我已经系统地掌握了相关的业务知识，可以实实在在地为××事业发展贡献自己的力量。

二是始终突出服务好中心的大局。在实际工作中，我坚持树立政治意识、大局意识、责任意识，善于从大局的角度和讲政治的高度，观察、分析、处理问题，在大是大非面前经得起考验。能够坚决拥护局党委做出的各项决策部署，积极维护局班子的团结，以分管工作的创新发展为××的经济社会发展打基础、建队伍、聚人才、鼓干劲。

三是始终树立坚强的党性。我分管的××、××、××等工作，都关系到群众的切身利益，向来比较敏感、责任较重。我时刻提醒自己要加强党性修养，严于律己，坚持原则。尤其在业务问题上，有话当面讲，不隐瞒自己的观点，不搞小动作，不怕得罪人。在思想上、行动上能始终与上级保持高度一致。同时政治立场坚定，敢于说实话、办实事；具有较强的组织纪律意识，树立了正确的世界观、人生观、价值观，严格按先进党员标准规范自己的言行。

四是始终保持过硬的作风。面对组织的信任和新的岗位、新的要求，我不敢有丝毫懈怠，始终要求自己做到对党的事业、对分管工作充满感情、充满激情、充满热情，并做到公道正派、全身心投入，以高度负责的精神做好本职工作，全力以赴履行好岗位职责。

二、认真履职，勇于开创工作新局面

到××局挂职锻炼以来，在××党委的正确领导下，我和××同志一道，坚持以服务中心工作为根本，以促进××和谐稳定为目标，牢记××的要求，突出重点、统筹兼顾，

扎实推进各项分管工作，较好地完成了各项工作任务。

（一）加强宣传培训，夯实基层工作基础

一是抓好宣传工作，增强民众法律意识。在××深入宣传××、××、××等法律法规，加强舆论引导，提高民众对××工作的认知度；开办了××、××简报约30期，及时向上级反馈××动态。一年来，共开展各项××大型现场咨询活动××场，共举办××讲座××场，近××人听取讲座，发放××、××、××等宣传资料近××份，在加强××方面起到很好的宣传教育作用。

二是强化员工培训，提高工作人员技能。为提高工作人员公文写作技能，举办了××期培训班；为增强工作人员的办案技能，成功举办疑难案例研讨会××期。

三是完善工作制度，严格工作纪律。将各种业务制度、日常管理制度汇编成册发放给全体工作人员，严抓工作纪律和作风建设；编制工作流程及××办理情况，接受群众监督，提高工作效率。

（二）狠抓重点业务，确保职工群众满意

××工作是实践解民忧、惠民生的具体体现，是对领导干部有无驾驭全局工作和处理复杂局面能力的检验，是检测领导干部能力和素质的重要标准，因此我始终把××工作作为重要工作来抓。××年，共接收××件维权事件，为××多名工人追回被欠工资××多万元，有效维护了企业和员工双方的合法权益。××、××在基层劳动争议调解工作中发挥"就近受理、就地调解"的积极作用，共受理劳动争议投诉案件××件，涉及人数××多人，涉及金额××多万元。我通过以下两个方面来落实工作。

一是健全"×级联创"机制，提高部门履职能力。组织××部门加强与对口部门的工作联系，建立健全"×级联创"机制和制度，深入开展"×级联创"活动，进一步提高本部门的履职能力。

二是坚持上门服务，倾听民声民意。企业员工由于在上班时间不便电话联系政府部门，对无法咨询有关问题感到无奈。为此，本人通过××，让企业及外来务工人员感觉到政府与企业没有距离，做到贴心服务，真心实意地为企业外来务工人员做实事。

（三）做好案件审理，保障员工合法权益

认真贯彻落实××，完善劳动争议处理制度。贯彻××的方针，积极推进××的建立，进一步健全××网络，及时排查××隐患。坚持××的原则，维护××双方合法权益。一年来，××共受理××案件××件，结案××件，涉及劳动者××人，案件标的××多万元；受理工伤认定案件××件；调解工伤案件××件，涉及金额××万元。及时化解矛盾，降低××的发生，有力地维护了社会的稳定。

（四）促进群众就业，切实解决民生实事

以××为依托，为××提供全方位、多层次的劳动就业服务。一年来××失业率控制在××%，零就业家庭始终处于动态归零状态，就业困难人员的安置率达××%……

三、廉洁自律，始终做到勤政廉政

在廉洁自律方面，我能够认真落实《廉政准则》，做到以身作则、加强修养、严格自律、廉洁从政，自觉抵制社会上的不良风气，严格执行党风廉政建设责任制，做到了踏踏实实做人，干干净净做事。一年来，我坚持一切从实际出发，带头真抓实干，做到求实、求是、求真。对分管的工作敢抓敢管，一抓到底，抓出成效。能够始终保持满腔热情、积极主动的工作状态，勤勤恳恳，兢兢业业，加班加点，节假日基本无休息。经常深入企业、社区实地了解情况，主动为企业员工、社区居民排忧解难。能慎重对待社会交往，不被浮华名利所动，不被人情面子所累，努力保持党员干部应有的气节和情操。能严格要求家人及身边的工作人员，多提醒、常勉励、勤监督，要求他们不做假公济私、损公利己的事情，更不能有违法违纪的行为。

通过一年的学习锻炼，我深刻体会到在基层工作的责任感、使命感与紧迫感。在总结成绩的同时，我也深知，自己在工作中还存在一些不足：××还不够系统，尤其是××；××要继续加强，××力度不够。下一步，我将进一步××，更多地深入实际，解决新问题，勤勉务实、勇于进取，为创造××尽自己最大的努力。

述职人：××××

××年××月××日

【范本02】

××交易中心关于廉政风险防控工作情况的报告

××市行政服务中心：

××年，××市公共资源交易中心（下称"交易中心"）在市行政服务中心的直接领导下，在各行业监督部门的支持及全体工作人员的共同努力下，加强廉政风险防控工作，营造清风正气的工作氛围，建设阳光透明的公共资源交易平台。现将交易中心××年开展廉政风险防控工作情况报告如下。

一、落实制度，增强员工廉政建设、保密工作的责任感

公共资源交易涉及一定的工作秘密，做好廉政建设和保密工作是交易公平公正的重要保证。按照党风廉政责任制和保密工作制度的要求，交易中心严格落实廉政和保密工作岗位责任制，组织工作人员签订廉政责任书和保密责任书，明确工作人员的廉政和保密责任，增强工作人员对廉政建设和保密工作的责任感。

二、合理设岗，实行内部层级监管、互相制衡的廉政风险防控机制

由于公共资源交易风险性极高，且涉及的利益面广，长期以来都是社会关注的热点和党风廉政建设工作的重点。因此，交易中心在优化业务工作流程、落实工作职责的同时，特别注重加强制度建设，通过制度来规范交易行为，确保了交易的公开、公平、公正，从源头上防止腐败现象发生，实现公共资源交易科学化，具体体现在以下方面。

一是加强业务流程的层级审核、审批把关。

二是实行敏感、重点岗位定期轮岗制度。

三是对于特殊岗位设立专人专岗制度，如采购文件发放及专家抽取等岗位实行专人专岗。

四是实行操作流程的"分段式"管理，通过流水作业，将采购项目交易实施过程的重要环节分段。

五是实行专家管理工作"两分离"，具体是指将专家日常管理工作与业务部门分离；将专家库日常维护与抽取工作分离，抽取工作实行A、B角色制度，从而最大限度地减小交易工作中发生腐败和泄密的概率。

三、精心组织，开展内容丰富、形式多样的纪律教育学习活动

纪律教育是交易中心的常态工作，它不仅是交易中心每位工作人员的必修课，更是必须修好的一课。为加强纪律教育工作，交易中心按照市纪委和上级部门要求，结合工作实际，精心部署，积极开展纪律教育学习月活动，具体体现如下：

一是召开全体工作人员学习动员会；

二是发放纪律教育学习材料；

三是制作纪律教育专题墙报；

四是积极开展整治庸懒散奢等不良风气工作；

五是学习党内法规和十九大党章；

六是参观"廉洁"文化作品展览；

七是组织参观省反腐倡廉教育基地。

通过开展纪律教育学习月活动，进一步完善了内部管理制度，强化了为民服务的公仆意识，使"依法阳光交易，廉洁高效服务"的质量方针得到进一步落实，确保"队伍平安、交易守法、服务优质"，促进公共资源交易市场的健康发展。

四、科技支撑，构建统一规范、公开高效的交易平台

交易中心从组建开始就确立了"以实行公共资源交易电子监察为推手，依托信息技术，构建交易服务平台，通过交易服务平台实现对全市公共资源交易活动的规范化管理"的工作思路，着力构建××市公共资源交易一体化服务平台。一体化服务平台是采用先进的信息技术和行政管理理念，从招标采购的立项审批开始，到标后合同执行情况跟踪、评价等为止，上联行业主管部门和行政监察部门，下延区、镇公共资源交易平台，逐步实现全市公共资源交易统一执行一个规则和一个服务标准，统一使用一个电子交易平台，统一实行实时电子监察监管。

××年初，覆盖全市公共资源交易各方、交易各环节的××市公共资源交易一体化服务平台全面启动，并分两期进行。

一期建设顺利通过专家验收，主要实现了各业务交易在同一平台上运行，已经开始向各区逐步推广使用。

二期在××年初启动，目前系统正在试运行，建成后将全面实现各类业务的网上交易。××年公共资源交易事项已作为社会办事类事项统一纳入到××市网上办事大厅中。

特此报告。

××交易中心

××年××月××日

【范本03】

××法院廉政风险防控工作情况的报告

××区纪委：

按照区纪委关于开展廉政风险防控工作的部署，我院对廉政风险防控工作高度重视，成立了院廉政风险防范管理工作领导小组，在学习借鉴兄弟单位开展廉政风险防范管理工作的基础上，认真制定工作方案，并抓住重点环节，扎实推进，取得了良好的效果。

一、精心组织，周密安排

针对少数干警对廉政风险防控工作认识模糊、热情不高的现象，我院先从党组班子成员做起，统一思想认识，向全院干警传达学习区纪检委关于廉政风险防控工作的相关文件，党组召开专题会议研究廉政风险防控工作，明确此项工作开展的意义，教育引导全院干警树立廉政风险防范意识，自觉参与到廉政风险防范工作中。我院将制度建设和廉政风险防控工作结合起来，列入党组重要议事日程，成立了由党组书记、院长任组长，党组成员任副组长，各庭室负责人为主要成员的廉政风险防控工作领导小组。制定下发了《廉政风险防控工作实施方案》，明确了我院廉政风险防控工作的指导思想、对象、范围、内容和具体要求等，依照方案和责任抓落实，稳步推进。

二、开展廉政教育，加强事前监督

创新廉政教育载体，进一步加强廉政风险防控事前监督，努力建设一支廉洁务实的党员干部队伍。

一是开办廉政课。结合"每月两主题"讲课活动，安排院领导干部讲廉政党课。同时，各庭室充分发挥党员活动室的作用，通过支部"三会一课"开办廉政课堂，加强了对党员的廉政教育。

二是组织开展警示教育。组织干警到某市警示教育基地——某监狱进行集中警示教育。通过开展集中警示教育活动，使全体干警从反面典型案例中吸取教训，筑牢拒腐防变的思想底线，促进司法作风进一步好转，使司法公信力进一步提升，实现法院队伍素质整体新提高、法院工作整体新发展、法院形象整体新转变三个目标，使法院队伍成为"让人民满意、让法律增辉"的好队伍。

三是设置廉政电脑屏幕保护程序。将每位干警的电脑屏幕保护程序设置成廉政内容，警句格言跃然于上，犹如一面镜子照着每位干警，时刻提醒自己爱岗尽职，自觉防微杜渐。

四是发送廉政短信。借助手机短信群发平台，利用节假日向全体干警的手机发送一条通俗易懂、说服力强的廉政短信，提醒他们务必保持清醒头脑，时刻绷紧廉洁自律弦，维护清正廉洁的良好形象。

五是接受革命传统教育。把每年的6月确定为廉政教育月，廉政教育月期间，组织干警到××等革命传统教育基地参观，认真学习革命先辈对党的事业无限忠诚的品格，从而进一步牢固树立正确的世界观、人生观、价值观和廉洁从政、执政为民的意识。

三、认真查找风险点，科学制定防范措施

廉政风险防控工作的关键环节是风险点的查找，按照"标本兼治、综合治理、惩防并举、注重预防"的方针，通过各种途径查找部门和个人风险点，形成权力运行到哪里，风险防范措施就要跟进到哪里，监督制度就要落实到哪里。我院以"自己找、同事评、群众帮、领导点"的方式开展廉政风险点的查找，领导带头，反复斟酌，并按要求填写表格。各庭室负责人根据所在的岗位、所负职责积极查找思想道德风险点、岗位职责风险点、制度机制风险点，以便院廉政风险防范管理工作领导小组实施量化动态考核，逐人逐条逐项分析后，采取自己找不准的，就相互找；庭室找不准的，分管领导查；庭室找不准的，发动群众来补充等方式，而这一系列做法，都要被院廉政风险防控工作领导小组随时核查。对风险点找的不够准确的同志，应对其加以引导，让其继续深入查找，经过两轮的自查后，在党支部会上开展互查，经过三轮的反复查找，最终确定廉政风险点，为制定防范措施打牢基础。

四、推行政务公开，强化社会约束

将已查找到的廉政风险点和预警防范措施分层次地向全社会进行公示。班子成员的廉政风险点和预警防范措施在院大厅的显示屏中进行公示；各庭室负责人的廉政风险点和预警防范措施在各自的办公场所公示。院领导班子成员的电话、手机号码、职务分工全部公开，畅通信息渠道，为群众反映情况、开展监督提供便利，接受群众和社会各界监督。

五、完善防范措施，加强干部管理

根据廉政风险防控工作的主要任务和要求，建立了以制约和监督权力为核心，以岗位风险防控为基础，以加强制度建设为重点，以现代信息技术为支撑的权责清晰、流程规范、风险明确、措施有力、制度管用、预警及时和廉政风险防控机制，实现廉政风险防控工作在我院重点领域、重点环节全覆盖。针对查找出的风险点，我们研究制作了廉政风险防范管理提示图，把领导班子、各庭室所有可能出现的问题指出来，引起他们的注意。建立了"三个谈话"机制，即建立了党组书记同副职领导谈话，副职领导同庭室负责人谈话，庭室负责人同庭室干警谈话的机制，及时掌握了干部的思想动态，筑牢了干部廉政思想防线。修订完善了规章制度，用完善的制度措施预防和降低了廉政风险。

六、多措并举，扎实推进

一是将增强廉政风险防范意识与制度建设相结合。针对查找出的风险点，对照已经形成的制度，强化措施，切实推进。二是将廉政风险防范管理工作同审判业务相结合。围绕中心，服务大局，推进人民法院"三项重点工作"，即深入推进社会矛盾化解、社会管理创新、公正廉洁执法。三是将廉政风险防范管理工作与党风廉政建设责任制相结合，将此项工作纳入党风廉政建设责任制考核，实行"一岗双责"，形成"风险明确、责任到人、监督有效、处罚有据"的廉政建设机制。

20××年以来，我院全面开展的廉政风险防范管理工作，丰富了预防腐败工作的措施和方法，拓宽了从源头防止腐败的工作领域。一年多来的实践证明，廉政风险点排查本身，即是对党员干部的一种很好的提醒和教育，增强了岗位廉政风险意识，使党员干部时刻绷紧廉政这根弦，又有力地推动了反腐倡廉建设的深入开展。但还存在一些问题和薄弱环节，对照中央纪委、监察部《关于加强廉政风险防控的指导意见》（以下简称《指导意见》），还有许多不完善之处，需要进一步规范和深化。为了深入贯彻《指导意见》，扎实推进我院廉政风险防控工作，建立健全预防腐败的长效机制，根据××区纪委《关于深入推进廉政风险防控工作的通知》（〔20××〕××号）的精神，巩固廉政风险防范管理工作成效，加大从源头上预防腐败的工作力度，结合我院实际工作，制订了"廉政风险防范管理回头看"活动计划。我院将把深入推进廉政风险防控工作，作为构建惩治和预防腐败体系的重要举措，作为进一步营造风清气正发展环境的客观需要，作为促进干部队伍作风建设的有力抓手，组织广大党员干部深入学习中纪委监察部的《指导意见》，进一步提高对开展廉政风险防控工作重要性和必要性的认识，不断夯实开展廉政风险防控工作的思想基础，掌握开展廉政风险防控工作的方式方法，通过实施廉政风险防控工作，达到"增强风险意识、找准廉政风险、完善防控措施、有效预防腐败、推动干部健康成长"五个目标。

××市××区法院

××年××月××日

【范本04】

××市人民政府关于近期洪涝灾害情况的报告

省人民政府：

入汛以来，我市出现了五次强降水，特别是××月××日以来，全市范围出现一次持续连阴雨过程，局地降大暴雨或特大暴雨，部分区域遭受洪涝灾害，××区、××区等区受灾较重，现将防洪救灾工作的有关情况报告如下。

一、雨情汛情灾情

（一）雨情

××月××日××时至××日××时，全市××个测站降水，其中50~100毫米的××站次，100毫米以上的××站次，累计最大降雨量为××区××毫米，××和××、××累计降雨量超过××毫米。降雨主要集中在××区大部和××区、××区局部，尤其是××日至××日两天降雨较大。

（二）汛情

受此次强降雨影响，全市江河支流共发生洪水××场次，警戒流量以上洪水××场次，其中较大的××河××月××日××时××站最大流量××立方米/秒（警戒流量1 000立方米/秒），××月××日××时××站最大流量××立方米/秒（警戒流量1 000立方米/秒）。

（三）灾情

截至××月××日××时，××月××日以来的暴雨洪水造成××区、××区等区

××人受灾，紧急转移安置××人，因灾倒房××户××间，严重受损房屋××户××间，一般受损房屋××户××间，农作物受灾面积××公顷、成灾××公顷，绝收××公顷，初步统计灾害已造成直接经济损失××亿元。

××区、××区受灾较为严重。××区有××人受灾，直接经济损失达××万元，紧急转移安置××人，因灾倒房××户××间，严重受损房屋××户××间，农作物被淹，民房倒塌，水利交通等基础设施受损严重，给群众财产安全带来巨大损失，全市累计造成直接经济损失××亿元。

二、防汛救灾工作情况

在防汛救灾工作中，市委、市政府高度重视，有力有序组织广大干部群众奋力抗洪救灾，努力将损失降到最低。

（一）领导重视，快速反应

接到气象降雨预报和省防总防抗降雨工作安排后，市委书记、市长及市委、市政府分管领导多次到市防汛办了解降雨情况、河道水情、天气演变趋势等，要求各级各部门将人的生命安全放在第一位，加强重点区域、重点部位防汛值守，及时启动防汛应急预案，严防持续阴雨裹加暴雨引发山洪、崩塌、滑坡等次生灾害造成的人员伤亡。

（二）加强应急值守，及时研判预警

市、区、街道办加强领导带班值班和应急值守力量，严格24小时值班，一小时降雨达到××毫米报警阈值时，及时预警提醒到各区、各街道。市防汛办根据监控指标，及时向××区和××区降雨较大的街道进行电话提醒，指导督促落实防御措施，防止发生人员伤亡。

（三）及时启动预案，积极抢险救灾

暴雨洪灾发生后，市、区党委、政府立即进入实战状态，落实防、抢、撤方案，组织转移受灾群众。市、区民政部门及时派出了多个工作组赶赴受灾地区，指导安排受灾群众生活，××区、××区已紧急下拨棉被××床及部分食品、饮用水等基本生活物资，用于受灾群众紧急转移安置及生活救助。交通、电力、电信部门派出抢险技术人员分赴受灾地区紧急抢修道路、通信、供电设施。

三、下一步工作措施

据气象部门预报，本次降雨将持续至××日，期间仍将会发生局部暴雨。这次降雨是我市今年汛期降雨持续时间最长、范围最广、局部强度最大、灾情相对严重的一次。由于前期降雨偏少，加之我市历史上发生秋汛洪涝灾害较多，由秋汛引发泥石流、崩塌、滑坡等次生灾害的形势严峻。下一步，我们将按照省政府和省防总的要求，高度戒备，进一步落实防汛责任，狠抓措施落实，全力做好防汛救灾工作。我们重点要做好以下几项工作。

（一）强化防汛值班，保持信息畅通

市、区、街道办和承担防汛责任的部门立刻转入实战状态，取消休假。各级防汛责任人全员上岗到位，重大雨汛过程所涉及区域的各级党政主要领导坚持在降雨时段内全程在岗值班。

（二）加密研判会商，及时启动预警

市、区防汛指挥部进一步加强对雨情、水情、汛情的综合研判，重点关注局地、高强度暴雨过程，强化监测预警，按规定及时报告联系各区防汛的市级领导和市直部门，适时启动相应等级的应急响应。

（三）加大隐患排查，防范次生灾害

迅速组织相关职能部门分组到点对各防汛重点部位进行全面排查。对河道险段、病险水库进行拉网式巡查，做到"天下雨、人上堤（库）"，确保险情早发现、早抢护、早治理。

（四）加强救灾查灾工作，妥善安排群众生活

妥善解决好受灾群众的转移安置和生活救助工作，准确掌握受灾群众缺衣、缺被、缺粮等基本情况，及时安排和拨付救灾资金及物资，确保受灾地区"四通"——通路、通电、通信、通水，确保受灾群众"四有"——有饭吃、有衣穿、有临时住所、有洁净水喝，保证灾区社会稳定、人心安定。

（五）坚持靠前指挥，严明防汛纪律

进一步夯实行政首长负责制、灾情统一报告制、领导联系重点区域等工作制度。一旦发生险情、灾情，联系各区的市级领导和相关部门的负责同志在第一时间赶赴现场，实地检查、了解灾情，深入一线督促指导防汛救灾工作，最大限度地降低灾害损失。

××市人民政府

××年××月××日

【范本05】

××有限公司党委工作情况的报告

××党委：

20××年—20××年，××公司一直坚持习近平新时代中国特色社会主义思想，开展"不忘初心、牢记使命"主题教育，在××市委和××的正确领导下，××公司党委紧紧围绕公司中心工作，带领所属各级党组织和广大党员团结协作、勇于创新，积极发挥党委的政治核心作用、基层党组织的战斗堡垒作用和党员的先锋模范作用，为公司的改革发展提供了强有力的保障，确保公司的健康、稳定、和谐发展。

一、以参与公司重大事项决策为主要渠道，积极发挥党委的政治核心作用

结合董事会建设试点、规范公司法人治理结构等工作，明确规范董事会、经营班子、监事会和党委会的责权。以党委会为重要载体，以党委会议事规则为指引，明确党委直接行使决策权和参与决策公司重大事项的范围和程序。党委会议事规则作为公司章程的配套制度，可有效推动企业决策规范化、科学化，形成了公司董事会、党委会、经营班子和监事会各司其职、各负其责、有效制衡、协调运转的机制。三年来，共召开党委会××次，审议议题××个，有效地发挥了党委对公司重大事项的决策权。

二、以不断健全理顺基层党组织为重点，切实加强基层党的组织建设

（一）及时理顺党组织关系

根据公司改制、重组整合、划转接收、×××改革等工作进程，以产权为纽带，××××××。

（二）不断健全公司党组织

结合公司重组整合和班子换届工作，按照"双向进入、交叉任职"规定，××××××。

（三）全面推行公推直选换届选举

按照市委和市委组织部的有关规定，公司党组织换届一律实行公推直选。××××××。

三、以主题教育实践活动为主线，不断推动基层党员干部的学习教育工作

（一）深入开展各种主题学习实践活动

按照市委和××党委的部署，深入开展以党的"不忘初心、牢记使命"教育实践活动、学习贯彻党的十九大和十九届三中全会、四中全会的精神、创先争优等为主题的学习教育实践活动，使广大党员的素质能力不断提升，成为推动公司改革发展稳定的中坚力量。××××××。

（二）大力推进"五好"班子创建活动

公司领导班子坚持中心组理论学习制度，认真开好一年一度民主生活会和××专题组织生活会。大力弘扬××精神，不断增强领导班子干事创业的责任感、使命感。××××××。

四、以党管干部、党管人才为原则，不断加强与规范公司领导班子建设

（一）建立分类分层管理公司领导人员制度

××公司和系统企业分别履行不同的组织人事管理权限，××××××。

（二）不断完善落实公司领导人员选拔任用工作程序

认真贯彻执行上级组织人事工作制度和《××选拔任用暂行规定》，形成了×××、×××等一套较成熟规范的公司领导人员选拔任用工作程序，××××××。

（三）落实××精神，积极推进董事会建设试点工作

按照××精神，开展××××××。

（四）积极探索符合公司发展需求的组织人事工作方式

推行×××、×××制度改革，××××××。

五、以构建廉洁公司为重大任务，保持班子和队伍廉洁从业本色

（一）着力打造廉洁××

从承接市政府××任务开始，始终将抓好××项目建设廉政防范，作为完成×××任务的重要保障，并相继出台《××内部防控制度》《××承诺制度》、××等多项制度措施，××××××。

（二）扎实抓好系统企业廉洁从业

抓好"三重一大"顶层设计，制定××××××。

（三）深入开展廉洁从业教育监督

抓好重要节点、重大节日的教育防范和一年一度的纪律教育学习月活动，公司领导带头讲廉政教育党课。××××××。

（四）建立健全作风建设制度

制定《××管理规定》《××规定》和《企务公开办法》《××办法》等制度，××××××。

六、以强化公司文化建设为主要途径，不断增强公司的软实力

（一）着力塑造鲜明的公司文化理念

目前，××的公司精神、××价值理念深入人心。××××××公司凝聚力、战斗力和软实力不断增强。

（二）推出一批具有影响力的公共文化活动

××公司的×××、×××院的××大赛、××的××讲堂等活动持续开展，影响广泛。××××××。

（三）系统文体活动蓬勃开展

举办全系统乒乓球、羽毛球、×××、×××等活动，建设××、××网站和××系统，创办《××》公司内刊，建设××等宣传阵地，搭建企业文化交流平台。××××××，充分展示了企业员工积极向上、健康和谐的精神风貌。

七、以认真履行国企社会责任为己任，争当优秀企业公民

（一）积极开展对口帮扶工作

秉承××理念，接力对口帮扶××县××年，累计投入帮扶资金近××元。

（二）大力开展志愿者活动

成立××系统志愿者联盟，注册志愿者超过××人，建立了××个志愿服务大队和××个志愿服务中队，联盟成员单位超过××家，××年开展各类志愿服务活动近××项，提供志愿服务××多人次，服务时间累计近××小时，惠及市民近××万人次，涌现出××××××，成为全市规模最大的国企团体义工组织和志愿服务生力军。

（三）开展系统内扶贫济困活动

组织开展××、××慰问困难员工、特困党员和××帮扶困难职工捐助等活动，切实为困难员工办实事、办好事。

三年来，党委的工作受到了有关方面的肯定和认可，公司先后获得××、××荣誉称号。

中共××有限公司委员会

××年××月××日

【范本06】

××公司内控规范工作阶段性情况报告

××有限公司：

根据××公司《关于××的通知》（××〔20××〕××号）的要求，我司积极推进内部控制规范工作。现将我公司内控规范工作阶段性情况报告如下。

一、内控规范工作情况

（一）高度重视，完善内控组织架构

为保障内部控制体系的有效实施，公司成立了内控实施领导小组，统一组织领导公司内控工作。

（二）规范流程，实现各项工作制度化

以业务流程为起点，锁定与××相关的业务，×××分析确认存在的风险。

（三）责任到人，明确岗位责任制

××××××，公司召开了内控协调会，提高了岗位人员防风险、防隐患、堵漏洞的工作意识。

（四）建章立制，建立内控长效机制

建立了××、××等××个制度及规范性文件。××管理制度在内控体系中起着重要作用。

二、存在的困难和问题

目前，公司存在的主要问题是组织机构不完善。按照我司安全管理和规范化工作要求，××部进一步完善了各岗位职责和规章制度。

三、下一步工作安排

（一）进一步加强学习培训

要确保内控有效执行，还应继续加强培训。

（二）进一步加强组织领导

指定或配备专人负责内控工作，继续按照内部控制实施工作方案稳步推进。

特此报告。

××有限公司

××年××月××日

第二节　请示

一、定义

请示是指下级机关向上级机关请求对某项工作、问题做出指示，对某项政策界限给予明确，对某事予以审核批准时使用的一种请求性公文。请示是应用写作实践中的一种常用文种。请示分为解决某种问题的请示和请求批准某种事项的请示。

请示必须具备三个条件，具体如图4-5所示。

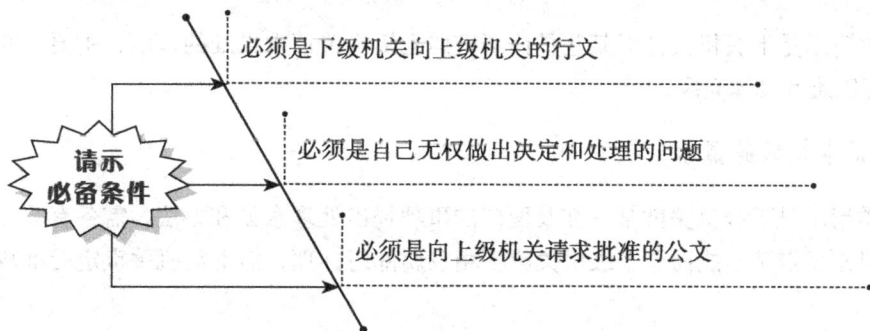

图4-5　请示必备条件

二、特点

请示具有四个特点，具体如图4-6所示。

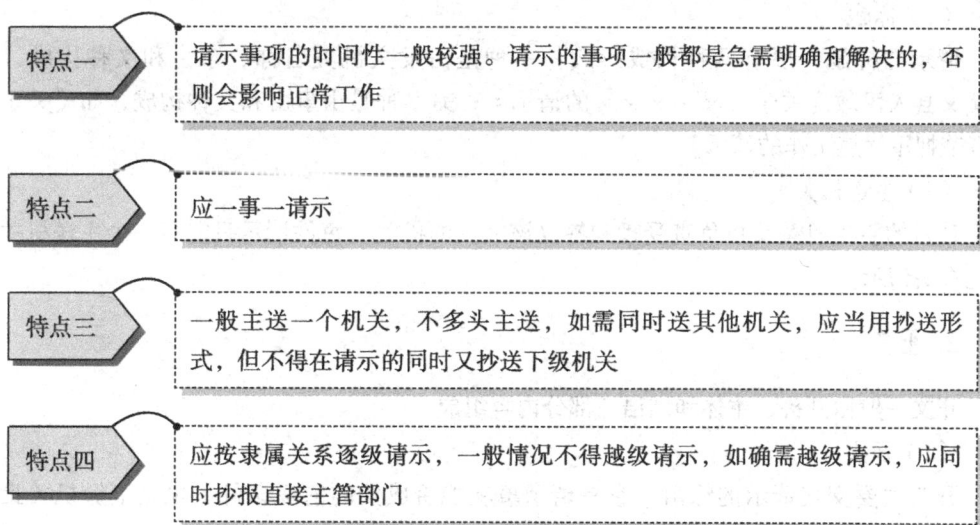

图4-6　请示的特点

三、种类

根据请示的不同内容和写作意图，请示可分为以下三类。

1. 请求指示的请示

此类请示一般是政策性请示，是下级机关需要上级机关对原有政策规定做出明确解释，对变通处理的问题做出审查认定，对如何处理突发事件或新情况、新问题做出明确指示等的请示。

2. 请求批准的请示

此类请示是下级机关针对某些具体事宜向上级机关请求批准的请示，主要目的是解决某些实际困难和具体问题。

3. 请求批转的请示

此类请示是下级机关就某一涉及面广的事项提出处理意见和办法，需各有关方面协同办理，但按规定又不能命令平级机关或不相隶属部门办理，需上级机关审定后批转执行的请示。

四、结构

请示由首部、正文和落款三部分组成，各部分的格式、内容和写作要求如下。

1. 首部

首部主要包括标题和主送机关两部分内容。

（1）标题

请示的标题一般有两种构成形式：一种是由发文机关名称、事由和文种构成，如《××县人民政府关于×××××的请示》；另一种是由事由和文种构成，如《关于开展春节拥军优属工作的请示》。

（2）主送机关

请示的主送机关是指负责受理和答复该文件的机关。每件请示只能写一个主送机关，不能多头请示。

2. 正文

正文一般由开头、主体和结语三部分内容组成。

（1）开头

开头主要交代请示的缘由。它是请示事项能否成立的前提条件，也是上级机关批复的根据。将原因讲得客观、具体，将理由讲得合理、充分，只有这样上级机关才能及时决断，予以有针对性的批复。

（2）主体

主体主要说明请求事项。它是向上级机关提出的具体请求，也是陈述缘由的目的所在。这部分内容要单一，只宜请求一件事。另外，请示事项要写的具体、明确、条理清晰，以便上级机关给予明确批复。

（3）结语

结语应另起一段，习惯用语一般有"当否，请批示""妥否，请批复""以上请示，请予审批"或"以上请示如无不妥，请批转各地区、各部门研究执行"等。

3. 落款

落款一般包括署名和成文时间两部分内容。标题写明发文机关的，这里可不再署名，但需加盖单位公章，并注明成文时间（××年××月××日）。

五、请示与报告的区别

请示和报告都是上行文，是行政机关公文使用频率较高且容易混淆的文种。常见的问题主要有：将请示文种用报告文种呈送上级机关，请求上级机关批复（答复），这样就容易贻误工作。因此，在撰写请示和报告时，要特别注意二者之间的区别，具体内容如下。

一是作用不同。请示是向上级机关请求指示、批准；报告是向上级机关汇报工作，反映情况，提出意见和建议，答复上级询问，报送文件、物品等。

二是内容不同。请示是本单位无力无权解决或按规定须上级批准之后才能实施的事项；报告是本单位职责范围内比较重大的工作或向上级机关建议，须上级机关知道的事项。

三是容量不同。请示应一文一事；报告可多事一报，但不得夹带请示的事项。

四是时间不同。请示应事前行文；报告可在事前、事中和事后行文。

五是范围不同。请示一般只主送一个上级机关，不得多头主送或越级主送；报告可以主送几个相关的上级机关，其他上级机关也可以抄送。

六是处理不同。上级机关收到下级机关的请示后，应及时批准、批复（答复），若是办理件，下级机关应在收到上级机关批复（答复）后才能实施；上级机关收到下级机关的报告（主要是了解情况）后，可以不答复，下级机关也不用等待上级机关答复。

七是篇幅不同。请示的篇幅比较短，一般不超过1 500字；报告的篇幅相对较长，但一般不超过3 000字。

八是结束语不同。请示在结束时用"特此请示""特此请示，请批示""请审示"等；报告用"专此报告""特此报告"。

六、填空式模板

_____（发文机关、事由）请示

_____（主送机关）：

　　_____
_____
_____
_____
_____。（请求缘由）

（续）

<table>
<tr><td>
_____

_____

_____

_____

_____。（请求事项）

妥否，请批复。

附件：_____

_____（发文机关名称、印章）

_____（成文时间）

</td></tr>
</table>

案例

请示的用法举例

1. 标题：发文机关＋事由＋文种

（1）正确的标题，如《××公司关于××物业租赁的请示》《××公司关于申请购置××的请示》。

（2）错误的标题，如《关于消防责任人和负责人任命书的请示报告》《关于电工操作证申请的请示》《关于××物业公开招租结果的请示》。

2. 主送机关

请示的主送机关只有一个，即直接上级机关；不能多头请示、越级请示，也不能交送领导个人。

3. 正文

（1）结构：请示缘由＋请示事项＋规范结语。

（2）请示缘由：事项的背景、原因、依据，要写的有理有据、具体明白。

（3）请示事项：不能用模棱两可的词语，让上级机关难以答复。

（4）请示结尾：以上请示，请批复；以上请示妥否，请审批。

××市××有限公司文件

××〔2020〕30号

××公司关于××的请示

××有限公司：

根据贵司关于×××的规定，我司就×××××事项请示如下。

一、×××基本情况

×××。

二、请示事项

×××××××××××××××××××××××××××××××××××，我司拟采取×××××××措施。

妥否，请批示。

请示缘由

请示事项

规范结语

××公司（印章）

××年××月××日

【范本01】

××有限公司委员会
关于召开"不忘初心、牢记使命"专题组织生活会的请示

××督导组：

根据中央、省委有关文件精神和《中共××市委关于在我市深入开展"不忘初心、牢记使命"主题教育活动的实施意见》（×××〔2019〕××号）《关于印发〈××市××党的"不忘初心、牢记使命"活动实施方案〉的通知》（×××〔2019〕××号）和《关于在党的"不忘初心、牢记使命"教育实践活动中开好专题组织生活会的通知》（×××〔2019〕××号）文件的统一部署，我司党委拟于××年××月××日（星期×）在××召开公司党委的"不忘初心、牢记使命"教育实践活动专题组织生活会，深入学习、贯彻习近平新时代中国特色社会主义思想，树牢"四个意识"、坚定"四个自信"，做到"两个维护"，全面把握守初心、担使命、找差距、抓落实的总要求。会期×天，参加会议人员包括×××、×××。敬请×××莅临指导。

妥否，请批复。

附件：1. 关于党的"不忘初心、牢记使命"教育实践活动专题组织生活会工作方案
   2. 党的"不忘初心、牢记使命"教育实践活动专题组织生活会日程安排表

中共××有限公司委员会（印章）

××年××月××日

（联系人：×××，联系电话：×××××××××）

【范本02】

关于购置一辆中巴车的请示

××有限公司：

我司于××年××月购买××中巴车一辆，主要用于接送员工上下班和客户接待工作，至今已使用××年，行驶里程超过××万千米。该车在使用过程中，严格按照有关规定进行保养和维护，但由于长时间高负荷使用，车辆部件严重老化，目前车况较差，维修、维护成本较高且逐年递增，存在较大的安全隐患。为确保行车安全，我司拟新购置一辆23座中巴车，车型为××，费用约为××万元。

妥否，请批示。

××有限公司办公室（印章）

××年××月××日

【范本03】

关于请求增加知识产权局人员编制的请示

市政府：

近年来，在市委、市政府的关心支持下，我市知识产权工作取得了长足进展。××年专利申请量达××件，今年有望突破××件，全市有××家企业分获省知识产权局有关计划项目的立项资助。专利申请量的大幅增长和企业知识产权工作深入开展，对推动企业技术创新，促进转型升级，提高区域经济核心竞争力，已发挥了重要作用。

随着《××省知识产权战略纲要》（××号）的颁布施行，知识产权工作的领域更宽，任务更重，要求更高。特别是《××专利促进条例》（××月××日省人大常委会通过）赋予县级专利行政管理部门行政执法职能后，我市知识产权局无人员编制和人手不足的矛盾十分突出。由于目前知识产权局只有一名同志从事该项工作，已直接影响到有关工作的推进和开展，尤其是对照上级有关查处专利侵权需三名行政执法人员的要求差距较大。为推进知识产权工作深入开展，健全相关工作机制，积极为申报国家知识产权试点市创造条件，现请求市政府批准增加知识产权局人员编制两名。

特此请示。

××市知识产权局（印章）

××年××月××日

【范本04】

关于申请拨付市生态经济区发展规划前期工作经费的请示

××区发展和改革委员会：

××生态经济区是××市、××县××年规划建设的以高新产业、汽车制造业、生态旅游服务业、现代农业为主导，以科研、行政、金融、文化和娱乐为衍生功能的综合性产业园区。园区规划范围为×××，占地面积×××平方千米。

为加大生态经济区基础设施建设力度，加快承接×××产业转移，调整与优化工业经济结构，提升全县新型工业化水平，打造新的发展平台、产业转型载体和支撑未来经济社会可持续发展新的增长极。我县委托×××研究院编制完成了《××市（××）生态经济区发展规划》，由于我县财力十分有限，恳请你委拨付××市（××）生态经济区发展规划前期工作经费30万元为盼。

妥否，请批示。

××县人民政府（印章）

××年××月××日

第三节　批复

一、定义

批复是指答复下级机关的请示事项时使用的文种。批复是用于答复下级机关请示事项的公文。它是机关应用写作活动中的一种常用公务文书。

二、特点

批复主要有四大特点，具体如图4-7所示。

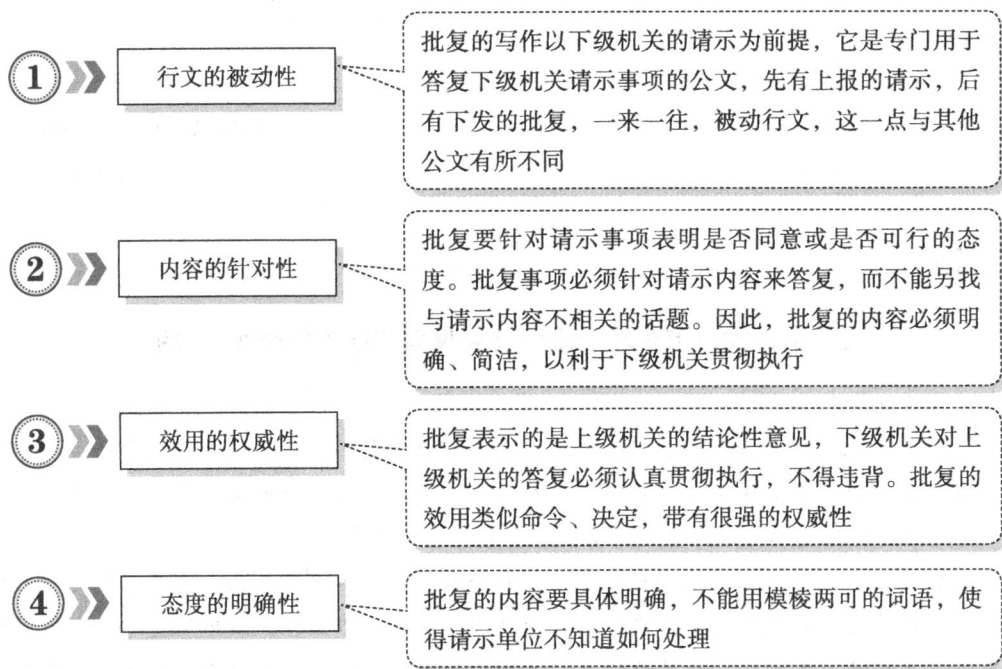

①　行文的被动性　　批复的写作以下级机关的请示为前提，它是专门用于答复下级机关请示事项的公文，先有上报的请示，后有下发的批复，一来一往，被动行文，这一点与其他公文有所不同

②　内容的针对性　　批复要针对请示事项表明是否同意或是否可行的态度。批复事项必须针对请示内容来答复，而不能另找与请示内容不相关的话题。因此，批复的内容必须明确、简洁，以利于下级机关贯彻执行

③　效用的权威性　　批复表示的是上级机关的结论性意见，下级机关对上级机关的答复必须认真贯彻执行，不得违背。批复的效用类似命令、决定，带有很强的权威性

④　态度的明确性　　批复的内容要具体明确，不能用模棱两可的词语，使得请示单位不知道如何处理

图4-7　批复的特点

三、种类

根据内容和性质的不同，批复可以分为审批事项批复、审批法规批复和阐述政策批复三种。

四、结构

批复一般由标题、主送机关、正文和落款四部分组成。

（1）标题

最常见的批复标题是完全式的标题，即由发文机关、事由和文种三部分构成。在事由中，一般将下级机关及请示的事由和问题写进去；还有一种完全式的标题由发文机关+表态词+请示事项+文种构成，这种标题较为简明、全面和常用。

（2）主送机关

主送机关一般只有一个，即报送请示的下级机关。其位置同一般行政公文，写于标题之下，正文之前，左起顶格。批复不能越级行文，当所请示的机关不能答复下级机关的问题而需要向所请示的机关的上一级机关转报"请示"时，该上一级机关所做批复的主机关不应是原请示机关，而应是"转报机关"。如果批复的内容同时涉及其他的机关和单位，那么要采用抄送的形式送达。

（3）正文

正文包括批复引语、批复意见和批复要求三部分，具体如图4-8所示。

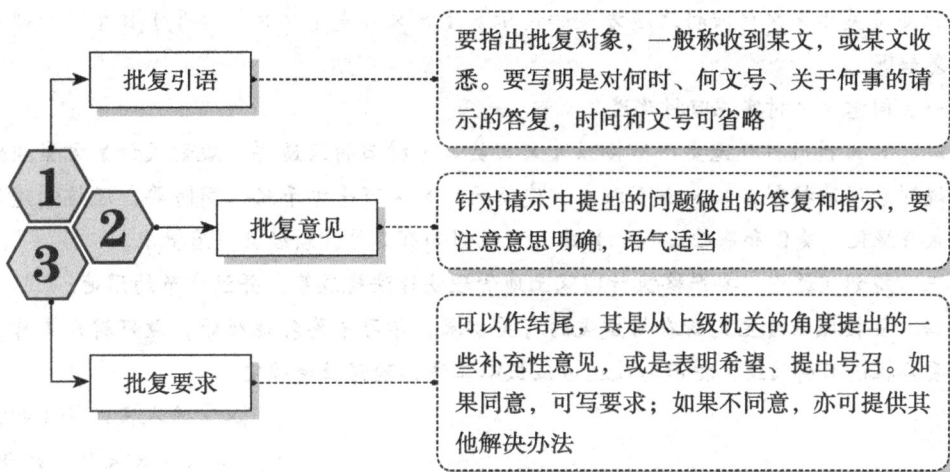

批复引语	要指出批复对象，一般称收到某文，或某文收悉。要写明是对何时、何文号、关于何事的请示的答复，时间和文号可省略
批复意见	针对请示中提出的问题做出的答复和指示，要注意意思明确，语气适当
批复要求	可以作结尾，其是从上级机关的角度提出的一些补充性意见，或是表明希望、提出号召。如果同意，可写要求；如果不同意，亦可提供其他解决办法

图4-8　正文的三部分

（4）落款

落款写在批复正文的右下方，署成文日期并加盖公章，成文日期要用阿拉伯数字注明。

五、填空式模板

_____（发文机关、事由）批复

_____（受文机关）：

　　你_____（对方的请示）收

（续）

悉。根据关于＿＿＿＿＿＿＿＿＿＿＿＿＿＿＿的规定，现批复如下。

＿＿＿＿＿＿＿＿＿＿＿＿＿＿＿＿＿＿＿＿＿＿＿＿＿＿＿＿＿＿＿＿＿＿＿＿

＿＿＿＿＿＿＿＿＿＿＿＿＿＿＿＿＿＿＿。（批复事项）

＿＿＿＿＿＿＿＿＿＿＿＿＿＿＿＿＿＿＿＿＿＿＿＿＿＿＿＿＿＿＿＿＿＿＿＿

＿＿＿＿＿＿＿＿＿＿＿＿＿＿＿＿＿＿＿。（执行要求）

＿＿＿＿＿＿＿＿（发文机关、印章）

＿＿＿＿＿＿＿＿（发文时间）

【范本01】

同意××村实施旧村改造的批复

××办事处：

你处《关于××村旧村改造方案的请示》（××办发〔××〕×号）收悉。经研究，现批复如下。

一、同意××村实施旧村改造。

二、××村旧村改造要严格按照《××县××村旧村改造详细规划设计》方案组织实施，规划总用地控制在××公顷以内，建筑面积××万平方千米，同时要合理控制建设密度，做好绿化、美化和基础设施配套建设。规划如有变更，须经县政府批准。

三、规划实施中，要严格执行国家土地管理法律法规政策，并注意节约用地。

四、要按照社会主义新农村建设的有关要求，学习借鉴外地经验，做好群众工作，积极稳妥地推进旧村改造，把旧村改造办成民心工程，确保社会稳定。

××市人民政府（印章）

××年××月××日

【范本02】

关于增补人文学院党委委员的批复

人文学院党委：

你院《关于增补××、××两名同志为党委委员的请示》（××〔20××〕××号）收悉。经校党委常委会研究，同意增补××、××两名同志为人文学院党委委员。

此复。

××大学委员会（印章）

××年××月××日

【范本03】

××有限公司关于××公司与××公司设立项目公司的批复

××公司：

你司《关于××公司与××公司合作设立项目公司的请示》（××〔20××〕××号）收悉。经我司××月××日×××会议研究，批复如下。

一、同意你司出资××万元人民币，占股××%，与××公司合作成立合资公司，经营×××。

二、请你司切实做好法律风险防范措施，补充和完善相关合作协议，妥善处理×××，并积极参与合资公司的项目建设和经营管理，学习先进的×××管理和运营经验，探索和研究×××经营模式和合作路径。

此复。

××有限公司（印章）

××年××月××日

【范本04】

关于××公司经营住所及经营范围变更的批复

××公司：

你公司《关于办理××公司经营住所及经营范围变更的请示》（××〔20××〕××号）收悉。经研究，同意你司经营住所由"××市××区××路××号"变更为"××市××区××路××号"；经营范围由"×××、×××、×××"变更为"×××、×××、×××"。请修改公司章程相关内容并办理工商变更手续。

××有限公司（印章）

××年××月××日

第四节　议案

一、定义

议案是由具有法定提案权的国家机关、会议常设或临时设立的机构和组织，以及一定数量的个人，向权利机构提出进行审议并做出决定的议事原案。每个国家的议案提交程序和规定都是不一样的，但都是行使国家权利的重要手段。

二、特点

议案具有图4-9所示的五个特点。

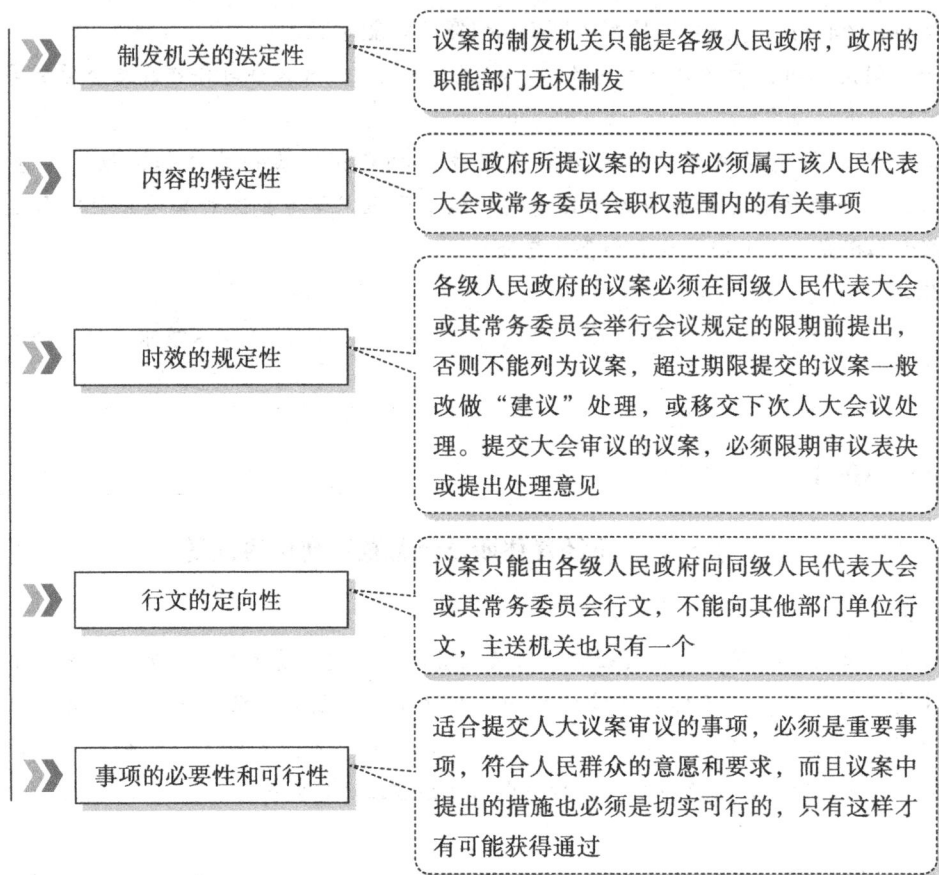

制发机关的法定性	议案的制发机关只能是各级人民政府，政府的职能部门无权制发
内容的特定性	人民政府所提议案的内容必须属于该人民代表大会或常务委员会职权范围内的有关事项
时效的规定性	各级人民政府的议案必须在同级人民代表大会或其常务委员会举行会议规定的限期前提出，否则不能列为议案，超过期限提交的议案一般改做"建议"处理，或移交下次人大会议处理。提交大会审议的议案，必须限期审议表决或提出处理意见
行文的定向性	议案只能由各级人民政府向同级人民代表大会或其常务委员会行文，不能向其他部门单位行文，主送机关也只有一个
事项的必要性和可行性	适合提交人大议案审议的事项，必须是重要事项，符合人民群众的意愿和要求，而且议案中提出的措施也必须是切实可行的，只有这样才有可能获得通过

图4-9　议案的特点

三、内容格式

议案一般由公文常规的标题、主送机关、正文和落款四部分组成。

1. 标题

标题由发文机关、事由（提请审议事项）和文种三部分组成。例如，《国务院关于提请审议〈中华人民共和国劳动法（草案）〉的议案》，发文机关是国务院，事由是"关于提请审议《中华人民共和国劳动法（草案）》"，文种即"议案"。

议案的标题采用常规公文标题模式，其有两种写法：一种是发文机关+案由+文种，如《××市人民政府关于提请审议〈××条例〉的议案》；另一种是省略发文机关，只有案由+文种，如《关于提请审议修改后的××改革方案的议案》。议案标题一般不能采用发文机关加文种或只有文种的写法。

2. 主送机关

议案的主送机关只能是同级人民代表大会及其常务委员会，不能有其他并列机关，要采用全称或规范化简称，不得随意简化。

3. 正文

从内容上来看，议案的正文由提请审议内容、说明（如缘由、目的、意义、形成过程等）和要求组成。从形式上来看，议案除了多以"要求"结尾，还可以从提出审议事项开头，然后加以说明；也可以在开头说明议案的缘由，或目的，或意义，或形成过程，然后提出审议事项，再结尾。

（1）案据

议案的第一部分叫作案据，顾名思义，这部分要提供提出议案的根据。

（2）方案

方案部分即对提请审议的事项或问题提出解决的途径和方法。如果是提请审议已制定的法律法规的，解决问题的方案就在法律法规之中，这部分只需写明提请审议的法律法规的名称即可，但要把法律法规的文本作为附件。如果是任免性议案，要写明被任免人的姓名和拟担任的职务。如果是提请审议重大决策事项的，要一一列出决策的内容，供大会审阅。如果是建议采取行政手段解决某方面问题的，要详细列出实施这一行政手段的方案，以便于审议。这里应注意不能只指出问题，而没有解决问题的方案。

（3）结语

结语是议案的结尾部分，主要用于提出审议请求，一般采用模式化写法，言简意赅。例如，"这个草案业经市政府同意，现提请审议"。

4. 落款

落款部分应由发文机关和行政首长签名，另行写明提请审议的年、月、日。

四、种类

1. 立法性议案

立法性议案主要在两种情况下使用：一种是政府机构制定了某项法律或法规之后提请人大审议通过时，如《国务院关于提请审议〈中华人民共和国××法（草案）〉的议案》；另一种是建议、请求某行政机构制定某项法规时，如《关于尽早制定我省××条例的议案》。

2. 重大事项的决策性议案

关于财政预算决算、城乡发展规划、重大工程上马，以及政治、经济、文化、教育、科技和卫生等领域中的重大事项的决策，需要提请人民代表大会审议批准时使用的议案，就属于重大事项的决策性议案，如《国务院关于提请审议××工程的议案》《××市人民政府关于组织动员全市人民综合治理开发建设××的议案》。

3. 任免性议案

行政机关向权利机关提请任命、免去或撤销行政机关工作人员职务，请求人民代表大会审议批准的议案，就是任免性议案，如《国务院关于提请××等同志职务任免的议案》。

4. 建议性议案

以行政部门的身份向权利部门提出建议，也可以使用议案。这种议案有些像建议报告，供人民代表大会审议、采纳。

五、填空式模板

_____（发文机关、事由）议案

_____人大常委会（主送机关）：

根据_____（提请审议的缘由、目的和意义等）。现提请本次会议研究，请予审议。

_____

_____。（提请审议的内容、形成过程、要求等）

_____

_____。（审议事项或问题解决途径、方法等）

_____（发文机关和行政首长签名）

_____（提请审议的日期）

【范本 01】

××市人民政府关于提请审议××市
20××年政府投资项目计划（草案）的议案

××市人大常委会：

为充分发挥政府投资项目在我市经济社会发展中的基础配置和引领作用，在深入调研的基础上，围绕××建设及加快推进××的总体要求，按照××的思路，根据《××管理条例》相关规定，结合省、市经济工作会议精神及市政府工作报告，市政府拟定了《××市20××年政府投资项目计划（草案）》（以下简称《计划（草案）》）的议案。《计划（草案）》已经市政府常务会议研究确定并报市人大主任会议审议通过。现提请本次会议研究，请予审议。

一、项目总体安排情况

《计划（草案）》以城乡公共基础设施、城乡公共管理和公益性社会事业、保护和改善环境、推进科技进步和高技术产业化四大领域为重点，结合我市实际财力状况及经济、社会发展需要，共安排市本级政府投资项目××个，总投资××亿元。

二、亿元以上项目安排情况（略）

三、主要措施

（一）健全机制，全力加快项目进度（略）

（二）多措并举，积极筹措建设资金（略）

（三）严格管理，提高政府投资效益（略）

（四）转变观念，规范政府投资管理模式（略）

（五）强化监督，确保政府投资安全、高效（略）

××市人民政府

××年××月××日

【范本02】

××区人民政府关于提请任命××同志职务的议案

××市人大常委会：

因工作需要，现依据《中华人民共和国××组织法》有关规定以及××提名，提请任命下列人员职务。

任命××同志为××区人民政府副区长。

请审议决定。

附件：××同志简历

××区人民政府区长：

××年××月××日

第五节　函

一、定义

函适用于不相隶属机关之间商洽工作、询问和答复问题，以及请求批准和答复审批事项。

函的使用范围广，使用频率高，可谓公文中的"轻武器"。具体来说，函的用途主要包括四个方面，具体如图4-10所示。

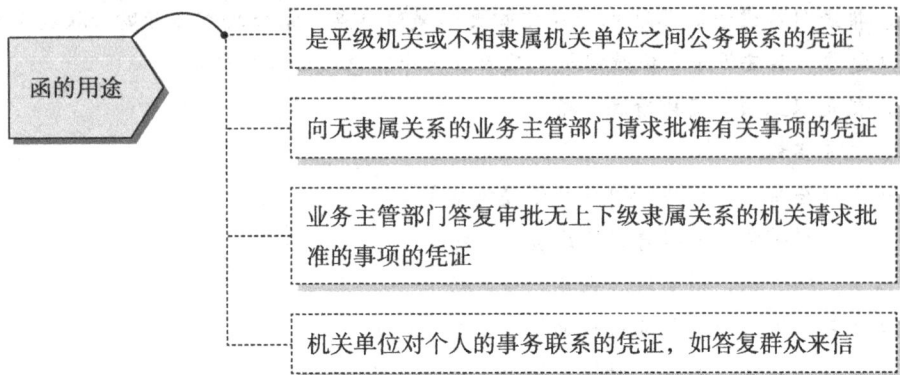

图4-10　函的用途

二、特点

函有三个特点，具体内容如下。

1. 沟通性

函对于不相隶属机关之间相互商洽工作、询问和答复问题起着沟通作用，充分显示了平行文种的功能，这是其他公文所不具备的特点。

2. 灵活性

函的灵活性表现在两个方面，具体如图4-11所示。

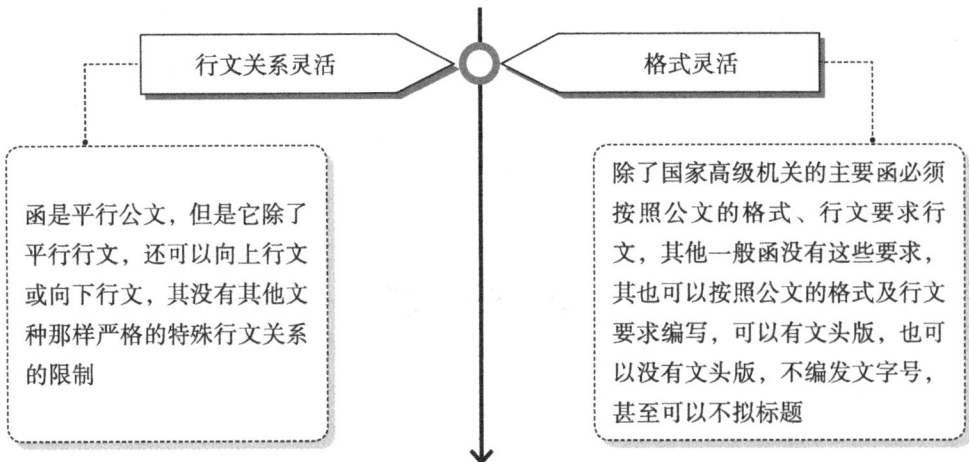

图4-11　函的灵活性

3. 单一性

函的主体内容应该具备单一性的特点，一份函只写一件事项。

三、种类

函可以从不同角度进行分类，具体内容如下。

（1）按性质分，函可以分为公函和便函两种。

①公函用于机关单位正式的公务活动往来；便函则用于日常事务性工作的处理。

②便函不属于正式公文，没有公文格式要求，甚至可以不写标题，不注明发文字号，只需在尾部署机关单位名称、成文时间并加盖公章即可。

（2）按发文目的分，函可以分为发函和复函两种。

①发函即主动提出公事事项而发出的函。

②复函是为回复对方而发出的函。

（3）按内容和用途分，函可以分为商洽事宜函、通知事宜函、催办事宜函、邀请函、请示答复事宜函、转办函、催办函和报送材料函等。

四、结构

由于函的类别较多，从制作格式到内容表述均有一定的灵活机动性。这里主要介绍规范性公函的结构、内容和写法。

公函由首部、正文和尾部三部分组成。其各部分的格式、内容和写法要求如下。

1. 首部

公函的首部包括标题和主送机关两部分内容。

（1）标题

公函的标题一般有两种形式：一种是由发文机关名称、事由和文种构成；另一种是由事由和文种构成。

（2）主送机关

主送机关即受文并办理来函事项的机关单位。我们应于文首顶格写明其全称或者规范化简称，同时其后要加冒号。

2. 正文

正文一般由开头、主体、结尾和结语四部分组成。

（1）开头

开头主要说明发函的缘由，一般要求概括交代发函的目的、根据和原因等内容，然后用"现将有关问题说明如下"或"现将有关事项函复如下"等过渡语转入下文。复函的缘由部分一般先引叙来文的标题、发文字号，然后再交代根据，以说明发文的缘由。

（2）主体

这是函的核心内容部分，主要说明致函事项。函的事项部分内容单一，一函一事，行文要直陈其事。无论是商洽工作、询问和答复问题，还是向有关主管部门请求批准事项，都要用简洁得体的语言把需要告诉对方的问题、意见写清楚。如果属于复函，还要注意答复事项的针对性和明确性。

（3）结尾

结尾部分一般用礼貌性语言向对方提出希望，或请对方协助解决某一问题，或请对方及时复函，或请对方提出意见或请主管部门批准等。

（4）结语

结语部分通常应根据函询、函告、函商或函复的事项，选择不同的结束语，如"特此函询（商）""请即复函""特此函告""特此函复"等。有的函也可以不用结束语，如属便函，可以像普通信件一样使用"此致""敬礼"。

3. 尾部

尾部即结尾落款，一般包括署名和成文时间两部分内容，即署明机关单位名称，注明成文时间（年、月、日），并加盖公章。

五、注意问题

对于函的写作，我们要注意行文简洁明确、用语得体。无论是平行机关的行文，还是不相隶属机关的行文，都要注意语气平和有礼，不要强人所难，也不必逢迎恭维、曲意客套。至于复函，则要注意行文的针对性和答复的明确性。

函也有时效性的问题，特别是复函，我们更应该对其进行迅速、及时的处理，以保证公务等活动的正常进行。

写作函时，我们要注意图4-12所示的六项内容。

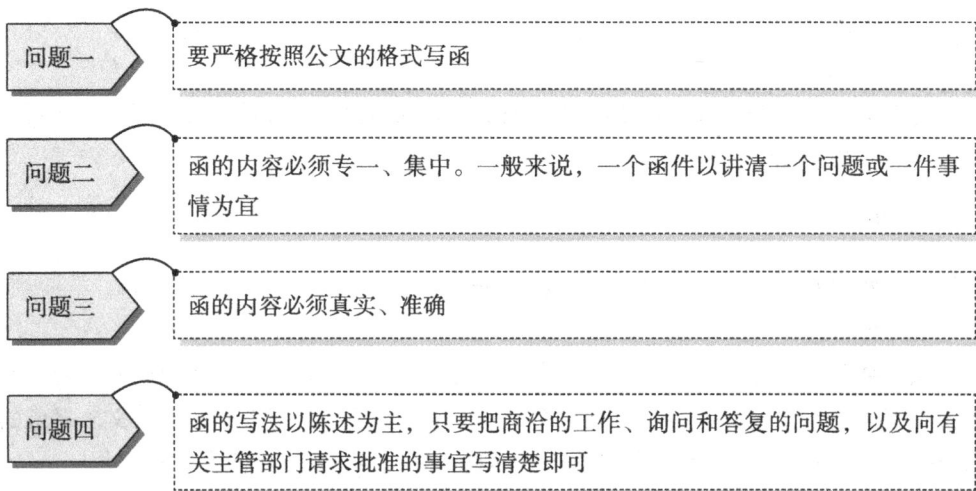

问题一	要严格按照公文的格式写函
问题二	函的内容必须专一、集中。一般来说，一个函件以讲清一个问题或一件事情为宜
问题三	函的内容必须真实、准确
问题四	函的写法以陈述为主，只要把商洽的工作、询问和答复的问题，以及向有关主管部门请求批准的事宜写清楚即可

| 问题五 | 发函都是有求于对方的，或商洽工作，或询问题，或请求批准。因此，函的语言要朴实，语气要恳切，态度要谦逊 |

| 问题六 | 函的结尾，一般常用"即请函复""特此函达""此复"等惯用语，有时也可不用 |

图4-12　写作函时应注意的内容

六、请示与函的区别

函是不相隶属机关之间商洽工作、询问和答复问题、请求批准和答复审批事项的公文。函可分为商函、询答函、请批函（请求批准函、审批函）。函在公文往来中使用比较广泛，其主要作用体现在两个方面：一方面是不相隶属的同系统部门之间询问和答复工作；另一方面是请求平行或不相隶属的职能部门批准有关事项，不能用请示或报告，应使用请求批准函。

在公文撰写中，容易将"请求批准函"误认为请示或报告文种，在与平行或不相隶属的机关行文时使用请示或报告是欠妥的。请示与请求批准函有严格的区别，主要体现在以下五个方面。

一是类型不同。请示是上行文；请求批准函是平行文。

二是主送机关不同。请示的主送机关是具有领导、指导关系的上级机关；请求批准函的主送机关是平行或不相隶属的职能单位。

三是内容范围不同。请示是请求批准、指示；请求批准函是请求批准某项职能事项。

四是行文语气不同。请示的用语应尊重上级机关；请求批准函应互相尊重。

五是办复方式不同。请示的事项由上级机关批复下级机关；请求批准函的有关批准事项由受文单位复函（审批函）。

七、填空式模板

1. 函的模板

　　　　　　　　　　　　（发文机关、事由）函

　　　　　（主送机关）：

　　按照　　　　　　　　　　　　　　　　　　　　　　　　　　

　　　　　　　　　　　　　　　　。（发函缘由）

（续）

_____

_____。（发函事项，包括商洽、请批、答复的具体内容）

特此函告。

_____（发函机关、印章）

_____（发函时间）

2. 复函的模板

_____（发文机关、事由）复函

_____（主送机关）

你（单位或部门）关于（来函的标题和发文字号）的来函收悉。经研究（批准）同意，_____，现复函如下。

_____

_____。（针对来函的问题提出处理意见或办法）

_____

_____。（提出希望、做法、要求）

特此函复。

_____（发函机关、印章）

_____（发函时间）

【范本01】

经营管理会议邀请函

尊敬的_____女士/先生：

您好！

××，从生存、竞争、胜出到有序经营的轨迹中走来，从揽储、关注客户、关注自身管理，到关注盈利能力的盘桓中寻找创革的利器。

××，在全球化、WTO、IPO、监管的压力下进步；在外来的竞争和冲击中获得成长的动力；在自我升华的驱动中实现步步发展的目标。

然而，行业的开放与市场化，迫使××必须思考生存与发展、盈利能力与最终的核心竞争力之间的种种问题。如何构建商业银行的盈利体系，提升核心竞争能力是从业者共同思考的一个课题。

"掌控全成本构建商业银行盈利能力——××经营管理高层论坛"将汇聚商业银行界

领军人物、资深行业专家、实战经验丰富的业界精英，站在××的过去、现在和未来，探讨在新形势下中外商业银行的发展历程和模式，以及商业银行应从何入手构建盈利体系；业界资深银行家也将亲临现场分享商业银行财务管理、全成本管理、业绩考评及盈利能力等方面的成功经验。这些无疑是商业银行关键发展时期的信息化战略与最佳实践指南。

与成功者同行，获成功更易！诚邀您光临现场，学习前行者、交流成与败、碰撞创革的火花……成者更上一层楼，学者所获亦必丰！

主办方：××公司

协办方：××公司

支持方：××、××

参会者：××、××、××、××

时间：××年××月××日

地点：××××

组委会联系人：××

电话：×××××

传真：××××××

×××公司（印章）

××年××月××日

【范本 02】

××局关于报送××国有企业安全生产源头治理专项行动工作方案的函

市安委办：

为做好××国有企业安全生产工作，从源头治理风险，提升安全事故防范和控制能力，强化安全生产基础设施设备建设和应急救援能力，坚决遏制重特大事故的发生，我局按照贵办要求，制定并组织实施了《××国有企业安全生产源头治理专项行动工作方案》，现将该工作方案报贵办备案。

此函。

×××局（印章）

××年××月××日

【范本 03】

催款函

××公司：

截至××年××月××日，我公司账面尚有贵公司欠款××元（大写人民币××元整）。按照与贵公司的有关合同协议的约定，贵公司应当在××年××月××日之前支付上述款项，但我公司至今仍未收到该笔款项。因此，特请贵公司能够在近期内及时向我公司支付上述款项。

　　此致！

××公司（印章）
××年××月××日

【范本04】

××省人民政府办公厅关于同意调整××水源地保护区的复函

××市人民政府：

　　你市《关于恳请调整××市××水源地一级保护区的请示》（××〔20××〕××号）收悉。经省政府领导同意，现函复如下。

　　根据《中华人民共和国水污染防治法》的有关规定，同意××市××水源地一级保护区陆域范围调整为：从××至××之间共××米的河岸两侧纵深各××米的陆域。

　　××市人民政府应做好调整后的××水源地保护区监管保护工作，完善新保护区划分与核定报告文本及图件，按规定设置保护区内隔离设施及标识、标牌，加强监督检查和水质监测力度，确保××水源地保护区安全。

　　此复。

××省人民政府（印章）
××年××月××日

【范本05】

关于××初稿征求意见的函

尊敬的××：

　　您好！

　　在××公司企业文化建设工作领导小组各位领导的亲切关怀和指导下，在工作小组各位同志的辛勤努力和积极配合下，在××公司×××、×××的积极参与和支持下，课题组完成了《××公司企业文化手册》初稿。现将手册初稿发给您，真诚地征求您的意见（重点为×××和×××）。

　　您的意见对课题组完善企业文化手册非常重要，非常感谢您在百忙之中对课题组的支持和帮助！

××课题组（印章）
××年××月××日

第六节 会议纪要

一、定义

会议纪要是用于记载、传达会议情况和议定事项的公文。它不同于会议记录，对企事业单位、机关团体都适用。

二、特点

会议纪要主要有三个特点，具体如图4-13所示。

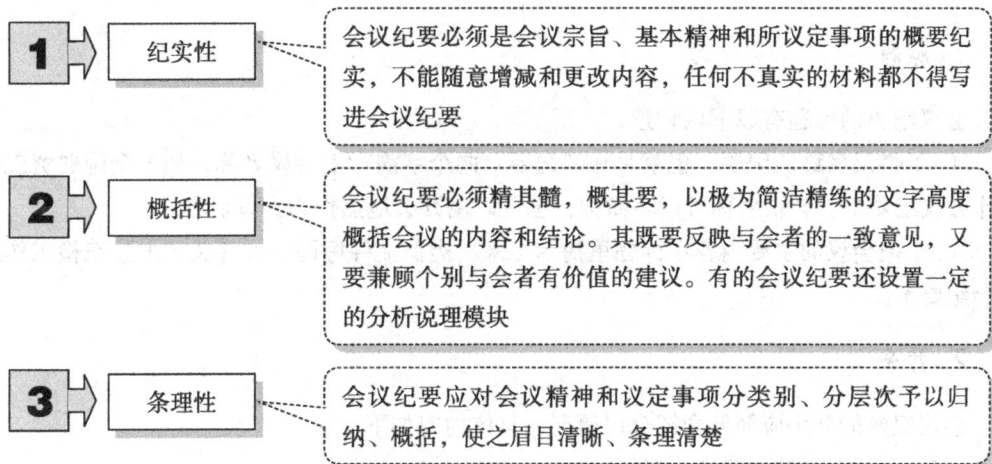

1 → 纪实性	会议纪要必须是会议宗旨、基本精神和所议定事项的概要纪实，不能随意增减和更改内容，任何不真实的材料都不得写进会议纪要
2 → 概括性	会议纪要必须精其髓，概其要，以极为简洁精练的文字高度概括会议的内容和结论。其既要反映与会者的一致意见，又要兼顾个别与会者有价值的建议。有的会议纪要还设置一定的分析说理模块
3 → 条理性	会议纪要应对会议精神和议定事项分类别、分层次予以归纳、概括，使之眉目清晰、条理清楚

图4-13 会议纪要的特点

三、种类

会议纪要主要有六种，具体如表4-1所示。

表4-1 会议纪要的种类

序号	种类名称	内容
1	工作会议纪要	它侧重于记录贯彻有关工作方针和政策，以及其相应要解决的问题，如《全国民族贸易和民族用品生产工作会议纪要》《全省基本建设工作会议纪要》
2	代表会议纪要	它侧重于记录会议议程和通过的决议，以及今后工作的建议，如《××省第一次盲人聋哑人代表会议纪要》

（续表）

序号	种类名称	内容
3	座谈会议纪要	它的内容比较单一、集中，侧重于工作的、思想的、理论的和学习的某一个问题或某一方面问题，如《十省区、十个路局整顿治安座谈会纪要》
4	联席会议纪要	它是指不同单位、团体为了解决彼此有关的问题联合举行会议而在此类会议上形成的纪要。它侧重于记录两边达成的共同协议
5	办公会议纪要	对本单位或本系统有关工作问题的讨论、商定、研究和决议的文字记录，以备查考
6	汇报会议纪要	它侧重于汇报前一段工作情况，研究下一步工作

四、结构

1. 标题

会议纪要的标题有以下两种形式。

（1）会议名称加纪要，也就是在"纪要"两个字前写上会议名称，如《全国财贸工会工作会议纪要》。会议名称可以写简称，也可以用开会地点作为会议名称。

（2）把会议的主要内容在标题里揭示出来，类似文件标题，如《关于加强纪检工作座谈会纪要》。

2. 开头

会议纪要的开头应简要介绍会议概况，具体内容如下。

（1）会议召开的形势和背景。

（2）会议的指导思想和目的要求。

（3）会议的名称、时间、地点、与会人员和主持人。

（4）会议的主要议题或要解决什么问题。

（5）对会议的评价。

3. 文号格式

文号写在标题的正下方，由年份、序号组成，用阿拉伯数字标出，并用"〔〕"括入，如〔××〕67号。办公会议纪要对文号一般不做必需的要求，但是在办公例会中一般要有文号，如"第××期""第××次"，写在标题的正下方。

4. 制文时间

会议纪要的时间可以写在标题的下方，也可以写在正文的右下方、主办单位的下面，并注明"年、月、日"，如"2019年8月16日"。

5. 正文

正文是会议纪要的主体部分，是对会议的主要内容、主要精神、主要原则，以及基本结论和今后任务等进行具体的阐述。

6. 结尾

结尾一般是提出号召和希望。根据会议的内容和纪要的要求，有的是以会议名义向本地区或本系统发出号召，要求广大十部认真贯彻执行会议精神；有的是突出强调贯彻落实会议精神的关键问题，指出核心问题；有的是对会议做出简要评价，提出希望和要求。

7. 落款

落款包括署名和时间两部分内容。署名只用于办公室会议纪要，即署召开会议的领导机关的全称，下面注明成文的年、月、日，并加盖公章。一般会议纪要不署名，只注明成文时间，并加盖公章。

五、注意事项

编写会议纪要时，我们要注意六个事项，具体如图4-14所示。

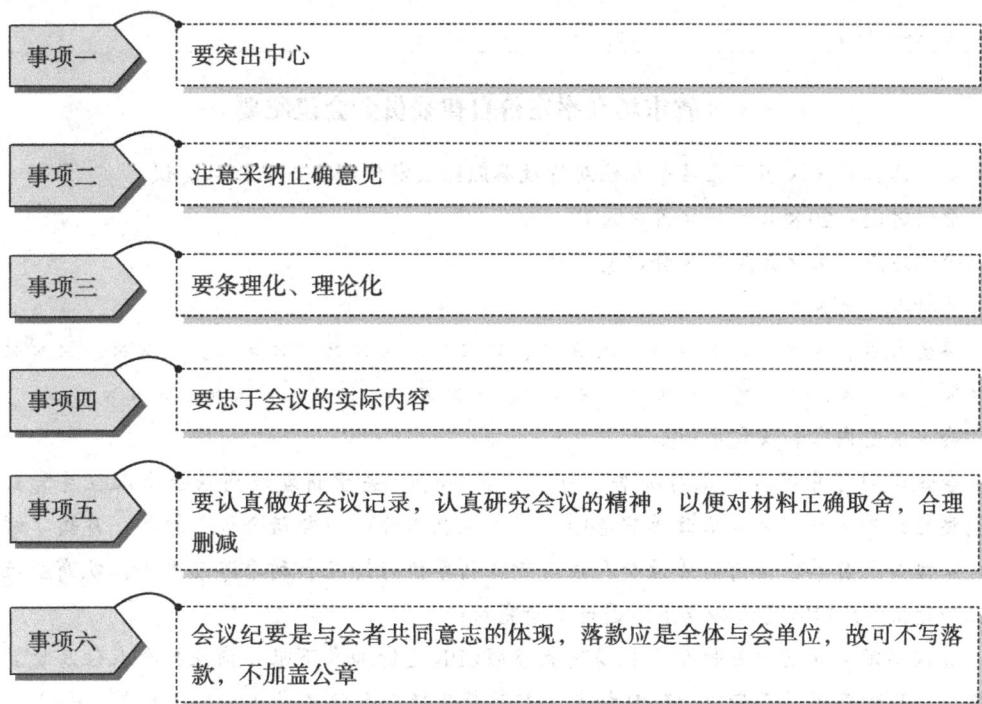

事项一	要突出中心
事项二	注意采纳止确意见
事项三	要条理化、理论化
事项四	要忠于会议的实际内容
事项五	要认真做好会议记录，认真研究会议的精神，以便对材料正确取舍，合理删减
事项六	会议纪要是与会者共同意志的体现，落款应是全体与会单位，故可不写落款，不加盖公章

图4-14　编写会议纪要应注意的事项

六、填空式模板

_____（举行会议单位、会议名称）会议纪要

时间：_____年__月__日__时

地点：_____

出席人：_____、_____、_____、_____

缺席人：_____、_____、_____、_____

主持人：_____

记录人：_____

主持人发言：_____

与会者发言：_____

_____

散会。

_____（单位名称、印章）

日期：_____（签名）

【范本 01】

××省市场利率定价自律委员会会议纪要

会议名称：××省商业性个人住房贷款参照 LPR 定价加点下限工作会议

会议时间：20××年××月××日

会议地点：××大厦××会议室

主持人：×××

参会人员：×××、×××、×××、×××、×××、×××、×××、×××、×××、×××、×××、×××、×××、×××

会议主要内容和议定事项如下。

会议学习了中国人民银行公告〔2019〕第 16 号《关于新发放商业性个人住房贷款利率调整的公告》及"××省改革完善 LPR 形成机制工作电视电话会议"精神；座谈了解了××家核心成员单位当前商业性个人住房贷款利率执行情况和利率浮动水平；就商业性个人住房贷款参照 LPR 定价加点下限进行了研究讨论。

会议确定××省商业性个人住房贷款参照 LPR 定价加点下限，商业性个人住房贷款五年期以上品种参照五年期以上 LPR 加点，首套商业性个人住房贷款加×个基点（BP），二套商业性个人住房贷款加×个基点（BP）。

会议要求，一是坚决贯彻落实"房子是用来住的，不是用来炒的"定位和房地产市场长效管理机制，在贷款市场报价利率（LPR）推广运用过程中，确保个人住房贷款利率水

平基本稳定；二是各金融机构要将商业性个人住房贷款参照LPR定价加点下限，传达到全省分支行执行，并做好政策宣传、解释和咨询服务，依法合规保障借款人合同权利和消费者权益，确保相关工作平稳有序进行；三是本次商定的商业性个人住房贷款参照LPR定价加点下限自20××年××月××日执行，执行日前已发放的商业性个人住房贷款和已签订合同但未发放的商业性个人住房贷款仍按原合同约定执行。

主送：××省市场利率定价自律委员会各成员单位，各市市场利率定价自律委员会，××各县（市）市场利率定价自律委员会

抄报：×××主任，×××常务副主任，全国市场利率定价自律机制，中国人民银行×××中心支行货币信贷处

××省市场利率定价自律委员会（印章）

×× 年 ×× 月 ×× 日

【范本02】

公司一体化改革会议纪要

××年××月××日，××总公司经理主持召开了各分公司一体化改革推进工作经理办公会，共11人参加了会议。会上就四条线运行、各分公司一体化改革的制度建立、相关部门如何配合，以及需要解决的问题进行了讨论。现将这次会议研究的几个问题纪要公布如下。

一、统一认识，明确一体化改革的意义和主要任务

（一）会议认为，要在全公司范围推行一体化改革，这是公司内部的管理模式的创新，是一场管理的革命。从现在起，公司上下要在观念的更新、角色的转换、机制的建立、制度的完善、一体化运行的规范五个方面行动起来。会议决定：从××月××日起，在全公司全面试行一体化方案，××年1月1日开始全面正式运行。

（二）实行"三个结合"，达到"两个统一"，促进运行机制、考核体系和管理制度的规范。会议要求，在分管领导一条线范围内达到思想、行动的统一。在此基础上，××年12月1日前后，再开一次总公司领导班子碰头会和管理科长会，正式通过《零售管理垂直运行办法》等16个管理办法。

（三）完善定岗定员工作。会议确定……

二、精心指导，全盘谋划，保证改革健康发展

（一）筹划、编制××年度主要经济指标的预算。会议初步拟定××年的销售预算为：销售总量××万吨，其中零售××万吨，批配直销××万吨。具体预算编制步骤：分条确定总数，按块分解下发，分片分解到站到岗，基层综合平衡，按块上报，总公司综合平衡，经理审定确认，正式统一行文。

（二）考核原则和操作程序。会议认为，考核体系建立后，在全公司一体化的架构下，×××、×××、×××，实行谁主管谁监督谁考核的原则，考核结果反馈到职能科

室，由专到综，由下到上，依次进行……

（三）人事劳资管理。会议认为，在一体化改革下，把条条管（零售、客户部、财务）、块块管（片区经理）与职能科室（政工人事科）管理相结合，××××××。

（四）行政管理如何规范的问题。会议认为，这一块涉及办公室综合事务，分公司有的职能要过渡到总公司，原则上既要满足上面的要求，又要照顾到下面的积极性和对外协调，具体由×××决定具体管理办法……

（五）对分公司经理及片区经理如何行使职权的问题。会议一致认为，分公司经理职能不容忽视，他是总公司经理和零管部向片区派出的执行代表，对外×××，对内×××。在片区内，××全面负责，参与各项工作的检查和落实。对其他派出人员有监督、管理权……

与会人员一致表示，一体化改革已进入实施阶段，我们要坚定地贯彻总公司党委的工作部署，精心组织，全盘谋划，讲大局，积极履行公司一体化改革。

参加会议人员：××、××、××、××、××

【范本03】

成立工作室筹备会议纪要

时　间：××年××月××日下午

地　点：××市一幼小礼堂接待室

主 持 人：××

记 录 人：××

出席人员：××、××、××、××、××、××、××、××、××、××

缺席人员：××、××

一、会议议题

（一）成立名师工作室的意义

近年来，各幼教专家在对各幼儿园进行指导和日常交流的过程中，意识到一部分幼儿园业务园长和教师在专业素质与水平方面有待提升，但目前××市的名师、名园长培训工作却比较滞后。因此，为了改善这一现状，整体提升××市的幼教水平，我们有必要建立一个名师工作室，充分利用退休及在职的各领域精英，通过系统的培训打造出一批专业水平高、综合素质强、具有社会影响力的业务园长、教师骨干等幼教人才，促进幼儿园的跨越式发展。

（二）名师工作室开展的业务

幼教水平的整体提升离不开教师和幼儿园双方的共同努力。会议认为，名师工作室在开展业务活动时需要从教师和幼儿园两方面着手，相应地采取个人培训、专家到园指导、新办园咨询的模式。

1. 个人培训：各幼儿园可以推荐业务园长、教师骨干到名师工作室参加培训，工作室的专家会根据各学员的专业水平为其定制个性化的培训方案，以满足不同学员的发展需求。

2. 专家到园指导：工作室的专家根据各幼儿园的要求，亲临幼儿园进行现场指导，解决幼儿园在教育教学中的实际问题并帮助幼儿园制定发展规划，使幼儿园的整体水平得到全面提升。

3. 新办园咨询：工作室的专家可以与新办园负责人进行面对面的交流，为其提供策划和咨询服务。

（三）名师工作室的组织架构

名师工作室的决策小组由××人组成，专家团队××～××人，日常工作人员××～××人。

（四）名师工作室的地点及收费

名师工作室位于××市第一幼儿园12号楼，具体收费事宜请咨询××区未来教育培训中心。

二、会议决议

与会人员经过充分讨论、协商，一致做出以下决议。

（一）由××、××、××、××、××共五人组成名师工作室的决策小组，其中××担任主任，××担任秘书长，××、××、××担任副主任。其他人员均为专家团队的成员。

（二）下一次工作会议应确立名师工作室学员的招收标准及收费标准。

（三）在下一次会议中，参会者须推荐专家团队的候选人，并根据各自的专长上报各人所能开设的培训课题。

×× 年 ×× 月 ×× 日

（本会议纪要共_____页）

【范本04】

××公司总经理办公会议纪要

会议时间：×× 年 × 月 × 日上午9：00

会议地点：办公楼 ×× 会议室

主 持 人：×××

参会人员：×××、×××、×××、×××

会议记录人：×××

9月3日上午，公司总经理在公司 ×× 会议室召开总经理办公会议。会议听取了办公室关于参与20××年国际酒类博览会相关事宜，会议审议了公司投资项目管控模式及机构调整方案、公司多元化企业管理体制改革实施方案，讨论研究了相关事宜。

现将会议议定事项纪要如下。

一、关于参与20××年酒类博览会相关事宜

8月24日，酒类博览会执委会来函，拟于20××年9月9日至13日在××举办第×届酒类

博览会（以下简称"酒博会"）。希望我司按照省政府有关要求，积极参与并给予相关支持。会议认为，此类情况要理性对待，一旦投入就要对品牌形象传播产生积极效果。会议明确：一是在酒博会会场租用一定场地开展企业形象和品牌形象宣传，费用控制在××万元左右……

二、关于公司领导休年休假事宜

自公司执行带薪休假制度以来，公司处级以上干部大部分未休过假。为此，会议明确，今年××会议前后，公司领导班子成员带头执行年休假制度。

三、审议通过《公司投资项目管控模式及机构调整方案》

有关生产厂易地技改工作要全面实施，建设项目要启动。投资项目管控模式及机构调整应着重解决：技改项目如何在讲求质量的前提下高效推进；如何使用好现有的人力资源；如何确保项目建设上不出问题、不出廉政问题；集中管理和充分授权如何实施四个方面问题。综合计划部要认真梳理、汇总会议意见后进行调整。

四、审议通过《公司多元化企业管理体制改革实施方案》

法律与改革部按照会议意见修改后报×××。会议明确：一是投资管理公司批复后，人力资源部及相关部门提出人员配置意见，先要明确需求，再确定岗位配置，关键要组建好管理团队；二是劳动用工分配管理，一开始就要把事做正确，人力资源部与投资管理部进一步理顺劳动用工关系；三是公司多元化投资管理体制改革工作组抓紧推进投资管理公司建立的各项工作，待人员配置完成，再理顺管理关系。

发：公司各部门、各单位

送：公司领导、副巡视员、总经理助理

×××有限责任公司办公室（印章）

××年×月×日

【范本05】

××公司办公会议纪要

会议时间：××年××月××日

会议地点：×××

主　持　人：×××

参加人员：×××、×××、×××、×××、×××、×××、×××、×××

请假人员：×××、×××、×××

会议记录人：×××

本次会议内容如下。

会上，各部门总结了××月的主要工作情况、汇报了××月的重点工作计划。×××、×××、×××在会上部署了近期重点工作。

一、关于做好安全工作事宜

（一）××月，×××开展的"安全月"活动取得了较好成效，请×××认真借鉴，并对本次活动的宣传工作尤其是×××等亮点，在×××范围内进行推广……

（二）请×××、×××认真按照××公司《转发关于开展2019年"安全生产月"活动的通知》（××〔2019〕××号）的要求，在×月继续开展"安全生产月"活动，即排查安全隐患、进行消防演习等工作，并于××月××日前将活动总结按要求上报××公司。

二、关于做好经营工作事宜

（一）地产工作。×××部门要针对当前形势，按照"稳增长、调结构"的原则，对×××，要×××；对×××，要×××，并×××。另外，×××和×××中心要重点加强对客户的服务工作。

（二）×××工作。请××部门高度重视，敢于克服困难，在××月重点做好×××工作。

（三）×××经营。请××部门高度重视，在×××不变的前提下，全力提高……

三、关于做好服务工作事宜

（一）请××副总牵头，×××、×××、×××具体负责，于本月月底前制定好服务创新方案。

（二）请××副总牵头，做好×××改造的后期工作，包括×××、×××、×××等，将×××打造成×××。

四、关于做好管理工作事宜

（一）请各部门、各直属企业高度重视，在本月月底之前认真做好本部门、本企业的上半年工作总结。公司上半年经济运行分析会将于7月中旬召开，请×××部门牵头，相关部门积极配合，提前筹备此次会议。请×××部门认真做好上半年经济运行数据的核算统计工作，力争使各项经济指标按照全年预算进度完成。

（二）《公司×××管理暂行办法》（××〔2019〕××号）及《公司×××考核暂行办法》（××〔2019〕××号）两个文件已于近期正式印发，请××认真遵照执行。

×××年×××月×××日

【范本06】

××公司××专题会议纪要

会议时间：××年××月××日

会议地点：×××

主 持 人：×××

参加人员：×××、×××、×××、×××、×××

会议记录人：×××

本次会议内容如下。

本次会议是一次货款催缴工作的专题会，×××在会上重申了×××的相关规定，对×××工作提出了具体要求。会议议定事项如下。

一、加强货款催缴工作，落实责任到人

要明确货款催缴的具体责任人，按照公司《×××管理实施细则》（××〔2019〕××号）关于货款催收的规定，全力做好货款催缴工作。对催缴不力的员工将×××，并按公司有关奖惩办法×××。

二、×××部门要根据职责分工，全力做好货款催缴工作

×××要重点做好×××、×××、×××的催缴工作，×××按×××程序严格办理。×××要尽快做好×××工作，由×××负责的片区，对6月份以前所欠的货款，由×××继续完成相应的催缴×××。×××工作涉及法律问题的，请公司法律顾问全力协助、积极跟进；涉及财务部收缴的，请财务部积极配合。

三、请×××部门尽快制定×××监控制度，及时监控×××情况并向×××报告

××部门根据×××制定×××情况表，每×××向×××报告一次。

×× 年 ×× 月 ×× 日

第五章 通用公文写作

第一节 计划

一、定义

计划是对未来一定时期内的某项工作或全部工作进行安排部署的文件，用来明确下一步做什么、怎么做。工作计划要具有可操作性。计划、规划、方案、要点都属于计划类公文范畴。计划类公文必须包括目标、措施和步骤三要素。计划类公文有两种格式：一种是文字表述式；另一种是图表式（目前多采用图表式，其具有清晰、明了、包含的信息量大的特点）。

撰写计划时，我们应注意以下三个事项。

（1）从实际出发，量力而行。

（2）计划中的目标、任务和指标等要明确。

（3）使用表格表达计划内容，表格设计要简明，不要在一张表格上列过多的项目，必要时可以通过几张表格来体现计划内容。

二、特点

计划主要有图5-1所示的七大特点。

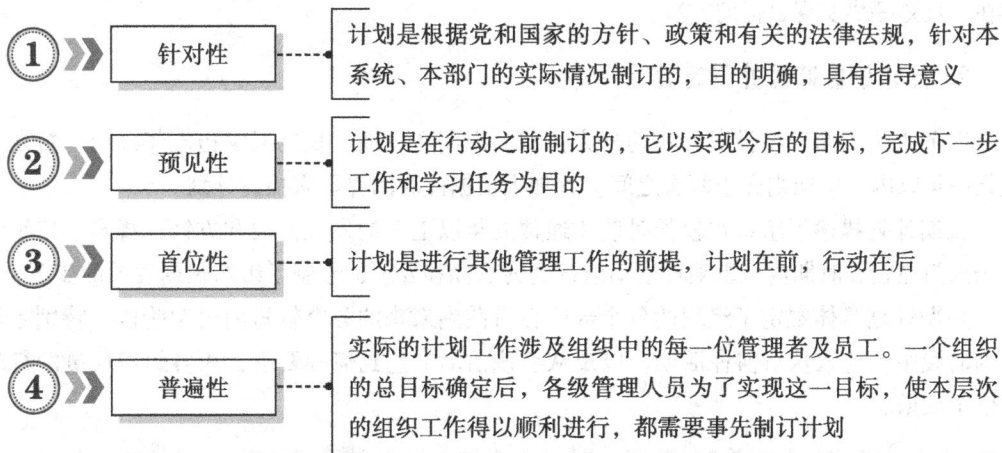

1	针对性	计划是根据党和国家的方针、政策和有关的法律法规，针对本系统、本部门的实际情况制订的，目的明确，具有指导意义
2	预见性	计划是在行动之前制订的，它以实现今后的目标，完成下一步工作和学习任务为目的
3	首位性	计划是进行其他管理工作的前提，计划在前，行动在后
4	普遍性	实际的计划工作涉及组织中的每一位管理者及员工。一个组织的总目标确定后，各级管理人员为了实现这一目标，使本层次的组织工作得以顺利进行，都需要事先制订计划

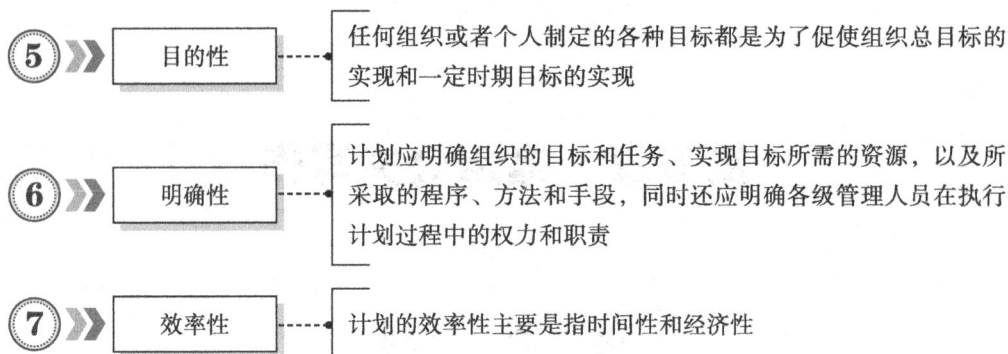

⑤ ➤	目的性	任何组织或者个人制定的各种目标都是为了促使组织总目标的实现和一定时期目标的实现
⑥ ➤	明确性	计划应明确组织的目标和任务、实现目标所需的资源，以及所采取的程序、方法和手段，同时还应明确各级管理人员在执行计划过程中的权力和职责
⑦ ➤	效率性	计划的效率性主要是指时间性和经济性

图5-1　计划的特点

三、种类

计划的种类有很多，我们可以按不同的标准进行分类，主要分类标准有计划的重要性、时间界限、内容的明确性等。依据这些分类标准对计划进行划分，所得到的计划类型并不是相互独立的，而是密切联系的。例如，短期计划和长期计划、战略计划和作业计划等。

1. 按计划的重要性划分

根据计划的重要程度，我们可以将计划分为战略计划和作业计划两种。

应用于整体组织的、为组织设立总体目标和寻求组织在环境中的地位的计划称为战略计划。

规定总体目标如何实现的细节的计划称为作业计划。

战略计划与作业计划在时间框架、范围方面和在是否包含已知的一套组织目标方面是不同的。

战略计划趋向于包含持久的时间间隔，通常为五年甚至更长，它覆盖较宽的领域或不规定具体的细节。另外，战略计划的一个重要任务是设立目标；而作业计划假定目标已经存在，只是提供实现目标的方法。

2. 按计划的时间界限划分

财务人员习惯于将投资回收期分为长期、中期和短期。长期通常指五年以上，短期一般指一年以内，中期则介于两者之间。管理人员据此时间界限来描述计划。

长期计划描述了组织在较长时期（通常五年以上）的发展方向和方针，规定了组织的各个部门在较长时期内从事某种活动应达到的目标和要求，绘制了组织长期发展的蓝图。

短期计划具体规定了组织的各个部门在目前到未来的各个较短的时期阶段，特别是最近的时段中，应该从事何种活动，以及从事该活动应达到何种要求，为各组织成员的行动提供了依据。

3. 按计划内容的明确性划分

根据计划内容的明确性指标，我们可以将计划分为具体性计划和指导性计划两种。

具体性计划具有明确规定的目标。例如，企业销售部经理为了使销售额在未来六个月内增长15%，他会制定明确的程序、预算方案以及日程进度表，这便是具体性计划。

指导性计划只规定某些一般的方针和行动原则，给予行动者较大自由处置权。该计划仅指出重点但不会把行动者限定在具体的目标上或特定的行动方案上。例如，一个增加销售额的具体计划可能规定未来六个月内销售额要增加15%，而指导性计划则可能只规定未来六个月内销售额要增加12% ~ 16%。相对于指导性计划而言，具体性计划虽然更易于执行、考核及控制，但缺乏灵活性，它要求的明确性和可预见性条件往往很难满足。

四、结构

计划的结构形式主要有三种，具体如图5-2所示。

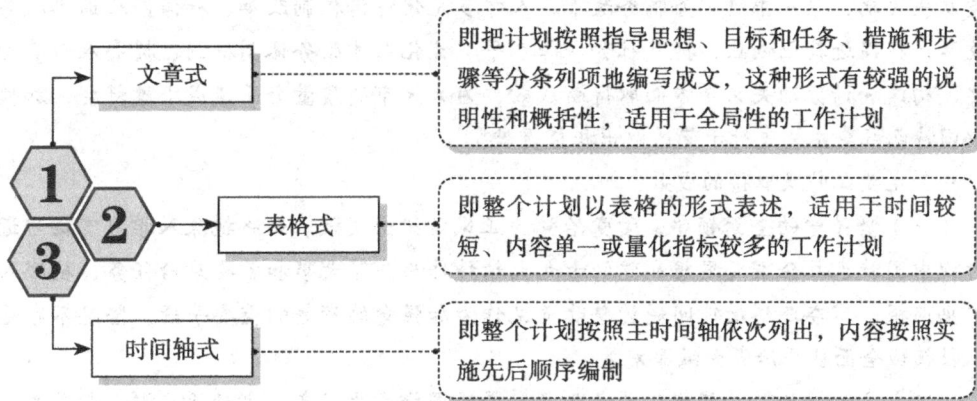

图5-2　计划的结构形式

五、填空式模板

（单位名称、试用时间、指向事务）计划

为了＿＿＿＿＿＿＿＿＿＿＿＿＿＿＿＿＿＿＿＿＿＿（制订计划的背景、目的），根据＿＿＿＿＿＿＿＿＿＿＿＿＿＿＿＿＿＿＿（制订计划的根据、指导思想等），现安排如下。

一、＿＿＿＿＿＿＿＿＿＿＿＿＿＿＿＿＿＿＿＿＿＿＿＿＿＿＿＿＿＿＿

＿＿＿＿＿＿＿＿＿＿＿＿＿＿＿。（列出准备开展的工作、任务）

二、＿＿＿＿＿＿＿＿＿＿＿＿＿＿＿＿＿＿＿＿＿＿＿＿＿＿＿＿＿＿＿

＿＿＿＿＿＿＿＿＿＿＿＿＿＿＿。（列出步骤，提出方法、措施、要求）

（续）

_____

_____。（此结尾处，提出希望、号召，展望前景，执行要求等）

_____（发文机关、印章）

_____（制定日期）

【范本01】

人力资源保障局工作总结和翌年工作计划

××年，市人力资源保障局深入学习贯彻习近平新时代中国特色社会主义思想，全面贯彻落实市委市政府决策部署，以党建为引领，坚持稳中求进，践行新发展理念，贯彻高质量发展要求，深入推进政务服务改革、人才多元化评价机制改革、社保同城通办服务模式改革，在促进就业创业、提升社会保障水平、优化人才服务体制机制、提高人事管理科学化、构建和谐劳动关系等方面取得新成效，为××市高质量全面建成小康社会，加快建设中国特色社会主义先行示范区做出积极贡献。

一、主要工作及取得的成效

（一）坚持党的全面领导，管党治党、正风肃纪出实效。始终把深入学习贯彻习近平新时代中国特色社会主义思想和党的十九大精神作为头等大事和首要政治任务，把深入落实中央巡视、市委巡察反馈问题的整改意见作为加强党的领导的重要手段，坚定不移地推动人社领域全面从严治党向纵深发展。

（二）主动作为，持续优化政务服务。紧紧围绕民生服务，主动适应群众新需求，促进人社业务转型，打通为民服务"最后一公里"。大力推进简政放权。全面深化"互联网＋政务服务"模式改革。积极推进智慧人社建设。

（三）完善就业政策体系，推动实现高质量更充分就业。就业促进政策体系日趋完善。重点群体就业保障有力。创业就业能力不断增强。精准扶贫不断创新。在全国首创"新型学徒制"智力扶贫新模式。

（四）持续提升保障水平，构建更加公平更可持续的社会保障体系。养老保险待遇水平稳步提升。医疗保险实现广覆盖、低缴费、高保障。完善工伤保险体系。

（五）大力实施人才强市战略，建设更具竞争力的人才特区。积极重构优化人才政策体系。大力培育高技能人才队伍。推进人力资源服务业集聚发展。

（六）坚持严管激励并举，提高公职人员管理水平。提高公务员管理规范化、科学化水平。健全公职人员激励制度。深化事业单位人事制度综合配套改革。

（七）坚持共建共治共享，积极构建新型和谐劳动关系。坚持法治思维、法治方式，切实加强矛盾源头治理，确保社会大局稳定。创新劳动关系调处机制。坚决扭转劳资纠纷领域矛盾多发态势。

二、明年工作计划

今年我市人社工作的总体要求：高举习近平新时代中国特色社会主义思想伟大旗帜，树牢"四个意识"，坚定"四个自信"，坚决做到"两个维护"，把人民对美好生活的向往作为奋斗目标，坚持"民生为本、人才优先"工作主线，全面建设"人民满意的服务型人社"，提高人民群众获得感、幸福感、安全感，引领推动新时代人社事业高质量发展，以更大的作为为××市创建社会主义现代化强国的城市范例做出新的重要贡献。

（一）以更开放的视野推动××区建设，着力增强核心引擎功能。创新人才工作机制，畅通事业单位引才渠道，优化××居民就业创业环境，提升社会保障服务。

（二）以更有效的举措促进就业局势总体稳定，助力打造可持续发展的全球创新创意之都。实施更加积极的就业政策。鼓励支持创业带动就业。统筹做好重点群体就业。加强公共就业服务。加强就业形势分析研判。扎实做好对口支援就业扶贫工作。

（三）以更积极的作为推进多层次社会保障体系建设，织密扎牢社会保障网。落实新一轮减负举措，推动营造我市良好营商环境。稳妥推进养老保险制度改革。推动工伤保险体制机制创新。提升社保经办服务水平。

（四）以更精准的导向深入实施人才优先发展战略，着力构建一流的人才发展生态体系。深化人才评价机制改革。加强高层次人才队伍建设。实施技能人才培养专项工作。优化人才激励和服务机制。

（五）以更大的决心深入推进人事制度改革，大力激发事业单位生机活力。深化事业单位人事制度综合配套改革。完善事业单位人事管理制度和事业单位工资福利制度。

（六）以更扎实的工作防范化解劳动关系矛盾，全力打造社会主义和谐劳动关系。积极防范化解劳动关系领域风险。加强构建和谐劳动关系制度机制建设。深化工资收入分配制度改革。

（七）以更大的力度推进"放管服"改革，全力打造"人民满意的服务型人社"。稳步推动事权和服务下沉，深入推进政务服务改革。

（八）以更高标准、更严要求推动全面从严治党，为事业发展提供坚强保障。坚持把政治建设摆在首位，持续推进"大学习、深调研、真落实"。加强基层党组织建设，从严从实推动作风建设，加强党风廉政建设，打造高素质专业化干部队伍。

××市人力资源保障局（印章）

××年××月××日

【范本02】

××公司2020年度工作计划

2020年经济形势依然错综复杂，企业发展面临要素价格刚性上涨和经济增速放缓的双重压力。在看到困难的同时，我们也要看到有利因素，如新型城镇化建设进程加快、资本市场回暖等一些积极因素正在积累，向市场传递出了积极信号。按照中央经济工作会议确定的"×××"的目标和"×××"的政策调控重点，国内经济运行有望在复杂环境下保持稳中有升。××企业要正确研判所在行业的市场环境和发展形势，以更加坚定的信心做好2020年的各项工作。

2020年工作的总体思路是按照全市×××工作会议部署，紧紧围绕公司×××目标，深化改革创新，大力推进×××项目建设，加大×××力度，加快培育×××产业；充分发挥×××优势，推进×××业务协同；强化×××建设，推进落实×××计划，全面推进×××发展。

按照以上工作思路，今年××公司要重点做好以下七项工作。

一、确保完成全年经营预算目标，夯实×××发展的经济基础

根据×××审定的年度经营预算目标，××公司营业收入××万元，利润总额××万元。为确保完成今年的经营任务，要重点做好以下工作。

一是正确研判形势，强化预算刚性约束。××公司要高度重视经济运行分析工作，结合所处行业特点和自身实际情况，加强对经济形势和市场环境的分析研判，按照经营目标总体要求，科学制订工作计划，分解工作任务，层层落实责任；要厉行节约，严格控制成本。××公司要进一步加强预算执行过程动态检查，及时掌握公司预算指标落实情况，加大督导和支持力度。

二是创新发展方式，千方百计保增长。××公司要进一步优化业务结构和市场结构，高度重视创新业务发展，确保行业领先地位；××公司要控制×××节奏，调整×××，积极回笼资金，确保资金链安全；××公司要加大×××力度，加快产业升级，争取实现×××。

三是严控经营风险，确保稳健发展。××公司要进一步加大×××整治力度，完善×××制度体系。按照×××《关于×××的指导意见》，充分发挥×××的作用，进一步规范采购招标行为。在鼓励有实力的人员积极走出去拓展发展空间的同时，也要切实加大异地投资项目的管控力度，确保风险可控。

二、全力推进×××项目开发建设和营销运营，确保完成年度开发和营销任务

一是高效推进项目建设工作。按照市政府确定的总体目标要求，×××要根据资金平衡、市场需求等因素，把握好开发节奏，制订切实可行的工作计划，做好督导协调和资金安排，确保项目建设进度符合目标要求；各参建部门要高度重视、精心组织、严格管理、严控成本，保质、保量地完成年度建设任务。

二是全力做好×××项目营销工作。×××要进一步加强营销团队建设，构建完善的营销服务体系；创新营销思路，拓展营销渠道，科学制订租售计划，力争年内实现××万元。

三是加快开展×××项目运营管理工作。突破传统产业×××、×××的运营模式，有效整合政府、×××系统和社会资源，打造集科技金融、人力资源、知识产权、云计算、信息智能和社区交流服务六大服务平台于一体的新型运营服务体系；构建×××共享体系，为×××营造一流的营商环境。

三、进一步加大资本运作和整合重组力度，加快推进资产、产权和产业结构调整

一是加快推进×××进程。全力支持×××上市；加快完成×××股份制改造并开展上市辅导。

二是加大力度推进整合重组。根据×××需要，创新整合思路，研究形成系统企业整合重组整体方案。加快推进×××类企业的资源和业务整合。进一步深化×××业务重组和内部改革，巩固提升整合效果。

三是深化引进战略投资者工作。×××，大力推进企业产权主体多元化。

四、创新方式拓展渠道，加快培育发展×××产业

一是以产业×××项目为载体，积极介入发展战略性新兴产业。×××等产业×××项目，是×××的重要组成部分，建成后将×××，为我市×××产业发展创造了发展空间，同时也为×××创造了机遇和条件。×××和相关企业要加大力度，研究探索×××等多种投资方式相结合的新型投资模式。

二是设立×××产业投资基金，拓展×××产业投资渠道，力争×××前完成首期资金募集并开展项目投资。

五、充分发挥系统企业协同优势，提升整体发展质量和效益

×××公司要推动建立×××企业协同发展工作机制，为企业战略协同、业务协同创造条件、提供服务。各企业要根据×××目标，优化与调整自身战略规划，发挥各自优势，支持×××整体转型。处于同一产业链上的企业要充分整合技术、资金和市场等资源，协同推进客户资源共享和技术创新、商业模式创新；×××、×××、×××等企业要协同开展产业链上下游的分工合作，打造×××业务发展模式；×××、×××要充分利用自身×××优势，帮助系统内企业推进科研成果产业化……

六、着力推进信息化建设，有效提升×××效率和运作水平

2019年年底，×××公司编制了×××年信息化建设三年规划，为×××信息化建设奠定了坚实的基础。×××各企业也要高度重视信息化建设工作，以信息化推动全面预算管理、对标管理、风险管控等基础管理工作迈上新台阶：

一是加强组织保障，×××；

二是完善工作机制，×××；

三是落实重点工作，×××；

四是加强统筹指导，×××。

七、全面加强党的建设，推进公司固本强基工程

党的建设、领导班子建设和企业文化建设，是推动××公司改革发展的有力保障。2020年，×××各级党组织要以党的十九大精神为指引，进一步发挥基层党组织的政治核心作用、战斗堡垒作用和先锋模范作用。

一是要牢牢抓住组织建设这一基础，×××。

二是要牢牢抓住领导班子建设这一关键，×××。

三是要牢牢抓住党风廉政建设这一重点，×××。

四是要牢牢抓住企业文化建设这一有效途径，×××。

五是要牢牢抓住社会责任这一职责，×××。

××公司（印章）

××年××月××日

【范本03】

××公司2020年度对标工作计划

××有限公司：

为深入开展对标管理工作，加快提升公司核心竞争力，根据《×××的通知》（××〔2019〕××号）的要求，结合公司战略规划，现制订××公司2020年度对标管理工作计划。

一、对标管理组织架构

（一）对标管理工作领导小组

组长：×××。

组员：×××、×××、×××、×××。

领导小组下设对标工作办公室，与×××部合署办公。办公室成员由×××、×××、×××组成。

（二）对标工作领导小组职责

全面领导对标管理工作，审定标杆体系，研究决定对标管理工作的重大事项，协调解决对标管理工作中的有关问题，定期召开对标工作例会，检查总结对标工作进展情况。

（三）对标工作办公室职责

负责对标管理的日常组织、协调，制定相关制度，协助组织制定、修订对标管理指标及标杆体系，指导×××开展对标工作，组织开展各类调研、专题论证、对标管理培训和经验交流等工作；负责数据的收集和上报，以及对标工作的分析、总结、改进和完善。

二、工作目标

2020年对标工作在×××的基础上，力争实现公司的管理流程更加简化、管理手段更加先进、资源配置更加优化，从而接近或达到同行业先进水平。

三、对标范围和内容

（一）对标范围：×××、×××。

（二）对标内容：建立对标考核参考指标体系，指标体系分为×××、×××指标体系，主要包括综合指标、安全指标、经营指标和财务指标等。确定对标关键指标，分阶段、分步骤开展对标。

1. 安全指标方面：积极做好安全、风险评估，完善强化制度管理，实现安全体系过硬，×××，×××。主要分析：（1）设备设施安全运行情况；（2）完善突发事件处理机制和流程情况；（3）消防演习开展情况；（4）安全培训开展情况。

2. 经营指标方面：采取节能降耗、节约开支、×××等手段，确保年度各项指标任务的完成。主要对比分析：（1）各板块×××费用情况；（2）×××费用支出控制情况；

（3）公司预算管理执行情况；（4）客户满意度的调查情况。

3. 资源配置指标方面：优化资源配置管理，合理控制各方资源，×××，实现成本控制指标合理化。主要对比分析：（1）硬件设备资源的合理配置情况；（2）软件人才资源的优化配置情况。

四、对标工作实施步骤

（一）学习调研阶段

时间安排：××年××月—××年××月。

主要任务：结合公司现状，主抓薄弱环节及工作短板，寻找差距，建立×××。

根据公司情况，各部门分析现状，同时组织相关部门到对标企业考察学习。其可以采取集中式的经验交流和典型案例分享的学习方式、分散式一对一深层次的个案沟通方式等。优化建立长效对标机制，使对标工作与日常经营管理工作融为一体，通过对标带动公司实现"快速突破，持续提升"。

（二）分析总结阶段

时间安排：××年××月—××年××月。

主要任务：各部门总结对标成效，制定有针对性的改进措施和实施进度计划。

本阶段运用标杆分析法对标杆企业进行全面扫描和深度分析，对×××都有了更为清晰和全面的认识，组织讨论标杆企业的成功做法，准确挖掘工作短板和薄弱环节，提高对标运作效率，最终实现对标项目及对标组织的高效发展。

（三）整改提高阶段

时间安排：××年××月—××年××月。

主要任务：对标领导小组牵头，相关部门分管领导监督落实，把完成指标的动力传递给×××员工。充分挖掘对标潜能，扩大对标成果，建模创新。在实际工作中将改进措施和目标任务落实到班组及个人，做到责任环环相扣，压力层层分担，使对标工作落到实处。

五、对标工作要求

（一）提高认识，确立目标

各部门应认真开展对标工作，完善制度、积极推进、开拓思路，切实取得成效。要把对标行动转化为企业的管理行为，作为加强企业管理、提升竞争力的主要任务。

（二）分解任务，抓好落实

各部门按照路线图和时间表，将制定的工作目标和改进措施分解落实到相关班组、岗位及具体人员，做到目标明确、责任明确、时间明确、人员明确，确保各项任务、措施落实到位。

（三）加强宣传，全面推进

各部门应采取×××等方式，大力营造对标行动的浓厚氛围，交流经验，形成对标行动长效机制，推动对标工作的深入开展。

××公司（印章）

2019年××月××日

【范本04】

20××年公司招聘计划

随着公司规模的扩大，人才需求日益增加，本着为公司发展提供强大的人力支持的宗旨，结合公司20××年度发展战略及相关计划安排，特制订20××年度招聘计划。

一、上一年度招聘情况回顾及总结

上一年度是公司发展迅速的一年，行政部及公司管理层通过不同渠道为公司招聘人员，然而由于多方面原因导致员工流失，但基本保障了公司的用人需要。

二、20××年度岗位需求状况分析

经反复统计与核算，20××年岗位需求涵盖各部门现有人员空缺、离职补缺、新上项目人员配备等方面，具体内容如下。

（一）根据各部门人员缺口及预估计流失率，经初步分析20××年度招聘岗位如下：

1. 公司高管，包括副总、总工程师等；

2. 公司中层干部，包括工程项目经理（含装饰及土建）、财务部经理等；

3. 工程技术类人员，包括总施工、施工员、安全员、预算员、深化设计等；

4. 后勤人员，包括人事专员、助理会计等；

5. 20××年计划招聘××人左右。

（二）招聘原则：严格按照公司既定的招聘流程，以面向社会公开招聘、择优录用为原则，从学识、品德、体格、符合岗位要求等方面进行审核，确保为企业选聘合适的人力资源。

（三）各部门关键岗位选聘可参照如下程序进行：

1. 自愿报名；2. 单位推荐；3. 集中面试；4. 分类考核；5. 调查摸底；6. 统一研究决定。

三、20××年度招聘需求

根据公司20××年度经营计划及战略发展目标，各部门需提报年度人员需求计划，具体可参考下表。

20××年度招聘需求（人员需求）表

部门	定编人员	现有人员	余缺	预期人员的损失							本期净需求
				调职	升迁	辞职	退休	辞退	休假	其他	
总经办											
工程部											
财务部											
行政部											
合计											

四、人员招聘政策

（一）招聘原则

本次招聘工作应遵循计划配置、内外兼顾、德才兼备、科学测评的原则进行。

（二）选人原则

1. 要基本满足岗位技能需求。

2. 要满足公司需要。

3. 要遵循稳定发展的可预见性。

（三）招聘方式

1. 网络招聘：智联招聘、58同城、建筑英才网、BOSS直聘等。

2. 现场招聘：浙江人才市场、杭州人才市场。

3. 校园招聘：杭州各大高校。

4. 定向招聘：猎头公司。

5. 补充招聘途径：内部员工推荐等。

五、招聘费用预算

本次招聘费用预算如下表所示。

招聘费用预算表

序号	渠道	分类明细	收费项目	费用（元）	合计（元）
1	网络招聘	智联招聘			
2	现场招聘	人才市场			
3	校园招聘				
4	定向招聘	猎头费用			
5	补充招聘				
合计					

六、招聘的实施

（一）第一阶段（3月中旬至4月初）

该阶段为招聘高峰阶段，在该阶段我们以网络招聘为主，结合现场招聘，具体工作如下：

1. 积极参加各人才市场现场招聘会；

2. 坚持每天刷新网络招聘信息及简历筛选与联系，每周集中候选人进行集体面试；

3. 发动公司内部员工推荐。

（二）第二阶段（4月中旬至7月）

此阶段现场招聘会逐渐冷淡，新增应聘人员较少，同时各高校在开学后将积极筹备校园招聘会，以保证学生就业，因此这段时间我们应以网络招聘和校园招聘为主，具体工作如下：

1. 坚持每天刷新网络招聘信息及简历筛选与联系，确保面试人员的质量；

2. 积极组织校园招聘会或专场招聘会。

（三）第三阶段（7月底至9月底）

此阶段整体求职人员数量较少且分散，故此段时间我们应以网络招聘为主，具体工作如下：

1. 坚持每天刷新网络招聘信息及简历筛选与联系；

2. 每周坚持网络人才主动搜寻联系达两次以上；

3. 对当年新入职人员的关注、沟通、培训、统计分析；

4. 准备申报下半年的校园招聘会。

（四）第四阶段（10月初至12月底）

此阶段各大高校都将陆续举办校园招聘会，在此阶段我们以校园招聘会为主，主要招聘各部门的储备性人才，具体工作如下：

1. 建立校园招聘小组，积极参加各校园综合招聘会；

2. 经常刷新关注网络招聘平台及论坛等信息。

（五）第五阶段（12月底至次年1月）

此阶段以年度人力资源规划、总结报告编制及统计分析为主要工作，对于非紧急新增岗位，不重点做招聘工作，具体如下：

1. 分析公司年度招聘效果、编制年度人力资源规划；

2. 总结、讨论、分析部门工作，确定新年度部门工作计划及目标；

3. 建立并完善人力资源管理制度、流程及体系。

七、录用决策

公司在最后一轮面试结束当天或三天内告知应聘者面试结果，并告知录用者办理手续信息。

八、人力资源运营流程

（一）按规范的流程为新人办理入职手续，并确保相关证件齐全有效。

（二）办理好入职手续后，即安排相关培训行程，培训计划由行政部与用人部门共同确定。

（三）新人转正时，行政部应严格按培训计划进行审核把关，对培训效果不理想或不能胜任者，应予以延迟转正。

九、招聘效果统计分析

（一）人力资源部应及时更新员工花名册，每季度做全面的招聘效果统计分析，并根据效果分析的结果，调整改进工作。

（二）定期与入职不满1年的员工进行沟通，并采取相应管理措施和方法。

十、招聘原则及注意事项

（一）宁精毋烂，认真筛选，部门负责人不能以尝试的态度对待招聘工作。

（二）准确把握应聘者的心态，要求应聘者具备敬业精神和正确的价值观。

（三）招聘人员应从培养公司长期人才考虑，力求受聘人员的稳定性，同等条件下，可塑性强者优先。

（四）要注重受聘者在职业方面的技能，根据岗位职责书执行招聘。

（五）在面试前要做好充分的准备工作（有关面试问答、笔试等方面），并注意个人着装等整体形象。

（六）接待应聘人员须热情、礼貌、言行得体大方，严禁与应聘人员发生争执。

（七）招聘过程中若有疑问，请向行政部咨询。

×× 有限公司行政部（印章）

×× 年 ×× 月 ×× 日

【范本 05】

20×× 年度安全管理工作计划

一、指导思想

×× 以宣传贯彻《中华人民共和国安全生产法》和《中共中央国务院关于推进安全生产领域改革发展的意见》为主线，紧紧围绕"责任市政、民生市政、生态市政、智慧市政、共享市政"的工作理念，结合 20×× 年"安全在我心中"系列活动方案，围绕构建安全风险分级管控和隐患排查治理双重预防机制，强化落实企业安全生产主体责任，加大科技投入，推进安全管控平台建设，逐步建立责任明确、制度完备、流程规范、管理到位、全员参与的安全管理体系。

二、安全工作目标

（一）安全生产事故为零。

（二）消防器材完好率为 100%。

（三）全厂职工安全教育覆盖率为 100%。

（四）安全生产管理人员的培训合格率为 100%。

（五）工作场所危害因素达标率为 100%。

（六）对相关方进行安全技术交底、教育、告知。

（七）事故隐患排查整改合格率为 100%。

（八）100% 完成上级单位各类工作指示。

（九）特种作业人员持证上岗率为 100%。

三、具体工作安排

（一）明确岗位职责，全面落实安全生产责任制

根据《中华人民共和国安全生产法》附则中的"三个必须"（落实管行业必须管安全、管业务必须管安全、管生产经营必须管安全的要求），20×× 年 1 月按照逐级签订的原则，厂长与四位副厂长，四位副厂长与自己分管的部门负责人分别签订安全生产目标任务责任书。以我厂为主体与全厂员工签订安全生产职工责任书。重大节假日前要签订交通安全

责任书。

（二）提高职工的安全意识，加强安全教育培训

1. 结合20××年6月安全生产月的主题，以厂刊"家园"为平台，通过安全专篇的形式下发到各个部门、生产车间，通过板报进行大力宣传，让全厂职工警钟长鸣。

2. 9月组织作业人员开展专题理论、实操培训，重点培训操作的规范化、系统化，提高作业人员的专业化水平。

3. 按照生产经营单位安全培训规定，结合标准化评定标准计划，对全厂在职职工开展八学时的安全培训。培训时间为每季度的第一个月，共分四个季度进行。

4. 计划对新入职的职工进行入厂24小时的三级教育。

5. 为了使单位负责人及安全管理人员具备与所从事的生产经营活动相应的安全生产知识和管理能力，8月组织相关的安全管理人员进行考核培训。同时组织安全管理人员分期、分批到××实训基地进行实地培训，在仿真的场景中进行隐患排查训练。

6. 按照《特种作业人员安全技术培训考核管理规定》，在特种作业人员有效期满前60日内申请复审。保证特种作业人员持证上岗率达到100%。

7. 在国庆节、元旦、春节等重大节假日放假之前开展交通安全培训。

（三）提高安全保障、加大安全投入

1. 为加强安全风险分级管控和隐患排查治理双重预防机制的建立，20××年3月企业准备聘请注册安全工程师事务所的专家，对全厂进行危险源辨识，建立危险源分级管控台账和安全隐患整改台账。

2. 为杜绝职业病的发生，20××年10月企业聘请有资质的单位对全厂存在职业危害因素的场所、岗位进行检测。

3. 根据市安委会印发的《××市全面推行安全生产责任保险制度工作的实施意见》，7月续保上年度至下一年度的安全生产责任保险。

4. 为保障我厂的消防器材完好可用，1月、6月、11月分批对全厂的灭火器进行检测灌装。12月聘请有资质的单位进行全厂消防、电气安全检验检测。

5. 2月外请单位对厂区各防雷接地检测。

6. 3月、9月安排国家电网公司对高压工具进行绝缘性能检验检测。

7. 为保证××作业的顺利进行，企业计划3月新购置安全带五条，8月对气体检测仪进行年检，11月对正压式呼吸器进行年检。

8. 推进智慧安全数据管控平台的建设，整合现有安全生产视频资源，以数据中心建设和网络建设为核心，实现远程实时监控。将安全发展运行数据和记录及时上报，实现来源可追溯、过程可查询、责任可追究。

（四）加大隐患排查力度，督促落实整改

1. 为了保证我厂的生产工作顺利进行，及时发现和消除事故隐患，每天对全厂进行安全巡查和不定时的安全检查，每日对有毒有害气体易聚集场所进行检测，并做好记录。

2. 每月中下旬开展全厂常规综合性安全生产检查。6月至9月组织开展防汛专项安全检查及电气安全专项安全检查。

3. 11月开展消防安全专项检查。

4. 每月对厂内特种设备进行自查和保养，对其使用的特种设备的安全附件、安全保护装置进行定期校验、检修，并做好记录。在检验合格有效期届满前一个月向特种设备检验机构申请定期检验。

5. 3月，加强施工单位复工前的安全教育培训及检查，完善外来施工人员信息台账。

6. 落实各部门的主体责任，各部门应于每季度开展所辖区域危险源辨识与安全隐患周自查、消防器材月自查活动，建立部门隐患整改台账。各相关部门开展每班作业前的作业工具检查。

7. 设定专人每月对电动工具安全附件进行检查，对厂区的接地电阻进行绝缘摇测;每季度对手持电动工具进行绝缘摇测。

8. 每月对公务用车进行安全检查，建立"交通安全八本账";每月对上路车辆进行违章信息查询，20日前召开交通安全工作例会，确保车辆的出行安全。

9. 每季度对职业病防护设施进行维护保养并做好记录。

10. 加强对危险物品的管理，每季度对危险物品库进行一次专项安全检查，检查内容包括通风设施、监控设施、洗眼器、劳动防护用品可用情况等。

（五）加快安全文化建设，人人讲安全

1. 进一步落实"党政同责、一岗双责、失职追责"和"管行业必须管安全，管业务必须管安全，管生产经营必须管安全"的重要精神，1月集中开展各部门负责人讲安全活动。

2. 4月参加控股公司举办的安全管理技能大赛活动。

3. 紧紧围绕安全生产月活动主题，6月召开上半年度安委会会议，组织全员学安全、查风险、宣誓言，开展安全教育展览和隐患排查治理等活动，拍一个安全生产宣传片，不断提高职工的安全意识与应急意识。

4. 8月参加以"安全在我心中"为主题的演讲活动。通过演讲比赛的方式，宣传安全生产政策法规，传播安全知识，弘扬安全文化，启发干部职工珍爱生命、遵纪守法，提高安全意识和安全素质，进一步营造浓厚的关爱生命、安全发展的良好氛围。

5. 9月联合工会继续组织开展安全生产知识竞赛活动，通过竞赛活动，普及安全生产知识，使职工掌握安全生产知识，杜绝违章作业、违章指挥，在广大职工中形成我懂安全、我要安全、人人尽责、确保安全的良好氛围。

6. 11月开展消防宣传月活动，突出抓好用电安全宣传教育活动，普及防火和灭火基本知识、推动全体职工关注消防、学习消防，夯实火灾防控基础，维护消防安全形势稳定。

7. 每季度组织各部门负责人集中学习《××市生产经营单位安全生产主体责任规范》。

8. 梳理完善自身的"五个一套"文件，健全安全风险预防控制、隐患排查治理与安全责任体系。

9. 每月开展两次以上宣誓活动。集体宣誓一次，以班组或部门为单位每周宣誓一次。将宣誓影像资料报至市政控股公司安全环保部邮箱进行备案。

10. 1月和7月参加市政控股公司召开的职工代表大会，公司负责人围绕本单位安全风险防控重点对上半年、全年安全生产工作和存在的问题进行总结，并汇报下半年、明年的安全生产重点工作。同时学习其他二级公司先进的安全管理工作经验。

11. 安委会于每年度召开安全生产工作会议，听取安全生产汇报，决策安全生产工作中的重大事项。

（六）落实重大活动安全生产保障机制，加强信息报送

1. 20××年是国家重大整治活动年，为营造稳定有序的社会环境，成立安全服务保障工作领导小组，加强应急值守，增加值守力量，严格实行24小时带班值班制度，统筹安排好值守应急工作，坚决防范和遏制事故发生。

2. 关键节点安排专人做好信息报送工作，实现统一联动管理。

（七）加强安保工作管理

1. 外来人员管理。加强对外来施工队伍和流动人口的管理与备案登记工作，与外来施工单位签订《外来人员治安、交通、住宿安全须知》，进行个人信息登记。

2. 外来访客管理。认真落实我厂来访人员的管理制度，做好来访人员的信息台账整理、更新等相关工作，确保外来人员管理工作常态化。

3. 加强对进出厂车辆的检查，防止危险物品的流出、流入。

4. 防火、防盗管理。落实保安24小时巡逻制度，严防火灾与盗窃。每月组织召开内部治安保卫会议，及时通报当前社会治安形势和存在的治安问题隐患，争取早做预防，避免发生治安事故。

5. 发挥技防监控系统的有效作用，根据需求及时调整监控设备覆盖范围。

（八）加强相关方的管理

加强外来施工单位安全管理，避免安全事故发生，保证在建工程的顺利竣工，加大对外来施工人员及现场的监督检查工作。对进驻我厂施工的单位和人员进行安全交底、教育培训、危险区域告知、禁烟禁火管理制度的告知等；加大检查危险作业的审批制度落实情况；每月业务主管部门联合工程监理开展针对建筑施工安全的专项检查。

（九）应急救援与演练

1. 结合市环管中心的考评标准和控股公司的考核细则，计划3月重新修订完善应急预案及备案。

2. 5月开始编写应急演练计划并组织开展桌面演练，使之更有针对性和可操作性。桌面演练以现场应急处置为主，重点体现在突发危险情况时，现场的职工第一时间能够有效处理突发事件。

3. 结合"20××年安全在我心中"的活动方案，6月至11月陆续开展专项应急演练活动，并计划于6月开展××作业救援专项应急演练，于11月开展消防应急演练。其他演练待预案修订完成后按照本厂特点陆续开展。

××（印章）

××年××月××日

第二节 总结

一、定义

总结是对过去一定时期的工作、学习或思想情况进行回顾和分析，并做出客观评价的书面材料。

二、特点

总结主要有两个特点，具体如图5-3所示。

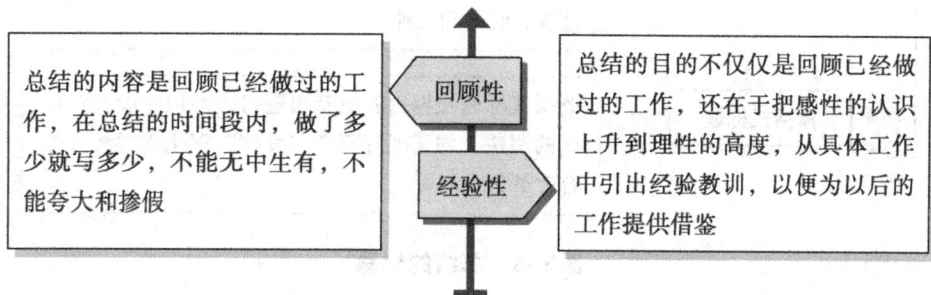

| 总结的内容是回顾已经做过的工作，在总结的时间段内，做了多少就写多少，不能无中生有，不能夸大和掺假 | 回顾性 经验性 | 总结的目的不仅仅是回顾已经做过的工作，还在于把感性的认识上升到理性的高度，从具体工作中引出经验教训，以便为以后的工作提供借鉴 |

图5-3 总结的两个特点

三、种类

从性质、时间、形式等角度看，总结可分为以下类型。

（1）根据性质的不同，我们可以将总结分为综合总结和专题总结两种。

综合总结又称全面总结，它是对某一时期各项工作的全面回顾和检查，进而总结经验与教训。

专题总结是对某项工作或某方面问题进行专项总结，多以总结推广成功经验为主。总结也有各种别称，如自查性质的评估及汇报、回顾、小结等都具总结的性质。

（2）根据内容的不同，我们可以将总结分为工作总结、生产总结、学习总结、教学总结、会议总结等。

（3）根据范围的不同，我们可以将总结分为全国性总结、地区性总结、部门性总结、本单位总结、班组总结等。

（4）根据时间的不同，我们可以将总结分为月总结、季总结、年度总结、阶段性总结等。

四、结构

总结没有固定的形式，常见的格式由标题、正文和落款三部分组成。

1. 标题

总结的标题有下列几种构成方式，具体如图5-4所示。

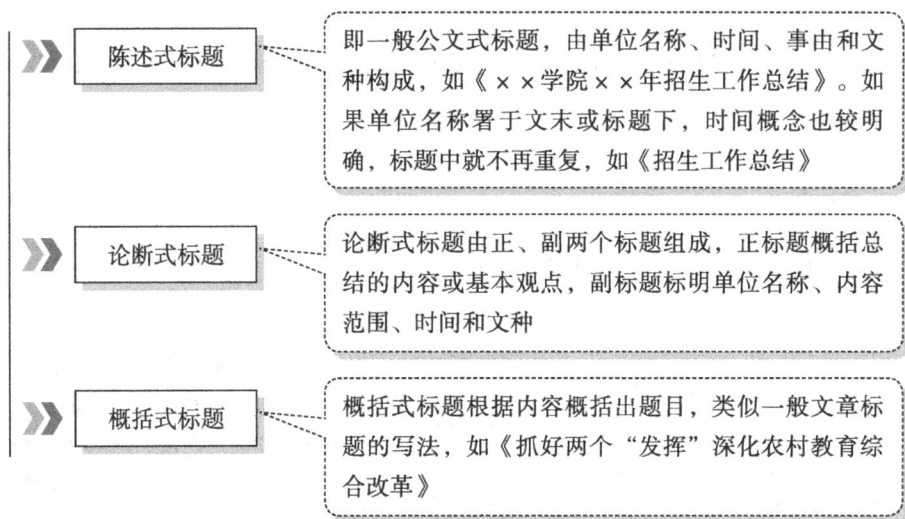

陈述式标题	即一般公文式标题，由单位名称、时间、事由和文种构成，如《××学院××年招生工作总结》。如果单位名称署于文末或标题下，时间概念也较明确，标题中就不再重复，如《招生工作总结》
论断式标题	论断式标题由正、副两个标题组成，正标题概括总结的内容或基本观点，副标题标明单位名称、内容范围、时间和文种
概括式标题	概括式标题根据内容概括出题目，类似一般文章标题的写法，如《抓好两个"发挥"深化农村教育综合改革》

图5-4 总结的标题

2. 正文

（1）前言

写作总结的前言部分时要注意四个要点，具体如图5-5所示。

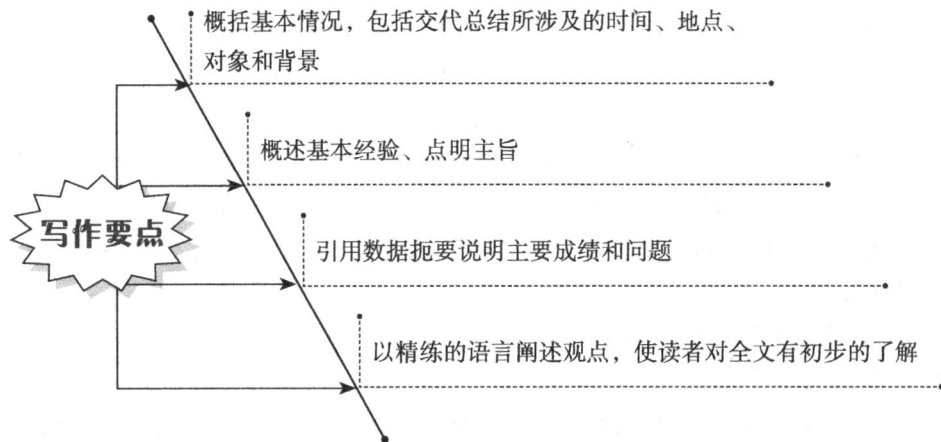

写作要点

- 概括基本情况，包括交代总结所涉及的时间、地点、对象和背景
- 概述基本经验、点明主旨
- 引用数据扼要说明主要成绩和问题
- 以精练的语言阐述观点，使读者对全文有初步的了解

图5-5 前言写作要点

（2）主体

总结的主体部分包括以下内容。

①主要成绩和收获

成绩和收获是指在实践活动中所取得的物质成果和精神成果。其在不同的总结中有不同的写法。

第一，若是写综合性工作总结则在前言中概括成绩和收获，在主体中详细、具体归纳成绩和收获。

第二，若是写专题性经验总结，则除在前言部分扼要点明成绩和收获外，其他具体的成绩和收获常常写在"经验体会"中，作为各论题的例证之用，不必在此专门写"主要成绩和收获"。

②主要经验体会

经验是指取得优良成绩的原因、条件以及具体做法。体会则是经验的升华、理论的认识。这部分是总结的重心，应下功夫分析、研究、提炼、概括，对是非得失、成败利弊做出科学的判断，找出规律性的认识，上升为精辟的理论概括。若是写经验性总结，则应根据推广经验的需要，有的重点阐明工作的成效，有的重点阐明做法的先进，有的重点阐明体会的深刻、认识的提高。

③存在的问题和教训

查找工作实践中应当解决而未解决的问题，分析造成问题的原因，从思想方法、工作方法或者是其他主客观原因等方面去查找，从而总结出造成失误的教训。

（3）结束语

结束语一般包括两层意思，具体如图5-6所示。

一是今后努力的方向。在总结经验教训的基础上，明确工作方向，提出新的目标和任务

结束语包含的两层意思

二是针对问题和教训，提出改进措施和新的设想。结束语应简短有力，成为画龙点睛之笔

图5-6 结束语包含的两层意思

3. 落款

总结的落款部分包括署名和日期。

五、报告、总结、意见的区别

报告是上行文。其主要作用是向上级机关汇报工作，反映情况，答复上级机关的询问等。总结不是公文文种，但在实际工作中，部分拟稿人习惯将工作总结作为公文文种行文，如在带有工作总结性的公文标题中用"××单位2019年×××工作总结"等，这样的

标题不属于公文的标题。工作总结就是向上级机关汇报工作，可直接使用报告文种，主送上级机关（可多头主送），抄送有关机关。如将上述公文标题改为"××单位关于2019年××工作情况的报告"，这样就比较规范了。

意见是对重要的问题提出见解和处理办法的公文文种，可用于上行文、平行文和下行文。意见若作为上行文，应按请示性公文的程序和要求办理；若作为平行文，提出的意见供受文单位参考；作为下行文，对贯彻执行有明确要求的，下级机关应遵照执行，无明确要求的，下级机关可参照执行。

在实际工作中，部分拟稿人往往将"工作打算""工作安排"和"工作计划"作为公文文种行文，如"××单位2019年××工作打算"或"工作安排""工作计划"等，都是欠妥的。"工作打算""工作安排"和"工作计划"不是公文文种。我们可直接使用下行文的意见文种，规范的标题应为"××单位关于2019年××工作的意见"。

六、填空式模板

———————（总结单位名称、时限、主要内容）总结

——（简明扼要地写明工作依据、指导思想、工作内容概况）。现将有关情况总结如下。

一、——

——

————————————————————————。（工作的进展情况、取得的成绩）

二、——

——

————————————————————。（存在的问题）

三、——

————————————————————。（经验教训）

————————（单位名称）

————————（日期）

【范本01】

××局关于资产清查工作总结

根据财政部资产清查工作的相关制度、政策，按照市财政局与市局的有关要求，我局按时完成了资产清查的主体工作，现将有关资产清查工作的情况总结如下。

一、资产清查工作总体状况分析

（一）资产清查工作基准日

××年××月××日。

（二）资产清查范围

经清理，本单位纳入本次资产清查范围的单位户数为1户，即行政本部1户，执行行政单位会计制度。

（三）资产清查工作具体实施情况

1. 成立局资产清查工作小组，制定本局的资产清查工作方案。

2. 按照本局制定的资产清查工作方案组织实施，以财务、综合办公室为主，各科室密切配合进行。

3. 按照要求，认真开展单位自查，包括单位账务清理和财产清查，及时做好工作底稿，填制"行政事业单位资产清查工作基础表"，编制"行政事业单位资产清查报表"，撰写"行政事业单位资产清查工作报告"。

二、资产清查工作结果

（一）截至××年××月××日的资产清查结果情况

资产合计×××××元：

（1）×××；

（2）×××；

（3）×××。

（二）截至××年××月××日的负债清查结果情况

负债合计×××元；

暂存款×××元。

（三）截至××年××月××日的净资产清查结果情况

净资产合计×××元：

（1）×××；

（2）×××。

其中，经常性结余×××元，专项结余×××元。

三、资产盘盈、资产损失清查结果情况

我局没有发生资产盘盈和盘亏情况。

四、对资产清查暴露出来的单位资产、财务管理中存在的问题和原因的分析及整改措施

（一）存在问题（略）

（二）原因分析（略）

（三）整改措施

提高认识，进一步加强国有资产管理，×××。

1. 建立资产管理责任机制。

2. 增强财务管理人员的责任意识，使账务管理责任和记账人员的责任真正落到实处。

3. 加强制度建设，健全基础工作。

4. 规范资产处置行为，严格资产审批制度。本局应按《行政事业单位国有资产管理办法》《行政事业单位国有资产处置管理实施办法》及本次清产核资有关文件等规定的程序和批准权限，实行严格的审批制度。

运用计算机等加强对资产的监控，把单位的资产管理与财务管理、资产的价值管理和实物管理结合起来，及时反映单位的资金动作、资产存量和变量情况，实现由静态管理向动态管理的转变，真正发挥存量资产的效能。

××局

××年××月××日

【范本 02】

××公司××年度工作总结

××年，在××市委、市政府及相关部门的关怀和指导下，在××局、××公司的领导下，公司积极倡导解放思想、转变观念，全体员工围绕年初确定的重点工作任务，精诚团结、共同努力，成功举办了××展览会，超额完成了××公司下达的各项经营指标，全年展览面积和经营收入创历史新高，规章制度和内控制度建设成果显著，企业文化和信息化建设强力推进，确保了展馆安全和展会安全，改革、服务、管理、保障工作也取得了明显成效，实现了经济效益和社会效益"双丰收"。

一、××年主要工作完成情况

（一）经营业绩创造新纪录。本年度在×××共举办展览项目×××个，创历史新高；展览总面积达×××万平方米；承办会议和餐饮项目×××场次，会议场地利用率同比增长近一倍。公司财务快报显示，全年营业收入首次突破×××元，达×××元，完成预算的×××%；实现利润总额×××元，完成预算的×××%，全面超额完成了××公司下达的经营指标，受到上级单位的充分肯定。

（二）第×××届×××取得新佳绩。共有×××个国家和地区的×××个代表团、×××家参展商、×××家投资商和×××个项目，参加了×××、×××，参观人数达×××人次，包括×××在内的×××位国内外嘉宾出席了"×××"。参展的项目数、参会的投资商数和跨国公司数、参观人数、人气指数均超过上一年。×××、×××以及×××市领导都对本届×××给予了充分肯定。

（三）服务管理年活动取得新成效。颁布实施了×××多项规章制度，初步完成了×××、×××、×××体系建设；客户满意度持续提高，主办单位服务满意度全年平均分为×××分，同比提高×××分；信息化建设工作全面推进，×××；安全管理继续加强，实现无重大安全事故、无人员伤亡、无重大刑事案件，得到主管部门和公安部门的好评。

（四）×××改革取得新进展。根据实际情况完善了×××管理办法，实施了×××工作，出台了×××暂行办法，完成了×××接收工作；同时完成了×××的提炼和×××的制定，为企业文化建设工作的深入开展奠定了基础。

二、××年工作的主要措施

（一）开拓市场、增收节支，实现经营目标新突破

一是积极开展营销活动。与×××单位建立有效的沟通渠道，对×××政策制定具有前瞻性和可操作性的方案；根据各个展会的特性及需求，适时引导、调整展会排期，使展会项目分布趋于合理；积极研究展会细分市场，全年共引进新展会××个，其中×××、×××、×××等多个展会在国际享有盛誉，展会的总体品质得到提升；全年完成展览项目××个，比上一年增长××%，展览总面积达×××万平方米，比上一年增长×××%，其中，国际展××个，较上年提高××%，全年展会数、展会面积、展馆租金收入等指标均创历史新高。

二是主动探索盈利模式。通过引进多种形式的品牌活动，探索了淡季举办活动的新盈利模式；通过制定展会整体营销方案、提供×××等措施，实现综合服务收入×××万元，同比增长××%以上；通过与×××供应商等合作单位共享×××资源、×××资源和创新合作方式，独立会议和宴会不断增加，公司×××、×××收入大幅提高，实现毛利×××万元，同比增长××%；在开辟×××、×××等广告资源的同时，积极拓展非展会广告业务，全年广告收入约×××万元，同比增长约××%；通过改进×××方式和操作模式，展会×××收入也有所增加，达×××万元；强化并科学管理停车场，全年实现收入约××万元。

三是大力压缩经营成本。通过×××控制的精细管理、×××等开源节流措施降低支出；积极争取×××优惠政策，在平均×××上涨且展会数量增长的情况下，有效控制了×××成本；制定完善×××管理规定、实施办法，×××管理办法等相关采购管理制度，大大压缩了公司×××成本，全年节约×××多万元，节约率超过××%；通过×××、×××的有效管理，对×××费用进行有效控制，大大降低了××成本，使相关费用同比下降近××%。

（二）勇于创新、全力推进，×××展会赢得新赞誉

第×××届×××筹备工作从上届×××闭幕后即开始启动，××月召开了组委会第一次会议并确定了总体方案；前瞻性地将讨论×××纳入×××工作会议。为确保筹备工作的进度和质量，今年×××两次召开公司全员动员会，并按照×××的原则，印发了《关于进一步加强管理圆满完成第×××届×××承办任务的通知》，首次以文件形式将筹备任务分解细化、分级管控，与绩效考核挂钩，调动了全员的积极性、主动性和创造性，×××、×××等活动及所有任务均顺利完成，并获得×××和社会各界的高度评价。

为确保×××的层次和水平，本届×××在确定主题时紧扣国家×××的发展战略，×××获得了社会各界的高度认同。为体现×××的专业性、国际性和领先性，本届×××，集中展示了我国×××期间的×××成果。此外，通过大量的前期筹备工作，×××，并取得丰硕成果；×××，实现收入×××万元。

（三）规范管理、强化服务，提升公司竞争软实力

一方面，继续开展"服务管理年"活动并深化服务内涵。以服务标准化和服务对标

活动为突破口，通过梳理×××流程，完善×××方式，制定×××规范，确立×××制，保证了×××；通过深入分析×××，开展×××，得到了×××的认可；启动了×××工作，制定了×××方案，组织了×××，实现了×××，建立了×××，创新了×××，获得了×××；完善了×××，扩大了×××，促进了×××的提升；公司自年初开始推动的×××工作已收到初步成效，提高了公司×××效率，也为×××提供了便利，提升了公司形象。

另一方面，推进精细化管理，以管理促效益。根据公司建章立制工作的整体规划，××年公司共颁布了×××项全局性规章制度、×××项内部规范性、技术性文件。《公司章程》《×××工作细则》等制度的修订，进一步细分、规范了公司的经营管理与决策管理；《×××管理办法》《×××管理制度》等规定的实施，使办文、办会、办事效率得到提高；一批业务类和管理类制度、办法的出台，明确了相关业务流程、技术标准和管理程序，使公司内部管理水平迈上了一个新台阶。

（四）以人为本，加强党建，奠定公司发展基础

为进一步增强公司凝聚力，公司党委积极响应上级党委号召，开展了×××活动，形成了学习先进、崇尚先进、争当先进的浓厚氛围；评选表彰了一批优秀党员，发展了一批新党员，培养了一批入党对象，使党员的梯队建设得到加强；加强党风廉政建设，完善监督机制，增强了广大党员和员工的拒腐防变能力。公司工会围绕×××，有效发挥应有职能，推动×××，组织开展了×××、×××、×××等一系列活动，营造了和谐的工作氛围，得到广大员工的好评；公司团委积极开展了争创×××活动和×××系列活动，促进了公司业务开展，增强了青年员工的凝聚力。

为积极引导××企业文化的建立，使员工更具认同感和归属感，公司从尊重、关心员工的切身利益入手，通过×××、×××、×××等形式，广泛收集、整理、提炼公司使命和核心价值观，形成了公司理念体系，这也标志着公司的企业文化建设取得阶段性成果，从而为企业文化的宣贯、落地打下了坚实基础。

三、××年工作的初步设想

公司××年各项工作取得了不俗的业绩，但实际工作中也存在一些不足和问题，主要体现在：×××力度不够、×××发展不强、×××还有较大差距、×××尚需大力提升等。

××年是×××的"×××"之年，×××的举办将对其他展会的举办和公司短期效益造成一定冲击，但×××的整体服务水平将大大提升，会展环境将明显改善，×××的功能也得以拓展；××年也是公司和×××加快发展的关键一年，公司在××年集中制定的一大批规章制度将全面实施，×××、×××等多个规划性文件的制定将加快推进，公司改革发展面临新的机遇和挑战。

公司××年总体工作思路：……

（一）加大营销推广力度，确保经营效益稳中求升

一是加大营销力度：……

二是大力开拓市场：……

三是全面增收节支：……

（二）以"国际化"为重点，提升×××的总体水平

略

（三）高标准服务好×××会，促进服务管理水平不断提升

略

（四）完善和实施各项规划

一是着力推进各项规划的完善与实施：……

二是继续完善公司法人治理结构：……

三是持续推动公司各项制度改革：……

×××公司

××年××月××日

【范本03】

××公司党委××年度工作总结

××年，××公司党委在××党委的正确领导下，坚持以×××为指导，紧紧围绕年初制定的××重要任务，全力推进公司各项工作健康协调发展，为确保经营任务的完成和员工队伍的稳定提供了思想保证、政治保证和组织保证。现将一年来的主要工作总结如下。

一、××年的主要工作回顾

（一）深入开展×××活动，促进公司和谐跨越发展

一是制定实施方案，强化组织领导。结合公司实际，于××月上旬制定《公司开展×××活动实施方案》（×××党〔20××〕××号）（以下简称《方案》），稳步推进×××活动。《方案》明确了领导机构，由公司党委书记、董事长×××同志担任组长，并作为活动第一责任人。领导小组下设办公室，与×××部合署办公，各党支部书记具体负责本支部×××活动的组织实施。

二是广泛宣传发动，营造××氛围。公司党委先后组织召开三次会议，层层动员部署。××月××日，召开以××为主题的全体员工大会，传达贯彻市第五次党代会精神，动员部署争创×××、×××、×××活动。××月××日，召开庆××大会，党委书记、董事长×××作了题为《深入开展×××活动，为实现公司和谐跨越发展而努力奋斗》的讲话，提出将×××与×××活动结合起来；××月，公司××个党支部以召开组织生活会为契机，在各支部动员部署×××活动，营造了浓厚的争创氛围。另外，通过开设公司内网×××活动及企业文化大家谈专栏、张贴宣传海报、编写信息简报等，大力宣传×××活动的具体做法，弘扬先进人物的典型事迹，在公司上下形成了学习先进、崇尚先进、争当先进的浓厚氛围。

三是围绕中心工作，推动科学发展。以×××为主题，进一步强化×××活动与公司中心工作的融合。通过开展岗位练兵、岗位技能培训、青年文明号创建、×××倒计时一周年宣誓等活动，不断提升公司×××的能力，进一步优化×××，客户满意度持续提

升；在企业文化建设中，全体党员积极参与并带领身边同事共同创作公司核心理念，入围的××条理念有一半以上是党员的作品；在信息化建设中，各党支部充分发挥战斗堡垒作用，党员率先垂范，争当以信息化建设推动公司发展的带头人，使×××活动与公司中心工作无缝对接、有机融合。

四是先进典型引路，激发争创热情。今年，公司民主选举了××名优秀共产党员，以典型的示范作用激发了广大员工的争创热情。另外，充分利用公司内网的舆论阵地，在"×××"专栏的"先进人物故事"板块，大力宣传优秀共产党员的先进事迹，在宣传中突出事迹的典型性和故事性，真正把各类典型的先进经验和崇高精神转化为脚踏实地、干事创业的实际行动，使员工学有榜样，干有方向，推动×××活动深入开展。

（二）坚持党管干部原则，抓好班子及人才队伍建设

一是强化领导班子建设。按照"政治素质好、经营业绩好、团结协作好、作风形象好"的要求，不断强化"四好"班子建设。坚持每季度的党委中心组理论学习，并多次将中层管理人员纳入学习座谈范围，提高了学习效果。一年来，先后组织学习了×××全会精神、×××会议精神、×××党代会精神等，有效提升了班子的理论及政策水平。坚持开好党员领导班子民主生活会，注重质量、不走过场，切实针对影响公司改革发展及职工群众关心的问题，制定措施，狠抓整改，取得了良好的效果。在××年的民主生活会上，公司党委班子成员认真回顾自身在思想、作风等方面的情况，开展批评与自我批评，对征集的××大类共××条意见和建议，提出了整改意见，明确了努力方向，为推动公司全年经营任务的完成奠定了坚实的组织基础和思想保证。

二是突出人才队伍建设。坚持党管干部原则，每半年安排一次中层管理人员述职，以演讲汇报的形式，陈述工作情况，接受员工监督，并由党委班子集体评分。中层管理人员述职后，公司领导班子分别与其谈心，肯定成绩、指出不足，以提升其业务技能和管理水平。进一步加大对员工培训的力度，制订详细的年度培训计划。一年来，通过举办专家讲座、组织外出培训、开展现场模拟训练等方式，先后在×××、×××、×××、×××等方面开展了培训工作，有效提升了员工的岗位技能，增强了公司的服务管理水平。

（三）开展企业文化建设，提升公司竞争软实力

一是采取多项措施，统一员工思想。结合编制"×××"规划的契机，公司发起了新一轮发展战略研讨会，动员全体员工从"×××"业务格局、发展路径选择、×××未来定位与发展等多个方面，进行广泛深入的研讨，将全体员工的思想统一到公司发展大局中来。通过组织开展员工满意度调查、开放内网论坛、举办幸福观讲座等多种方式，听取广大员工对公司改革发展的意见和建议，并在年终设立合理化建议奖，充分调动广大员工为公司发展献策的积极性，为全员参与企业文化建设做好铺垫。

二是开展走访调研，理清工作思路。××年上半年，继续开展"走出去"调研学习活动，先后走访调研了×××、×××、×××、×××等企业，并以×××为标杆，参照其他优秀企业好的做法和经验，进一步完善《×××方案》，为公司企业文化建设的全面实施理清了思路。

三是全员参与建设，提炼核心价值观。××年××月，公司果断引入××企业文化咨

询公司企业文化建设体系，提出了将公司企业文化打造成国内××行业及×××的两个标杆，并以"提炼核心价值观，提升核心竞争力"为主题，分三阶段全面推进公司企业文化建设。目前，前面两个阶段的工作已经完成，第三阶段的工作正在进行。在第一阶段，通过开展×××，为核心价值观的提炼打下了基础；在第二阶段，发动×××，最终形成了完整的企业精神理念体系、企业行为规范体系；在第三阶段，×××组织开展全员宣贯工作。

（四）积极做好群团建设，增强企业凝聚力

1. 以党建带工建，营造和谐的企业氛围。在公司党委的领导下，公司工会围绕"四个抓好"，有效发挥应有职能，营造了和谐的企业氛围。××年，公司先后被市总工会及市科教文卫体工会评为"×××先进企业""×××先进工会组织"。在市科教文卫体工会第××次代表大会上，公司工会主席×××当选为第××届委员会委员，公司另外××人当选为××委员，××人被授予"优秀工会工作者"称号。

一是强化机制抓"规范"：……

二是依法遵章抓"维权"：……

三是以人为本抓"关爱"：……

四是凝聚人心抓"载体"：……

2. 以党建带团建，凸显青年生力军作用：……

3. 以党建带妇建，发挥女员工"半边天"作用：……

（五）落实固本强基工程，切实做好基层党组织建设

一是加强组织建设，发挥党支部的战斗堡垒作用：……

二是改善党员管理，发挥党员的先锋模范作用：……

（六）开展党风廉政建设，筑牢反腐防线

1. 抓好学习教育，提高廉政意识：……

2. 突出制度建设，筑牢廉政防线：……

3. 完善监督机制，构建监督网络：……

（七）加强宣传和改进思想政治工作，为公司发展提供精神动力

一是加大宣传力度，提升公司党政信息的影响力：……

二是加强和改进公司思想政治工作：……

二、工作中存在的不足

一年来，公司党委围绕公司中心工作，充分发挥党组织的政治核心作用，取得了较好的成绩，但也存在着不足，主要体现在以下几个方面。

一是×××学习抓得不够紧：……

二是×××活动开展不到位：……

三是×××建设节奏不够快：……

××公司党委

××年××日××日

【范本04】

××公司关于开展20××年"安全生产月"活动的工作总结

为贯彻落实全国、省、市安全生产工作会议精神，牢固树立安全发展观念，普及安全生产知识，根据《××公司关于开展系统企业20××年"安全生产月"活动的通知》（××〔20××〕××号）的相关要求及×××提出的安全工作从"真"字下功夫的要求，我司结合实际，按照"真抓真干真落实"的原则，制定了《××公司20××年"安全生产"月活动方案》并开展了相关活动，现总结如下。

一、加强宣传，营造安全氛围"出真招"

（一）全面动员部署。20××年×月××日上午，××公司在×××组织中层以上干部召开了20××年"安全生产月"动员会，×××主持了会议，×××对"安全生产月"活动作了部署，×××作了重要讲话。会议传达了上级文件精神，明确任务，责任到人。

（二）广泛深入宣传。为营造"安全生产月"活动氛围，我司结合×××特点自行设计、制作、张贴海报，以及通过宣传栏、挂横幅等形式加强"安全生产月"宣传。同时，对×××，通过派发宣传资料、在×××播放滚动视频等方式，提高了×××的安全意识，营造了浓厚的活动氛围。

二、真演实练，安全培训演练"见真效"

（一）开展对标学习。结合×××需要，确定了×××为对标学习单位。对标活动由×××亲自带队，×××、×××、×××参与了对标活动。对标活动收到了良好的效果，对我司安全工作的培训、考核、设备设施的维护管理都有很好的借鉴作用，让公司员工学到了"真功夫"。

（二）举办消防演练。为提高公司员工及客户安全防范意识，增强自我保护能力，掌握对突发安全事故的应变、逃生技能，公司于××月××日下午在×××举行了安全知识培训暨×××消防演练。通过演练，检测出×××自动火灾报警系统、防排烟系统、电梯迫降系统等各项设备设施均处于完好的待命状态，检验了×××队员的应急救援能力，提升了员工及客户应对突发火灾事故的应变能力。

三、全员参与，隐患排查整改"动真格"

（一）公司领导率队检查。

为深入开展××20××年"安全生产月"活动，公司领导×××、×××、×××多次率队，按照"四不两直"的要求，对×××，尤其是人员密集场所、老旧物业等进行了安全检查，如×××、×××、×××等进行了安全检查。对发现的安全隐患，能整改的立即整改，不能马上整改的，要求建立整改台账，做到责任人、整改时间、整改措施"三落实"，有效降低了×××的安全风险。

（二）交叉检查与自查相结合。

根据×××《×××通知》（××〔20××〕××号）要求，××月××日，×××率领×××到×××，对×××的地下设施设备及安全生产档案资料进行了检查，同时进行了安全生产工作交流。××月××日，×××迎接×××、××企业的交叉检查。××

企业分别检查了×××地下室设备层、消防监控中心以及安全生产档案资料。公司内部开展了安全生产交叉检查，×××，整个检查工作做到安全交叉检查有痕迹，真抓、真干、真落实，安全隐患发现一个、立即整改一个、销账一个，实现跟踪、复查、销账全过程的整治。通过交叉检查，达到了相互督促、相互学习、相互交流的目的。

四、举一反三，完善制度流程"下真功"

进一步完善公司的《安全生产监督管理办法》。修订完善了《×××安全监管工作流程》，构筑了公司的"×道防火墙"，×××，让公司安全管理制度更加科学规范。

××公司

××年××月××日

【范本05】

××集团2020年度公关工作总结

根据《×××的通知》（××〔2020〕××号）要求，我集团按照"×××"的原则，对2019年的综合、信息、新闻宣传、网络舆情应对等工作进行了总结，并提出了2020年的工作目标与思路，具体情况报告如下。

一、2019年公关工作情况

2019年我集团公关工作进展顺利平稳，未出现严重舆情风险。集团围绕"强传播、常沟通、提声誉、促业务、建职能"五大要点开展公关工作，工作质量得到进一步提升。

（一）强传播——正面报道率持续上升

1. 媒体传播总体情况良好：2019年××月××日至××月××日，共产生媒体报道×××篇次，总篇幅约×××万字。其中，正面报道×××篇，以篇次计的正面报道率为××%。

集团×××、×××、×××的媒体关注度最高，相关报道数量分别为×××篇、×××篇、×××篇，分别占集团总量的××%、××%、××%。

集团综合类报道量位居第一是因为×××受到媒体的高度关注。此外，其他×项业务的传播量领先，且与×××关注度相关。

2. 与媒体日常沟通互动得到加强：办公室协调各部门，配合立意积极的采访计划、响应约稿、邀请媒体参与集团活动和发布新闻通稿。年内共进行主题沟通600余次，安排各类采访23次（含未执行），组织媒体参与各部门业务活动18场（含未执行）。

（二）常沟通——与媒体联络持续增加

1. 与媒体的互动持续加强：继续强化集团与×××媒体的对口联络机制，×××。

2. 媒体联系人持续拓展：截至××年年底，集团已与×××家媒体的×××名人员建立联系，较××年年底增加××人。

（三）提声誉——提升危机处理能力

1. 优化新闻监测与汇报机制：改版《×××》，提升即时新闻监测的准确性，改善阅读体验×××。年内共制作《×××》×××期，完成《×××》×××期。

2. 保障×××舆情平稳：年内×××处理了×××次各类危机处理，进行了及时的媒体沟通，防止情况恶化，大大降低了危机对集团的负面影响，保持集团×××舆情平稳。

（四）促业务——为集团提供业务拓展支持

1. 荣誉管理：年内组织协调各部门参与×××、×××等主要行业及×××媒体主办的×××个年度评选活动，获×××、×××等奖项，为×××拓展业务提供支撑。

2. 强化合作：根据集团业务推广需要，结合媒体资源特点与优势，与×××家媒体进行合作探索。贯彻了×××合作思路，主要以×××等多种形式开展合作，将媒体关系维护与支持业务发展有效结合。

（五）建职能——强化声誉管理

1. 制定《×××办法》：拟定、发布《×××管理办法》，进一步加强了集团声誉风险的管理能力。

2. 修订《×××办法》：根据×××的发展趋势，以及×××要求，修订完善了相关制度，建立了×××长效机制。

二、2020年公关工作目标与思路

在开放、共赢的趋势下，我集团公关工作宜根据×××重新定位。从原来以"×××"为主，调整为"×××"。据此，结合公关工作开展的实际情况，针对目前公关工作存在的薄弱环节，我集团形成了2020年公关工作目标与思路。

（一）统筹各方资源，形成公关工作合力：……

（二）创新思维模式，加强社会资源整合：……

（三）加强声誉管理，推动公关工作转型：……

×× 集团

××年××月××日

第三节　调查报告

一、定义

调查报告是指对某项工作、某个事件、某个问题，经过深入细致的调查后，将收集到的材料加以系统整理和分析研究，以书面形式向组织和领导汇报调查情况的一种文书。

二、特点

调查报告有三个特点，具体内容如下。

1. 写实性

调查报告是在大量现实和历史资料的基础上，用叙述性的语言实事求是地反映某一客观事物。充分了解实情和全面掌握真实可靠的素材是写好调查报告的基础。

2. 针对性

调查报告一般都有比较明确的意向，相关的调查取证都是针对和围绕某一综合性或专题性问题展开的。因此，调查报告反映的问题集中而有深度。

3. 逻辑性

调查报告虽然依赖于确凿的事实，但却不是材料的堆砌，而是对核实无误的数据和事实进行严密的逻辑论证，探明事物发展变化的原因，预测事物发展变化的趋势，提示本质性和规律性的东西，得出科学的结论。

三、种类

1. 介绍典型经验的调查报告

介绍典型经验的调查报告，即某一地区、某一单位、某一企业在贯彻落实党和国家的各项方针政策的过程中，或在日常的思想政治、经济建设、科学教育等方面取得了突出的成绩，为了学习和借鉴他们的具体做法与成功奥秘，可以对他们进行专题调查，然后写出调查报告。

2. 揭露问题的调查报告

与上一类型相反，这是针对某一问题展开调查，以揭示这一问题的种种现象和深层原因为主要目的的调查报告。其主要功能是揭露和批判，探究问题产生的原因，分析问题的症结所在，提供解决问题的思路和方法。

3. 反映新生事物的调查报告

这是针对社会现实中某种新近产生或新近有了长足发展的事物而写的调查报告。

在现实社会中，新生事物总是不断涌现的。反映新生事物的调查报告的文体功能，就是全面报道某一新生事物的背景、情况和特点，分析它的性质和意义，指出它的发展规律和前景。

4. 社会情况的调查报告

这是针对一些社会情况所写的调查报告。这里所说的社会情况，主要是指社会风气、百姓意愿、婚恋、赡养、衣食住行等方面的基本情况。

这类调查报告虽不直接反映政治、经济等重大问题，但跟政治、经济密切相关。另外，这也是群众最为关心的一些问题。

四、结构

从外部形式上看，调查报告由标题、前言、主体和结尾四部分组成。

1. 标题

（1）单标题

单标题，即公式化写法，就是按照"调查对象+调查课题+文体名称"的格式拟制标题。例如，《××居委会的财务调查》，其中"××居委会"是调查对象，"财务"是调查课题，"调查"是文体名称。该标题明确了编写的单位、涉及的问题，以及文种。其不足之处是过于模式化且立意不新，所以不能吸引读者。

（2）双标题

双标题由正副标题组成，其中正标题一般采用常规文章标题写法。副标题则采用公式化写法，即按照"调查对象+调查课题+文体名称"的格式拟制。

2. 前言

调查报告的前言一般根据主体部分组织材料的结构顺序来安排，常用的有以下几种类型。

（1）提要式

提要式即在开头概括列出调查对象的情况，使读者对其有一个大致的了解。

（2）交代式

交代式即在开头简单地交代调查的目的、方法、时间、范围、背景等，使读者对调查的过程和基本情况有所了解。

（3）问题式

问题式即在开头提出问题，以引起读者对调查课题的关注，促使读者思考。其可以采用提问的方式引出问题，也可以直接将问题列出来。

3. 主体

调查报告中前言之后、结尾之前的文字，都属于主体部分。这部分的材料丰富、内容复杂，在写作中应先注意结构的安排。主体的结构形态有三种，具体如图5-7所示。

形态一　**用观点串联材料**

由几个从不同方面表现基本观点的层次组成主体，以基本观点为中心线索将它们贯穿在一起

形态二　**以材料的性质归类分层**

课题比较单一、材料比较分散的调查报告可采用这种结构形式。经分析、归纳之后，根据材料的不同性质，将它们梳理成几种类型，每一种类型的材料集中在一起进行表达，形成一个层次。每个层次之前可以加小标题或序号，也可以不加

形态三　**以调查过程的不同阶段自然形成层次**

事件单一、过程性强的调查报告，可采用这种结构形式。它实际上是以时间为线索来谋篇布局的，类似于记叙文的时间顺序写法

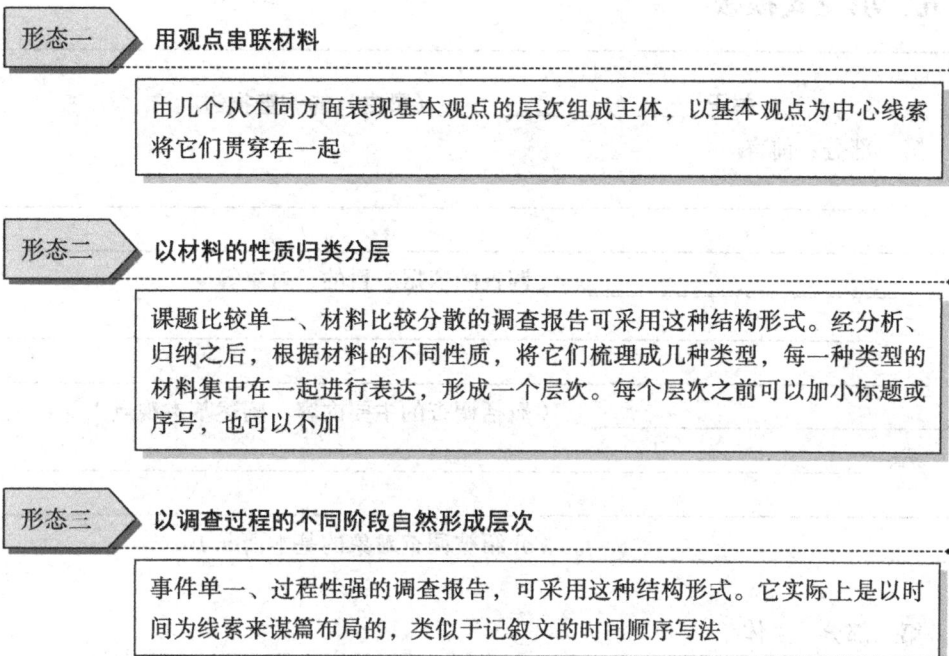

图5-7　主体的结构形态

4. 结尾

调查报告常在结尾部分列出作者的观点，即对主体部分的内容进行概括、升华，因此这是比较重要的一个部分。常见的写法有下述三种，具体如图5-8所示。

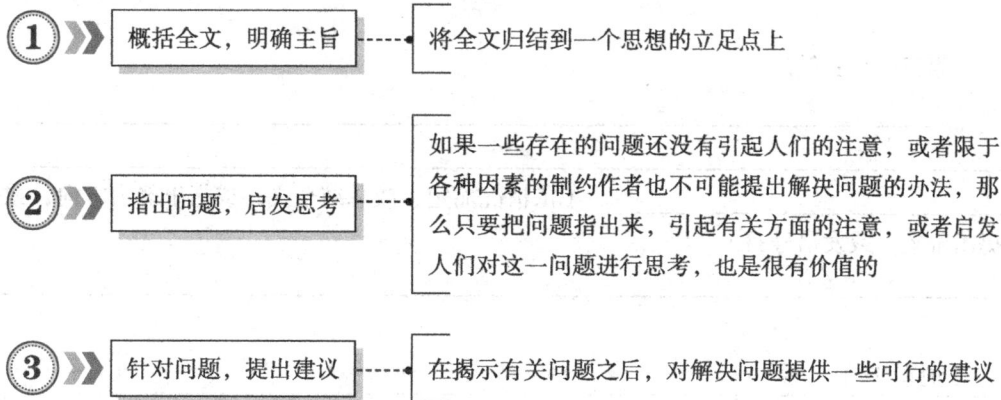

① 概括全文，明确主旨 ----- 将全文归结到一个思想的立足点上

② 指出问题，启发思考 ----- 如果一些存在的问题还没有引起人们的注意，或者限于各种因素的制约作者也不可能提出解决问题的办法，那么只要把问题指出来，引起有关方面的注意，或者启发人们对这一问题进行思考，也是很有价值的

③ 针对问题，提出建议 ----- 在揭示有关问题之后，对解决问题提供一些可行的建议

图5-8　常见的调查报告结尾

五、填空式模板

关于＿＿＿＿＿＿＿＿＿＿＿（事由）的调查报告

第一部分：前言

一、＿＿＿＿＿＿＿＿＿＿＿＿＿＿＿＿＿

＿＿＿＿＿＿＿＿＿＿＿＿＿＿＿＿＿＿＿＿＿＿

＿＿＿＿＿＿＿＿＿＿＿＿。（调查的依据、目的、对象等）

二、＿＿＿＿＿＿＿＿＿＿＿＿＿＿＿＿＿

＿＿＿＿＿＿＿＿＿＿＿＿＿＿＿＿＿＿＿＿＿＿

＿＿＿＿＿＿＿＿＿＿＿＿。（概括调查的主要内容，阐述基本观点）

三、＿＿＿＿＿＿＿＿＿＿＿＿＿＿＿＿＿

＿＿＿＿＿＿＿＿＿＿＿＿＿＿＿＿＿＿＿＿＿＿

＿＿＿＿＿＿＿＿＿＿＿＿。（介绍被调查对象的基本情况）

第二部分：主体

一、＿＿＿＿＿＿＿＿＿＿＿＿＿＿＿＿＿

＿＿＿＿＿＿＿＿＿＿＿＿＿＿＿＿＿＿＿＿＿＿

＿＿＿＿＿＿＿＿＿＿＿＿。（列举调查的材料和数据，反映调查的事实）

二、＿＿＿＿＿＿＿＿＿＿＿＿＿＿＿＿＿

＿＿＿＿＿＿＿＿＿＿＿＿＿＿＿＿＿＿＿＿＿＿

＿＿＿＿＿＿＿＿＿＿＿＿。（分析研究材料的数据，得出规律性的认识，阐明观点，得出结论）

第三部分：结尾

＿＿＿＿＿＿＿＿＿＿＿＿＿＿＿＿＿＿＿＿＿＿＿＿

＿＿＿＿＿＿＿＿＿＿＿＿。（依情况而定，或总结全文，或指出努力方向，或提出希望，或发出号召）

【范本01】

关于环境污染状况的调查报告

随着经济的飞速发展，人们的生活在不断改善的同时，环境污染也已经成为现代社会面临的重大问题之一。近一个星期来，我们有组织地对周边的环境污染情况进行了调查，并做出如下报告。

一、河水污染

近几年来工业生产发展迅速，人们为了节省原材料的消耗，忽略了在生产中出现的一些有害的物质，如废水没有经过处理就直接排放到河道中，我们在调查中就发现好几家工厂，将深绿色的、浓黑色的污水直接排入河流，排污口处的水面上漂浮着大量白色泡沫；居住在河边的人们随手将剩菜剩饭、家庭垃圾都装进塑料袋往河里倒，我们的母亲河，现在已经遍体鳞伤，成了一条垃圾河。

二、空气污染

我镇的工厂在生产过程中产生的废气没有经过处理就直接排出；企业燃用汽油、柴油产生的废气及烟尘也弥散在空中。同时随着我镇经济的发展和外来人口的增多，人们燃烧使用的煤、液化气等能源消耗量逐步增加，产生的废气也成比例增长。汽车、摩托车等机动车数量迅速增加，尾气排污量加大。这些废气中含有大量二氧化硫、二氧化碳和烟尘。大气污染的情况已经比较严重，严重影响到人们的身体健康。

三、垃圾污染

随着人们生活水平的提高，人们使用的一次性物品明显增多，如一次性袋子、一次性杯子、一次性碗筷，以及废弃的生活用品。人们在使用后，只是随手往街头巷角一扔。我们走在大街上，只要稍稍留意，就会发现随处都有丢垃圾的地方。这些垃圾若不能及时处理，不仅影响市容市貌，而且会直接危害到人们的身体健康。

当然，还有噪声污染、土壤污染等也影响着我们的生活。我衷心希望有关领导充分关注污染问题，采取有力措施，还我们一个明净的家园。

【范本02】

关于乡镇农村法制宣传教育工作的调查报告

为深入了解农村法制宣传教育工作现状，切实推进农村法制宣传教育工作，我利用在乡镇挂职锻炼的机会，采取走访、座谈、问卷等形式，对乡镇农村法制宣传教育工作进行了调查，所做的调查报告情况如下。

一、工作主要措施及成效

在组织领导方面，乡镇党委、政府高度重视，成立了××普法工作领导小组和办公室，由乡镇主要领导任组长，相关机构和人员任成员，将普法工作列入重要议事日程，做到普法工作与全镇总体工作统一安排、统一检查、统一评比，确保了普法工作目标任务的贯彻落实。

在普法教育方面，突出对重点对象的法律服务和法制宣传：……

在依法治理方面，大力推进"民主法治村"创建活动：……

在活动载体方面，普法工作与党委、政府中心工作及法治实践活动相结合：……

二、存在的主要问题及原因

（一）对农村普法认识不足，在思想上有偏差。通过调查发现，当前农村中"重人治、轻法治"的思想以及执法不公、有法不依、知法犯法等不良社会现象依然存在，导致学法用法脱节，挫伤了农民学法的信心，给普法工作带来了消极影响；有的基层干部认为×××；有的则认为×××；还有许多基层干部××××××。

（二）农村普法干部队伍力量薄弱，法律素质不高。乡镇司法所配备的专职工作人员不足，导致他们的工作压力重；村（街、居委）普法干部全部都是由分管综治的村干部兼任，这些村干部主管工作多，完成镇、村中心工作任务繁重，对农村普法工作不以为然……

（三）农村普法宣传手段和形式简单落后，亟待突破创新。除了进村入户散发法律宣传品或是上集市设法律咨询台之外，还通过放广播，设置宣传栏、标语进行普法宣传，传统形式多而创新形式少……

（四）普法工作不能适应新形势下农民群众的需求。随着改革的不断深入，农村各种新型矛盾逐渐产生，农民对学法用法有新需求，如在信访维稳工作中，面对个别"上访户"的诉求，法律宣传的技巧显得极为重要，这对乡镇农村普法人员提出了更高的要求……

（五）农村普法经费没有保障，制约工作开展。司法所无专项普法经费，宣传活动经费要临时筹集……

三、工作建议和对策

针对农村普法调研中存在的主要问题，结合乡镇农村普法实际，现提出如下工作建议和对策。

（一）进一步更新农村普法观念，纠正基层干部群众对普法思想认识的偏差。党委、政府各级领导要从群众需要出发开展普法工作，真正把服务农民、提高农民法律素质、切实维护农民的根本利益作为农村普法工作的出发点和落脚点；要逐步……

（二）要进一步加强普法工作队伍建设。按照有关文件要求，切实解决司法所人员、编制、职级待遇等实际困难；进一步整合……

（三）要进一步创新普法宣传教育方式方法。加强农村法制教育阵地建设，如在镇上设立法制辅导站，在行政村建立法律图书角，依托公开栏设立法制宣传栏……

（四）要进一步把普法工作与新农村建设、平安建设相结合，增强工作的灵活性和针对性。按照新农村建设的目标和任务，将开展法制宣传教育与民间纠纷排查调处、社会治安综合治理实践活动结合起来，引导农民依法调整社会利益关系……

（五）进一步加大农村普法的经费投入。县、乡镇党委、政府要对司法所日常办公所需经费与普法经费共同纳入财政预算，使农村普法有专款，专款能专用……

【范本03】

青少年法制宣传教育工作调查报告

青少年法制宣传教育工作是一项长期、艰巨、复杂的社会系统工程。认真做好青少年法制教育，培养和造就适应社会改革发展的新一代中国特色社会主义和谐社会建设的合格人才，是强化青少年法制教育的根本措施，直接关系到国家的长治久安、人民的安居乐业，更关系到依法治国战略、和谐社会建设的顺利实现等大问题。基于这样的认识，我们结合全区实际，对全区青少年法制教育情况进行了调查研究，并采取有力措施，开展了多种形式的青少年法制教育活动，取得了明显的成效。

一、全区青少年法制教育工作的现状

经济技术开发区目前共有公办中小学××所（其中，普通高中××所，职业中专××所，初中××所，小学××所），普遍都开设了法制课，聘请了法制辅导员或法制副校长；有成人中专、教师进修学校、业余体校各××所、××所和××所；社会力量办学机构××家，教职工××余人；高等教育院校××所，学历教育在校生××人。随着开发区经济和社会的发展，我区的外来务工人员急剧增长，目前小学在校生××人，借读生××人，借读生占在校生总数的29.77%；初中在校生××人，其中借读生××人，借读生占在校生总数的28.78%。全区借读生总数近××人，这增大了法制教育的难度。

二、青少年法制教育工作存在的问题

通过走访调查，我们发现一些学校存在着以下主要问题：

一是有些学校对师生的普法教育工作不重视，使法制教育流于形式；

二是忽视法律操作方式方法的传授，宣传教育往往强调事后的依法追究；

三是许多学校非常重视法律知识的课堂学习，并以考试成绩作为评价普法效果的主要指标，客观上使普法教育陷入了单纯追求分数的误区；

四是有些学校寄希望于通过每年或每学期一两次法制讲座来解决普法教育工作存在的突出问题；

五是学校作为法制教育的主要阵地，有一个具体的操作的问题，现在许多学校虽然经常开展法制教育，但并没有真正花力气来抓，或者并没有抓到点子上；

六是大专院校不同程度地存在开展法制宣传教育工作不力、效果不明显、少数学生中还存在着潜在的犯罪因素的现象，相当数量的大学生到毕业还不知道××普法是在做什么，有的教职员工维护青少年合法权益意识不强，法制观念淡薄，个别的甚至出现违法行为。

三、思维超前，形式新颖，突出青少年法制教育特点

针对我区青少年法制教育的情况和存在的问题，我们应重点做好以下工作。

（一）提高认识，强化领导，落实措施

抓好青少年法制教育，使之从小就学法、知法、守法和用法，树立社会主义法制观念和意识，是我国民主法治建设的基础工作，是关系到科教兴国战略、依法治国方略顺利实施，以及社会主义和谐社会建设等重大问题，也是一项长期奋斗的社会系统工程。因此……

（二）突出重点，创新教育形式，拓展教育空间

青少年作为普法的重点对象之一，始终是我们工作中关注的一个重要群体，根据××普法规划的总体要求，我们积极开展创新思维，力求与时俱进，全力将我区青少年法制教育工作提升到一个新的高度。经过认真调研、反复酝酿，我们在全区大中小学校开展了一系列法制宣传教育活动，具体如下。

一是组织开展加强青少年法制教育调研活动。××年××月，对全区××所中小学校和规模较大的××余所民办院校进行了调查……

二是进行现场警示教育。组织中学生到区看守所内的监区，由在押未成年犯以其自身经历现身说法，讲述了……

三是建立法制教育基地，增强青少年法制意识。我区与××科技大学联合建立……

四是积极开展法制宣传教育图片巡回展览活动。我区制作了内容涉及政法、治安……

五是坚持法制副校长聘任制度化。为全区××所中小学校和××余所民办院校聘请了法制副校长或法制辅导员……

六是积极开展创建"平安校园"活动。积极探索有效的教育方法，健全青少年学生法制教育网络，突出学校法制教育的综合性、实践性和针对性；不断探索……

七是充分发挥了区普法讲师团作用，开展以案释法教育活动……

八是充分发挥律师和"12348"法律援助作用，为青少年维权提供法律保证。根据青少年自身的特点，建立了律师维权岗，培养了一支……

（三）坚持依法治校，实行综合整治，彰现教育成效

抓好建章立制，夯实基础工作和防范工作，共同维护学校周边治安秩序，使依法治校工作迈上新的台阶。

一是制定了《开发区依法治校实施意见》：……

二是加强对学校周边环境的治理活动：……

三是培养典型，示范带路，完善校内管理机制：……

【范本04】

××国企党组织开展创先争优活动情况调查报告

××开展创先争优活动以来，各××企业党组织高度重视，以创建××、争当××和××为主题，紧紧围绕企业改革发展稳定大局，服务生产经营中心工作，精心设计活动载体，采取有力措施，在各基层党组织和广大党员中迅速掀起了开展创先争优活动的热潮，为基层党组织注入了新的活力。今年××月，××党委办公室对各××党组织、××个"党建工作示范点"企业开展创先争优活动情况进行了调查，现将调查情况报告如下。

一、各××党组织开展创先争优活动的基本情况

（一）领导重视，组织动员扎实有效

一是成立领导小组，明确组织架构。自××党委系统××动员会议召开以来，各××党组织高度重视，迅速行动，成立领导小组，明确组织架构，各级党组织负责人为本单位创先争优活动的第一责任人，领导组织本单位、本系统开展创先争优活动。党员领导干部带头建立基层联系点，截至今年××月，各级党员领导干部挂点联系的基层党建示范点有××个。部分企业同时设立多级指导检查组、领导小组办公室等，形成了多层面的沟通协调机制。

二是制定实施方案，深入宣传发动。各××党组织结合企业实际，制定本系统企业基层党组织和党员开展创先争优活动的实施方案，明确具体创建目标。如××党委提出"五个一批"的目标要求，即创建一批基层党建工作示范点、打造一批科学发展带头人、培育

一批推动企业科学发展的优秀人才、建设一批凝聚力和战斗力强的党务工作部门，以及形成一批"四好"领导班子、"四强"党组织及"四优"共产党员。各××党组织通过召开动员大会、党员大会、党办主任会议、专题组织生活会等，层层动员部署，使发动面达到了100%。同时，各级党组织充分利用网络、内刊、板报橱窗等方式反映活动动态，截至今年××月，××党办共收到各××党组织上报的创先争优情况简报近××篇，编写《××国企党建》××期共××篇，向××报送简报××篇，在《××市深入开展创先争优活动简报》刊发××篇，营造了良好的舆论氛围。

（二）对照标准，创建工作扎实推进

创建××是我市创先争优活动的重点，××党委根据市委要求，在全系统确立了××家××。各××党组织按照创建标准，积极做好××的培育工作。其中，××、××、××的××还对创建标准做了细化。除××党委确定的××以外，××、××、××等企业党组织还确立了本系统内的带头人××名。通过××的选树，以点带面，推进创先争优活动深入开展。

二、各××党组织开展创先争优活动的主要特色及存在的不足

（一）开展创先争优活动的主要特色

各××党组织在开展创先争优活动中，按照"推动科学发展、促进社会和谐、服务人民群众、加强基层组织"的总体要求，紧密结合企业实际，围绕中心工作，精心设计活动载体，重点突出"四个结合"，使创先争优活动成为推动企业科学发展的有力抓手。

1.与企业中心工作相结合，推动企业科学发展。××紧紧围绕企业改革发展和生产经营的中心工作，坚持贴近实际，突出"三个围绕"，抓特色、出亮点，精心设计活动主题和载体。截至今年××月，各级党组织共确定创先争优主题活动××个，初步形成了组织创先进、党员争优秀、企业上水平、员工提素质的良好局面。

一是围绕战略目标，促进企业跨越发展。××党委结合经营管理实际，围绕××计划，以××为主题，提出在五个方面创先争优，即在××、××、××、××、××上创先争优。××集团以"××新一轮发展"为主题，激发广大党员和职工群众投身"二次创业"的激情和斗志。××、××、××、××等企业党组织也分别围绕战略目标，确定了创先争优活动主题，在促进企业跨越式发展方面发挥了积极的作用。

二是围绕降本增效，促进企业转型发展。各市属企业把创先争优活动与企业中心工作紧密结合，在推动节能减排、实现战略转型上创先争优。××党委紧扣企业中心工作，以××、××、××、××为切入点，创新活动载体，实施节能减排对标管理，推动公司战略调整和结构优化，促进企业××。××以争当"科学发展排头兵"为载体，在打造××、××模式上创先争优，加快建设现代化××。下属××、××、××、××等企业纷纷转变经营思路，创新业务模式，不断推动产品交易的信息化、现代化发展进程。

三是围绕重点任务，确保活动取得实效。各××企业紧紧围绕××的主题，在服务和筹备××上创先争优。××成立了以总经理为组长的××服务工作领导小组，扎实推进各项筹备和服务任务的落实。××通过开展"讲党性、比贡献、作表率"活动，建立"党员先锋模范岗"，积极发动党员提合理化建议，争分夺秒开展××、××、××、××等工

作，全力迎接××的保障服务工作。××公司党支部在××的总体原则下创先争优，号召全体党员在××的具体要求中创先进、争优秀。另外，××、××、××、××等企业党组织也分别在服务和筹备××上制定活动方案，创新活动载体，使广大党员争创先进有目标，争当优秀有方向。

2. 与增强企业凝聚力相结合，调动党组织和党员的积极性。各××企业准确把握创"先进"、争"优秀"的本质要求，结合企业实际，创新活动载体，通过"三个紧扣""三个增强"，使创建目标看得见，工作能落实，党员好参加，有效激发了党员的内在动力，增强了党组织的凝聚力，让活动真正为企业所需要、党员所拥护、职工群众所认可。

一是紧扣破解企业生产经营难题，增强活动的实效性。各××企业把创先争优作为推动企业科学发展的经常性动力，融入经营发展全过程，在完成重大任务、破解发展难题中创先争优。截至今年××月，各级党组织和党员共提出××条合理化建议。××党支部以创先争优为载体，争当××排头兵，通过开展党员亮牌活动、划分党员专属责任区、建立党员攻坚队、签订党员承诺书等方式，让每位党员牢记责任，接受监督，做到了关键岗位有党员，急难险重找党员。××集团通过开展"我是党员我承诺"活动，使创先争优活动落实到每位党员身上，为广大党员搭建了展现风采、建功立业的载体和平台。公司党支部书记××带头履行承诺，引进××管理成效显著，××项目的推进使××报废率从原来的××%降至××%，解决了长期以来未能解决的重大质量难题，经济效益显著提高。

二是紧扣服务职工群众，增强企业的凝聚力。截至今年××月，各××党组织和党员共为群众和社会办实事和好事××件。××公司党委在创先争优活动中创新服务模式，为××员工开展"关爱季"活动，以深切关爱××员工健康和成长为突破口，让××员工在工作和生活的每一个细节切身感受到"××是我家"的温暖。××党支部在创先争优活动中深化学习实践科学发展观活动，加快推进学习型党组织建设，在全公司范围内大力开展"三对照三查找三制定"活动，全力以赴为广大员工办实事、办好事，包括解决××、××、××、××等一系列员工最关心的问题，让学习实践活动成果在创先争优活动中继续延伸和扩展，真正体现了"科学发展上水平、党员干部受教育、广大员工得实惠"的目标要求。

三是紧扣企业文化建设，增强企业发展软实力。各××企业充分认识到企业文化对提升企业核心竞争力的重要性，在创先争优活动中突出企业文化建设，以文化力增强企业的凝聚力，提升企业发展的软实力。××集团坚持文化就是生产力的理念，确立了独具特色的"××文化观"，创新企业文化建设载体，通过组织实施"党员先锋岗"创建评选、"××之星评选大赛"等一系列具有行业影响力的企业文化建设成功案例，逐渐形成了企业特有的文化。今年××月，××集团被第××届中国××企业文化年会组委会评为"中国××系统企业文化建设××领军企业"。××集团围绕"建设一流的××运营商"的企业愿景，突出抓好文化强企战略，从××、××、××三个方面推广××企业文化精神体系，使集团独特的××、××、××、××等特色文化融入企业经营管理，潜移默化地影响着员工的行为，成为推动企业科学发展的强大动力。××集团从提炼核心价值观、开展特色文化活动、营造活动氛围和制度建设四个方面，从战略高度定位企业文化建设，有效传承并创新了××教育与关怀员工的文化传统。另外，××、××、××、××等企业党组织在创先争优活动中突出抓好企业文化建设，增强了员工队伍的凝聚力，提升了企业发展的软实力。

3. 提升党员和员工素质，造就高素质的企业员工队伍。各××企业在创先争优活动中，注重实际，精心组织，通过发挥党员的先锋模范作用，引导广大员工立足本职岗位，争创一流业绩，形成了"比、学、赶、帮、超"的良好局面。

一是开展岗位练兵，提升员工综合素质。××集团围绕"创建一流队伍，争当岗位先锋"的主题，开展××活动，进一步提高党员和员工岗位技能，提升服务水平，重塑××的品牌形象。××公司党支部为保证工程建设顺利进行，组织开展了劳动竞赛、全员培训和技术练兵比武等特色活动，激发了广大党员和职工群众"敢打硬仗，勇于攻关"的工作热情。公司优秀党员、总工程师××同志，在××技术攻关方面做出了突出贡献，××、××、××、××等多项技术为国内××业界第一，充分发挥了党员的先锋模范作用。××、××、××、××等多个企业党组织，广泛开展岗位练兵、岗位达标、业务竞赛等活动，将创先争优活动的立足点和着眼点放在基层党支部身上，重在解决问题和取得实效。

二是选树先进典型，突出示范引领作用。××企业各级党组织在创先争优活动中，选树、表彰了一批先进党组织和优秀共产党员，充分发挥先进典型的示范带动作用，利用网站、企业内刊、党委办文系统、手机短信、板报橱窗等方式，大力宣传企业先进基层党组织和优秀共产党员的先进事迹，形成了学习先进、崇尚先进、争当先进的良好风气。截至今年××月，各级党组织共学习宣传先进典型××个。××集团运营分公司为激发广大员工创业的热情，开展了一系列评先树优活动，并评选出标准班组××个、技术能手××名、服务明星××名和安全生产标兵××名，将广大员工引领到确保××运营及文明服务中去。今年"七一"期间，××、××、××、××等多个企业组织了丰富多彩的庆祝建党××周年活动，隆重表彰了一批先进基层党组织和优秀共产党员、优秀党务工作者，用身边人、身边事引导和激励广大员工立足本职，使员工学有榜样，干有方向，不断推动创先争优活动深入开展。

4. 与做好经常性党建工作相结合，增强党组织的政治核心作用。各××企业以开展创先争优活动为契机，大力推进基层组织工作创新，优化组织设置，进一步扩大党组织和党的工作覆盖面，创新活动方式，增强基层党组织的凝聚力、创造力和战斗力，在推动企业改革发展中建功立业。

一是优化组织设置，进一步扩大党的工作覆盖面。各级党组织围绕中心、服务大局、拓宽领域、强化功能，努力实现党的组织、党的活动、党的工作全覆盖，增强党员队伍的生机和活力，使党的基层组织充分发挥推动发展、服务群众、凝聚人心、促进和谐的作用。××集团党委在主营××企业开展"项目党建"活动，在工程建设部门坚持"项目建设到哪里，党组织的作用就发挥到哪里"，使每一个项目都成为经得住考验的优良工程。××公司党委针对××员工中党员分散、管理困难、组织生活不便等问题，自主开发创办

××在线网站，实现了党的工作全覆盖，探索了新时期党组织建设的新模式。

二是突出党群共建，形成工青妇组织齐争共创的局面。各××党组织在创先争优活动中坚持党建带工建、带团建、带妇建，促使创先争优活动成为党内带党外、党员带群众的生动实践。××集团工会召开以"××"为主题的工会会员大会，以××的方式选举第××届工会委员会，并在各××公司推广，深化了企业民主管理。××团总支积极引导广大青年为公司科学发展建功立业，开展多项活动。如"我为团旗添光彩，团员身边无差错"主题活动，鼓励一线青年团员在本职岗位上创先争优，××连续××年保持国家级"青年文明号"荣誉。××、××、××、××等多个企业党组织以创建"职工之家""青年文明号"和"巾帼文明示范岗"为抓手，强化员工的服务意识，增强服务理念，形成工青妇组织齐争共创的良好局面。

（二）存在的不足

目前，××企业党组织创先争优活动开局良好，进展顺利，取得了阶段性成果，但与××的总体要求和广大党员群众的期望相比，还有一定的差距，主要表现在以下三个方面。

1. ××不够平衡：……

2. ××力度不够：……

3. ××工作不够及时：……

三、推进创先争优活动的工作思路

为进一步推进××企业党组织创先争优活动深入扎实开展，根据××及××党委的要求，创先争优活动第二阶段的工作将继续以创建××、争当××为主题，围绕××企业××计划和××改革发展实际，突出抓好"四个结合"，在促进企业科学发展、增强企业凝聚力、提升党员和员工素质、做好经常性党建工作上进一步发挥作用，不断细化和丰富活动载体，并重点做好以下四项工作。

（一）深入开展××大提升活动

具体内容略。

（二）做好先进典型的选树工作

具体内容略。

（三）组织开展经验交流活动

具体内容略。

（四）组织考核评比

具体内容略。

第四节　简报

一、定义

简报是传递某方面信息的简短的内部小报。它具有汇报性、交流性和指导性特点，且简短、灵活、快捷，又被称为"动态""简讯""要情""摘报""工作通讯""情况反映""情况交流""内部参考"等。也可以说，简报就是简要的调查报告、简要的情况报告、简要的工作报告、简要的消息报道等。

二、特点

简报具有独特的特点，具体内容如下。

1. 内容专业性强

简报一般由有关单位、部门主办，专业性强，如《人口普查简报》《水利工程简报》《招生简报》等。其一般由主办单位组织专人撰写，以传递该项工作的各种信息，如情况、经验、问题和对策等。

2. 篇幅特别简短

一期简报甚至只登一篇文章、几段信息或几篇文章，总共一两千字，长的也不过三五千字，以适应现代快节奏工作的需要。简报的语言必须简明精练。

3. 限于内部交流

简报一般用于编报机关管辖范围内的各单位之间的交流，不宜甚至不能公开传播，特别是涉外机关和专政机关主办的简报更是如此。有的简报，往往是专门给某一级领导人看的，有一定的保密要求，不能任意扩大阅读范围。

三、种类

简报按时间分，有定期简报和不定期简报；按性质分，有工作简报、生产简报、学习简报、会议简报；按内容分，有综合反映情况的简报和反映特定情况的专题简报。

1. 日常工作简报

日常工作简报又称业务简报。这是一种反映本地区、本系统、本部门日常工作或问题的经常性简报。

日常工作简报包含的内容较广，如工作情况、成绩问题、经验教训、表扬批评，以及对上级某些政策或指示执行的步骤、措施。它常以定期或不定期的形式出现，在一定范围内发行。

2. 中心工作简报

中心工作简报又称专题简报，是一种阶段性的简报。

中心工作简报往往是针对机关工作中某一时期的中心工作、某项中心任务办的简报。

3. 会议简报

会议简报是会议期间反映会议情况的简报，是一种临时性的简报，内容包括会议中的情况、发言及会议决定等。

规模较大、时间较长的会议常要编发多期简报，以起到及时交流情况、推动会议进度的作用。小型会议一般是一会一期简报，常常在会议结束后，由相关人员写一期较全面的总结性简报。

4. 动态简报

动态简报包括情况动态和思想动态。这类简报的时效性、机密性较强，即编发要迅速，发送范围有一定限制，在某一时期、某一阶段要保密。

四、结构

简报的种类尽管很多，但其结构基本相同，一般都包括报头、标题、正文和报尾四个部分，有些还需编者配加按语。

简报一般都有固定的报头，包括简报的名称、期号、编发单位、发行日期、密级和保存要求，以及编号，具体内容如图5-9所示。

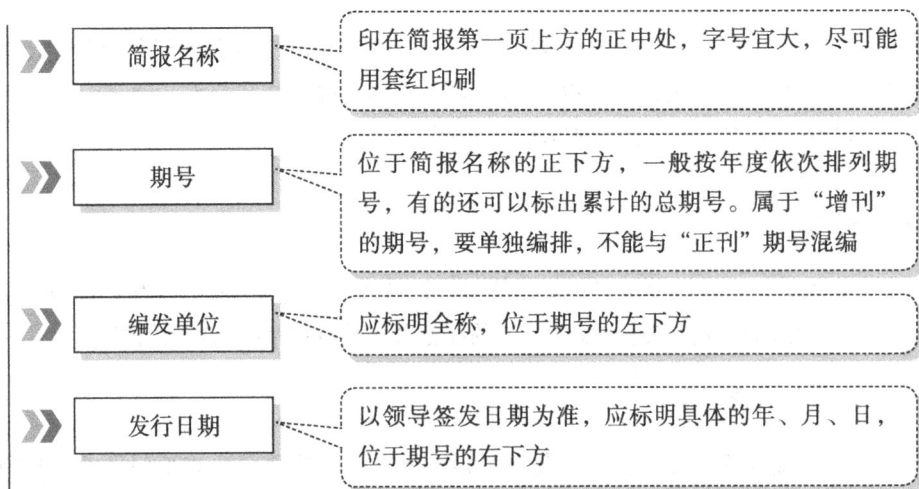

简报名称	印在简报第一页上方的正中处，字号宜大，尽可能用套红印刷
期号	位于简报名称的正下方，一般按年度依次排列期号，有的还可以标出累计的总期号。属于"增刊"的期号，要单独编排，不能与"正刊"期号混编
编发单位	应标明全称，位于期号的左下方
发行日期	以领导签发日期为准，应标明具体的年、月、日，位于期号的右下方

| 密级和保存要求 | 密级要求印在报头的左上角顶格，分别标明"机密""绝密"等字样 |
| 编号 | 编号位于报头右上方，保密性简报才用编号，一般简报不用编号 |

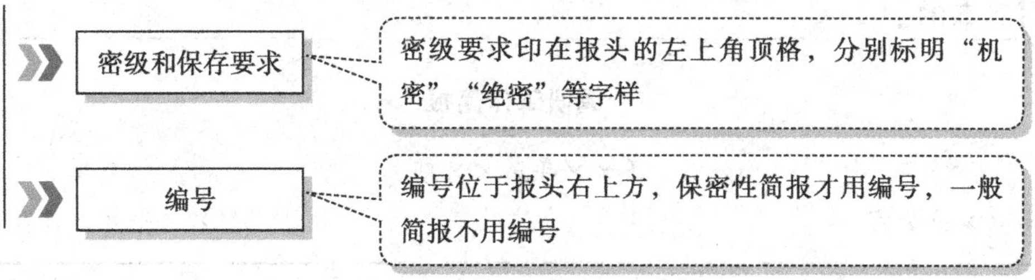

图5-9 简报报头的结构

报头部分与标题和正文之间一般用一条粗线隔开。

有些简报根据需要，还应标明密级，如"内部参阅""秘密""机密""绝密"等，位于简报名称的左上方。

报尾部分应包括简报的报、送、发单位。报，指简报呈报的上级单位；送，指简报送往的同级单位或不相隶属的单位；发，指简报发放的下级单位。如果简报的报、送、发单位是固定的，要临时增加发放单位，一般还应注明"本期增发×××（单位）"。报尾还应包括本期简报的印刷份数，以便于管理、查对。报尾部分印在简报末页的下端。

五、填空式模板

_____简报

_____（期号）

_____（编发单位）　　　　　　　　　　_____（发行日期）

关于评选先进集体的情况简报

_____

_____。（导语，简要概括报道的内容，说明报道的宗旨）

_____

_____

_____。（主体，将导语的内容具体化，用材料来说明观点）

_____

_____。（结尾，视情况而定，可要可不要）

报：_____（上级单位或领导）

送：_____（平级或不相隶属的单位）　　　　共印××份

发：_____（下级单位）

【范本01】

调研工作简报

（××年第××期）

主办：××办公室 　　　　　　　　　　　　　　　　　　××年××月××日

××董事长一行到××中心调研

　　××月××日上午，××公司董事长×××、总经理××、副总经理××及相关部门负责人一行到××中心调研指导工作。

　　××中心董事长×××详细汇报了××中心的发展历程、企业经营管理改革等主要工作情况、存在的主要问题以及下一步的工作思路。

　　××董事长对××中心多年来在××经济及产业发展中较好地发挥出××平台作用给予肯定，对××中心班子及员工队伍给予好评，对××中心在全国同业中领先的成绩给予赞扬。针对××中心未来长远发展，×××董事长指出，要提高层次和视野，从全球×××业的整体发展趋势及未来产业发展的格局中寻找应对挑战的突破口，梳理出能够实现持续良性发展的比较优势，增强核心竞争力，打造国际一流的×××专业人才队伍。他希望××中心加强与国际一流×××机构的合作，面向××中心建设带来的新形势以及挑战与机遇，深入战略研究，加快模式再造，加强资源整合，构建国际化的×××专业品牌。

　　××总经理从如何进一步增强大局意识、服务意识、忧患意识、危机意识、合作意识、协同意识六个方面，对××中心工作提出了新的希望和要求。

　　××副总经理希望××中心进一步解放思想，增强和提升核心竞争力，加强与××系统相关工作的融合，拓展新的市场。

　　××公司××、×××、××的负责人就相关具体工作提出了指导意见和建议。

送：×××、×××、×××、×××，市政府办公厅，公司领导

发：各部室、各下属企业

××市××有限公司办公室 　　　　　　　　　　　　　　　　　共印××份

联系电话：××××××

邮箱：××××××

【范本02】

简 报

（××年第××期）

主办：××办公室   ××年××月××日

_____

××展览中心多举措提升服务水平打造会展品牌

××展览中心采取多种措施为客户提供优质服务，全面提升展会服务水平。××年共办各类展览××个，会议×××余场，展览总面积达×××万平方米，居国内展馆第×位，场地利用率提升了××%。

一、主动让利，鼓励展商办展、参展

为应对金融危机对××展览业的影响，在市政府给予×××优惠基础上，××展览中心对主承办机构标准展位搭建给予××优惠，降低了参展商办展成本。

二、加强服务管理，提高客户满意度

连续××年开展××活动。将每个展会的客户满意度作为检验服务水平、考核内部员工绩效的重要指标，并与绩效奖金分配系数挂钩。

三、延伸××展览业务链，提高服务水平

在原有××展览业务的基础上，为客户增加了包括×××、×××、×××、×××等一系列服务，并协助客户办理××、××等行政报批手续，提高了主办单位的办展效率。

四、优化办展环境，提供便利条件

一是优化就餐环境，对就餐区进行了重新装修，就餐规模由××人提高到××人，餐饮品种增加至××种以上。二是优化卫生环境，对大型展会严格进行体温检测，定期做好公共区域消毒工作，有效防控××等疾病的传播。三是优化安保环境，组建××、××队，对视频监控、报警、门禁、无线对讲、停车场管理、电子巡更等安防系统进行升级改造，全年实现零事故、零伤亡。四是优化交通环境，配合政府主管部门，实行了部分大型展会期间凭××相关证件免费乘坐公交和地铁专线的措施。

_____

送：×××、×××、×××，××主管部门   共印××份

发：各部室、各下属企业

_____

【范本03】

简 报

（××年第××期）

主办：××办公室   ××年××月××日

××公司老旧物业整改出新招，以"六个到位"
顺利完成××物业安全整改工作

××公司管理的××物业是建于××年的老旧物业，公司组织安全检查时发现有的房间存在天花板保护层脱落等现象，于是邀请建筑安全检测专业机构进行检测，检测报告显示该物业存在安全隐患。老旧物业安全整改工作一直是老大难问题，××物业更是由于历史原因，无本体维修基金，安全整改需要租户全部搬离，租户因存在较大商业利益对搬离的抵触情绪很大。对此，公司摸索出了较为成功的老旧物业更新改造经验。

一是安全意识到位。××物业建于××年，公司高度重视该物业的安全管理工作，定期组织工程和安全管理部门进行安全检查。若发现问题，应马上评估，并立即整改。

二是动员工作到位。为做好租户思想工作，联合街道、物业管理处、业主委员会共同做好租户的思想工作，多次召开协调会，并向租户发放安全整改告知函，向租户宣传租赁严重安全隐患物业是违法的。同时，组织×××、×××、×××分别到××多家租户逐户走访，一家家做思想工作，提高租户守法租赁意识。

三是工作措施到位。本着"安全第一"的思想，为降低租户损失，从安全检测报告出具当日起就停止收取租户租金；承诺借整改契机，对老旧门面进行装修改造，提升物业质量；对原有租户优先承租物业。通过上述细致工作，租户在限定的时间内全部搬离，为安全整改创造了条件。

四是资金保障到位。为尽快完成安全整改工作，××公司在确保完成年度利润指标的前提下自行承担了改造费用。为科学预算改造费用，进行了反复测算，在确保安全的前提下将工程造价控制在×××万元以内。

五是工作程序到位。严格履行工程招标采购流程，委托××公司按规定程序完成项目招标。同时根据《××市建筑工程施工许可管理办法》的相关规定，委托×××，按规定程序选取施工单位，并申办完成建设工程施工许可证，整改项目全程做到合法合规、公开透明。工程立项、租户清场、施工建设方案、资金保障计划及设计变更等均严格执行×××有关规定，按程序报批，并根据×××批复意见认真开展落实。

六是质量管理到位。为确保整改质量，层层落实责任，×××、×××、×××、×××等齐抓共管，并配专人跟踪检查整改质量。为达到整治效果，对×××平方米的物业顶棚、立柱全部进行加固处理，对所有墙面进行翻新，对房屋进行相关装饰。除此之外，更换了破旧的门柱板和广告板，修复了破损的门口台阶，使老旧物业焕然一新。工程完工后，顺利通过×××验收，并取得了×××检测鉴定合格报告。

××物业安全整改后，房屋结构安全检测达到Bsu级。×××业主委员会专程发来感谢信表示感谢。此工程得到了业主、街道办以及广大租户的共同认可和高度赞赏，取得了良好的社会效益和经济效益。

送：×××、×××、×××，××主管部门　　　　　　　　　共印××份
发：各部室、各下属企业

【范本04】

简 报

（××年第××期）

主办：××办公室   ××年××月××日

―――――――――――――――――――――――――――

××党委"三项措施"扎实推进纪律教育学习月活动

在今年纪律教育学习月活动中，××党委围绕"×××"的主题，采取三项措施，扎实推进活动的深入开展。

一、抓好学习教育，提高廉政意识

一是集中学习与个人自学相结合。通过召开廉政教育专题讲座，邀请×××对国企职务犯罪作了预防讲解，让全体党员在思想上有触动、在认识上有收获；通过召开专题组织生活会，组织观看党风廉政教育专题片《×××》，传达学习全市"三纪"教育大会精神，让打造×××"廉洁城市"品牌的理念深入人心，激发了广大党员在×××中建设廉洁企业的热情。发放《×××》《×××》等学习材料，采取个人自学的方式，实现学习与工作的两不误、两促进。

二是正面教育与反面教育相结合。按照×××党员的标准，民主选举出在政治上靠得住、在作风上过硬、群众信得过的×××名优秀共产党员，通过正面典型的示范作用，让广大党员学有榜样，干有方向，营造了浓厚的"比学赶超"氛围。在党员大会上通报了公司×××期间出现××人盗卖公司财产的违法案件，严肃处理了×××的案件，通过反面的警示教育，增强了广大党员拒腐防变的能力。

二、突出制度建设，筑牢廉政防线

一是突出内控制度建设。加强对管人、管钱、管物、管事等重点岗位和关键环节权力运行的监督管理制度建设，真正把制度变成防治腐败的"高压线"和"防火墙"。结合公司今年建章立制工作的整体规划，实施了《×××》《×××》等××项规章制度，起草了《×××》《×××》等××项规范性文件，进一步推进了内控制度建设，使公司形成了规范管理的良好局面。

二是突出民主决策制度建设。按照《×××廉洁从业若干规定》的要求，突出公司的民主决策制度建设，出台了《×××》，明确了×××、×××、×××等多种会议的议事规则，保证了决策的民主、规范和高效；把民主生活会、述职述廉、民主评议等多项活动作为加强班子成员廉洁从业的手段，并进一步规范化、制度化，增强了党组织为公司科学发展保驾护航的作用。

三、完善监督机制，构建监督网络

一是整合监督资源。建立了以×××为组长的内部监督工作领导小组，整合公司内部的×××、×××、×××、×××等监督力量，形成内部监督的强大合力。每季度召开一次内部监督工作联席会议，进一步督促企业规范运作、健康发展，确保国有资产保值增值。

二是成立×××督查组。为进一步擦亮×××这张"城市名片"，首次成立了由×××任督导、×××任组长的×××督查组，设立部门联络员，在×××会前及会期一个月内，每日召开督查会议、编写督查简报，及时反映×××筹备情况，杜绝隐患、堵塞漏洞，确保×××顺利、安全、圆满进行。

送：×××、×××、×××、××主管部门　　　　　　　　　　共印××份

发：各部室、各下属企业

第二部分

▼

讲稿撰写

· 企事业单位讲稿撰写范围
· 企事业单位讲稿撰写技巧
· 企事业单位常用讲稿

第六章　企事业单位讲稿撰写范围

第一节　企事业单位讲稿撰写概述

一、讲稿的分类

领导讲稿是指各级领导在各种会议上发表的带有宣传、指示、总结性质的讲话文稿。从内容上划分，讲稿分为导向性讲稿、指导性讲稿、总结性讲稿等；从形式划分，讲稿分为会议类讲稿、宣传类讲稿、礼仪类讲稿等。依据不同的场合、对象和用途，我们可以将讲稿分为以下三大类。

1. 会议类讲稿

会议类讲稿是指各级领导在各种会议上发表的对前一阶段的工作情况包括成绩、经验、缺点等进行归纳总结，对下一阶段的工作目标、任务、重点等进行研究部署的讲话稿。最常用的会议类讲稿有图6-1所示的五种。

第一种　大会报告

大会报告多用于党代会或人代会，一般是对上一届或上一次会议以来工作情况的回顾总结和对今后工作的部署。大会报告的内容应全面，表述应严谨、庄重。其多采用两段式或三段式：两段式即工作回顾和工作安排；三段式即工作回顾、任务目标和工作安排

第二种　会议开（闭）幕词

会议开（闭）幕词一般适用于比较重要的会议或重大的活动
开幕词通常要阐明会议或活动的性质、宗旨、任务、要求和议程安排等，具有宣告性、引导性和鼓舞性等特点，集中体现了大会或活动的指导思想，起着定调的作用，对引导会议或活动朝着既定的正确方向顺利进行、保证会议或活动的圆满成功，有着重要的意义
闭幕词通常要对会议或活动做出正确的评估和总结，充分肯定会议或活动所取得的成果，强调会议或活动的主要精神和深远影响，激励有关人员宣传会议或活动的精神实质和贯彻落实有关的决议或倡议。其具有总结性、评估性和号召性的特点

第三种	会议总结讲稿

会议总结讲稿主要是总结会议的收获，对各级认真贯彻落实会议精神提出具体要求，一般包括会议总体评价（主要内容、效果等）；重点强调或补充、贯彻传达要求

第四种	工作会议讲稿

工作会议讲稿是安排工作常用的文稿，内容一般包括前段工作总结、形势分析、下步工作措施及纪律要求

第五种	庆功会、表彰会讲稿

庆功会、表彰会讲稿主要概括、总结、肯定受表彰单位或个人的成绩和经验，对其进行表彰、鼓励，并提出学习、推广的要求，同时对下步工作提出具体要求

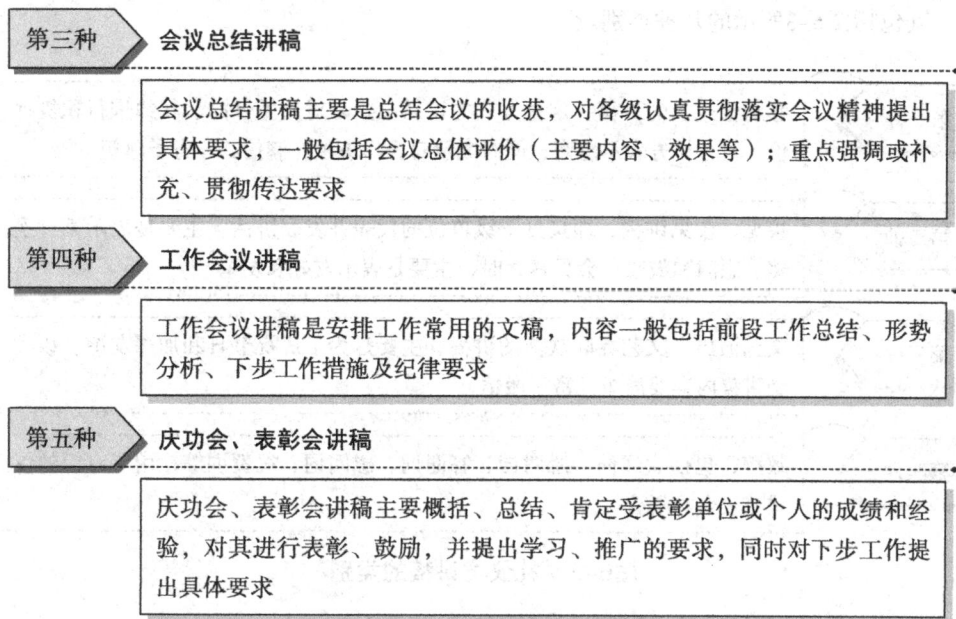

图6-1　会议类讲稿的类别

2. 宣传类讲稿

宣传类讲稿是指出于宣传某种主张、某项工作、某件事情的目的，用于非会议场合的讲话稿。宣传类讲稿包括图6-2所示的几种类别。

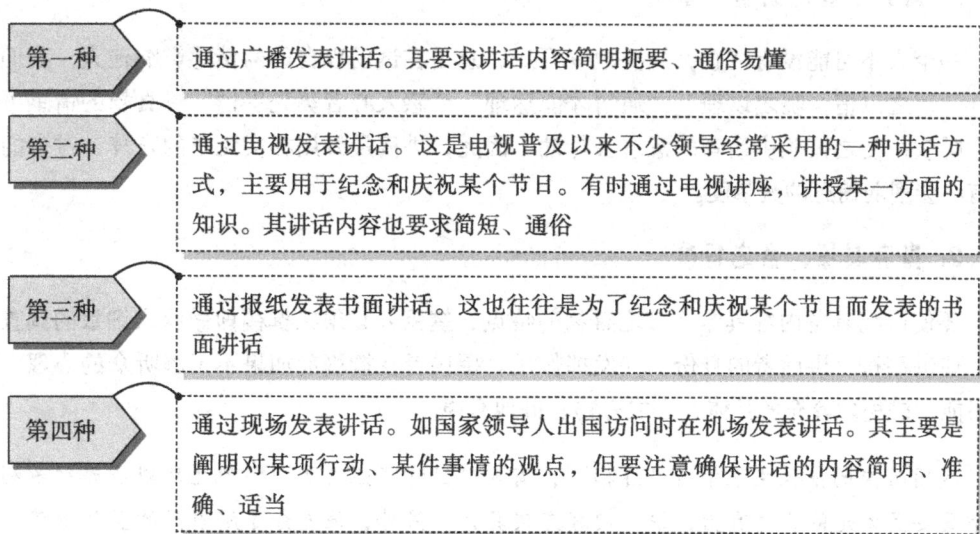

第一种	通过广播发表讲话。其要求讲话内容简明扼要、通俗易懂

第二种	通过电视发表讲话。这是电视普及以来不少领导经常采用的一种讲话方式，主要用于纪念和庆祝某个节日。有时通过电视讲座，讲授某一方面的知识。其讲话内容也要求简短、通俗

第三种	通过报纸发表书面讲话。这也往往是为了纪念和庆祝某个节日而发表的书面讲话

第四种	通过现场发表讲话。如国家领导人出国访问时在机场发表讲话。其主要是阐明对某项行动、某件事情的观点，但要注意确保讲话的内容简明、准确、适当

图6-2　宣传类讲稿的类别

3. 礼仪类讲稿

礼仪类讲稿即出于感谢、答谢、慰问、庆贺等目的，在各种非会议场合所做讲话的讲

话稿。其包括图6-3所示的几种类别。

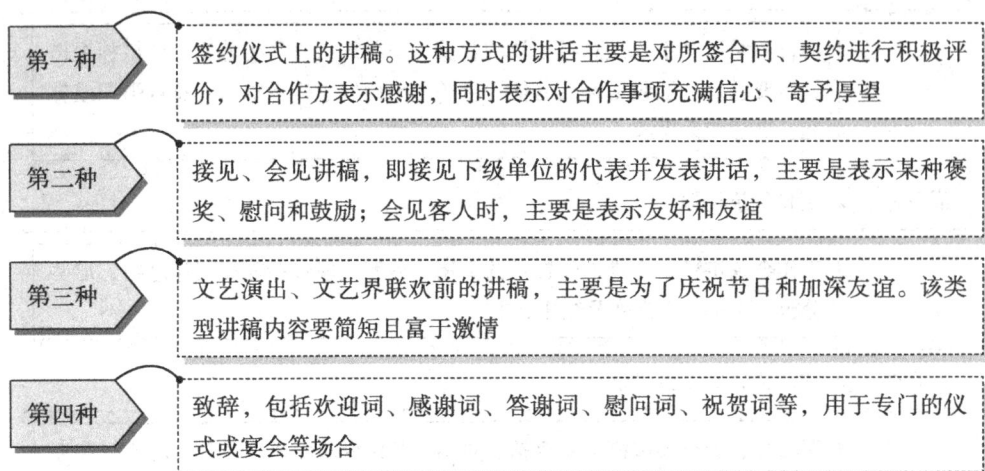

第一种	签约仪式上的讲稿。这种方式的讲话主要是对所签合同、契约进行积极评价，对合作方表示感谢，同时表示对合作事项充满信心、寄予厚望
第二种	接见、会见讲稿，即接见下级单位的代表并发表讲话，主要是表示某种褒奖、慰问和鼓励；会见客人时，主要是表示友好和友谊
第三种	文艺演出、文艺界联欢前的讲稿，主要是为了庆祝节日和加深友谊。该类型讲稿内容要简短且富于激情
第四种	致辞，包括欢迎词、感谢词、答谢词、慰问词、祝贺词等，用于专门的仪式或宴会等场合

图6-3 礼仪类讲稿的类别

二、企事业单位讲稿特征

撰写企事业单位的讲稿时要根据领导讲话的场合及目的体现出艺术性，使讲稿内容深入人心，从而感染听众，促使其按照领导者的意图行动。企事业单位的讲稿应具备以下五个方面的特征。

1. 语言质朴、感情真挚

一个人不可能没有情感，只要他一开口，总是在试图以自己的情感影响他人。我们常说，"动之以情，晓之以理""通情才能达理""感人心者莫先乎情"。真挚的情感可以感染听众，使之按照讲话者的意愿去行动。因此，讲稿最好用朴实无华的言辞，过多的修饰有时会削弱情感的真挚度。

2. 内容具体、言之有物

要使讲稿具备内容具体、言之有物的特点，撰稿人必须在撰稿前做深入细致的调查研究，使讲稿符合讲话者的身份，并发挥作用。撰稿者在撰稿前如果不了解听众的心理，就不可能使讲稿内容充实具体、言之有物、掷地有声。

战国时期的张仪主张推行"连横"，有着"三寸不烂之舌"。他之所以能无往不利，一个重要因素是他言之有物，讲话内容充实具体。另外，他充分了解当时的整体形势，以及将士的心理，游说目标明确，从而很容易使被劝说者心悦诚服。

3. 真诚坦率、言行一致

撰写讲稿时如何润色才能引起听众的共鸣呢？这就要求撰稿人与要讲话的领导做好

沟通，充分理解领导的意图，并在讲稿中充分体现这些内容。讲稿内容越具体、真诚、坦率，越能赢得听众的信赖；写得越抽象、越偏离具体事物，给听众留下的印象就越浅，当然赢得的信任度也就越低。

4. 深入浅出、旁征博引

领导讲话总有其目的，一段讲话是否达到了预期目标，要看它是否被听众所理解、所接受。只有听众理解了、接受了，才能明确自己的行动方向；反之，听众是不可能配合领导者采取行动的。如何在讲稿中体现领导讲话的目的呢？这就要求撰写者站在听众的角度思考，依据听众的理解能力和接受能力，深入浅出地来写文稿。

5. 高度概括、条理清楚

高度概括就是要求讲稿的框架具有高度的语言概括性，这里包含如下两层意思。

一是在条理性的基础上，用数字化的方式进行概括，如今年的工作要实现一个目标、两个达标、三项跨越。

二是符合讲话人的形象，如我心目中的好领导，一般我会概括四个字，即高远定正：高远就是站得高看得远；定就是要坚定不移地站在人民的立场，为老百姓说话；正就是要方向正确，自身正直，一身正气为人民服务！

三、领导讲稿的不同类型

领导讲稿的种类有很多，按不同的标准可以划分为不同的类型。从内容和用途上分，讲稿可以分为部署动员型讲稿、总结报告型讲稿、传达贯彻型讲稿、研讨辅导型讲稿、表彰号召型讲稿、社交礼仪型讲稿等。

1. 部署动员型讲稿

部署动员型讲稿专指工作部署会或动员会上使用的讲稿。

撰写这类讲稿时，我们必须注意图6-4所示的三点内容。

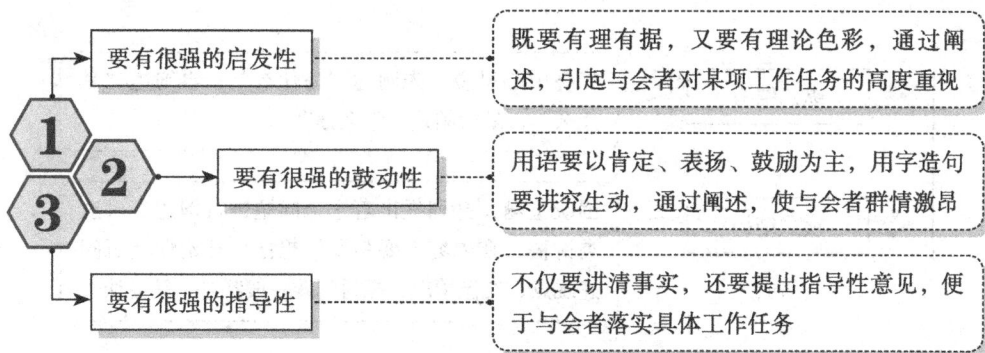

①	要有很强的启发性	既要有理有据，又要有理论色彩，通过阐述，引起与会者对某项工作任务的高度重视
②	要有很强的鼓动性	用语要以肯定、表扬、鼓励为主，用字造句要讲究生动，通过阐述，使与会者群情激昂
③	要有很强的指导性	不仅要讲清事实，还要提出指导性意见，便于与会者落实具体工作任务

图6-4　部署动员型讲稿的三个要点

2. 总结报告型讲稿

总结报告型讲稿的一般构成如图6-5所示。

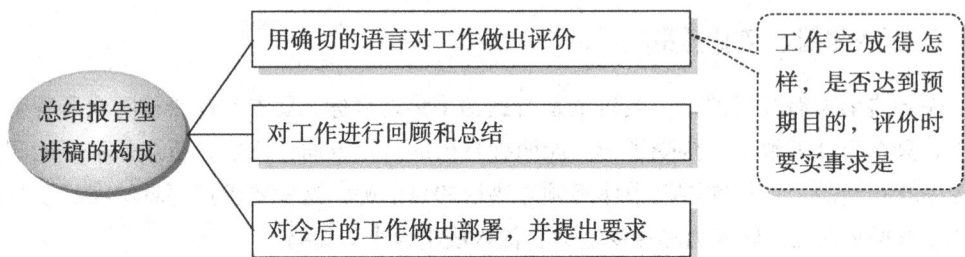

图6-5　总结报告型讲稿的构成

3. 传达贯彻型讲稿

传达贯彻型讲稿专指对上级会议、有关文件以及指示精神进行传达贯彻的讲稿。其通常包括两种情况，具体如图6-6所示。

图6-6　传达贯彻型讲稿的两种情况

4. 研讨辅导型讲稿

研讨辅导型讲稿专指在座谈、讨论、研究、交流会上使用的讲稿。其又包括研讨型讲稿和辅导型讲稿两种。

研讨型讲稿通常包括图6-7所示的两种结构。

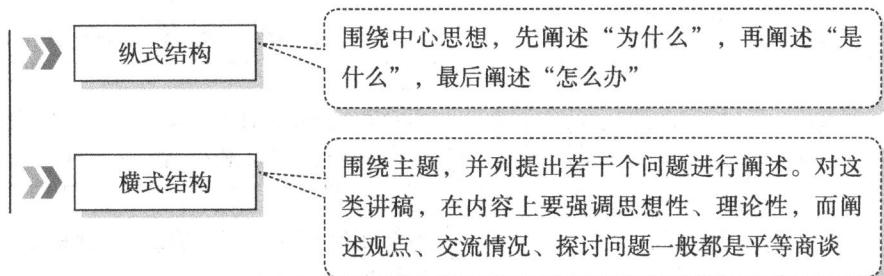

图6-7　研讨型讲稿的两种结构

辅导型讲稿包括图6-8所示的两种情况。

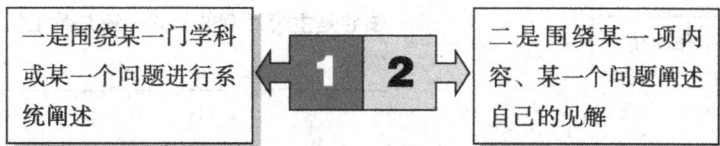

图6-8 辅导型讲稿的两种情况

5. 表彰号召型讲稿

表彰号召型讲稿专指在表彰、庆功会议上使用的讲稿。

6. 社交礼仪型讲稿

社交礼仪型讲稿专指在比较隆重的会议或比较隆重的交往场合中使用的讲稿，如祝词、欢迎词等。

第二节 企事业单位讲稿的艺术性

企事业单位讲稿的艺术性主要体现在以下几个方面。

一、鲜明的主题

主题是讲稿的灵魂和纲领，是讲稿质量高低的关键所在。撰写讲稿时，我们应提炼和确定讲稿主题，强调与领导思想、观点和工作意图的一致性。领导意图应该是讲稿的主题，有关中心内容、基本观点、主要事例等都要以贯彻领导意图为核心。也就是说，提炼和确定主题是讲稿的首要前提。

二、体现风格特征

讲稿的风格特征主要取决于企事业单位领导自身的特点。不同领导，由于在身份、语言、性格、科学文化素质等个性特点方面的差别，对讲稿的要求也会有所不同。我们经常遇到这样一种情况：对于同一篇讲稿，有的领导非常认可，而有的领导却不认可。究其原因，这取决于对领导个性特征的了解和掌握，要确保自己起草的讲稿与领导的个性特征相吻合。

1. 身份特点

决定领导身份特点的因素一般包括图6-9所示的几个。

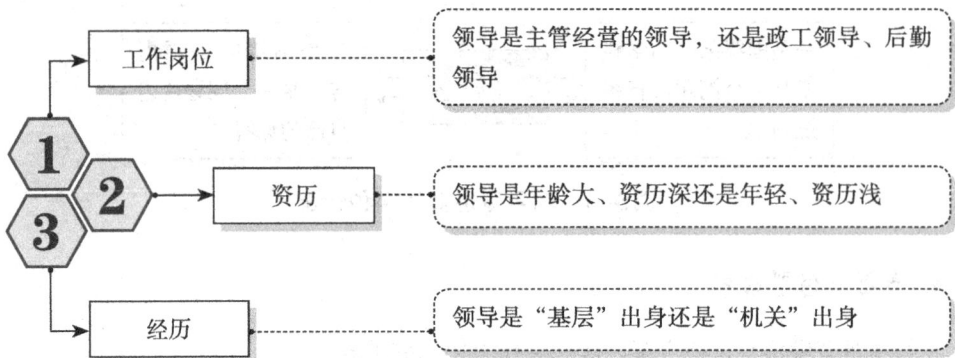

图6-9　决定领导身份特点的因素

由于身份的不同，领导讲话的内容、口气、表达方式也有所区别，所以在撰写讲稿时也要体现出这种区别。

2. 语言特点

这是最能反映领导讲话风格的一个重要方面，所以我们在撰写讲稿时也要融入领导的语言特点。领导的语言特点主要有四种，具体如图6-10所示。

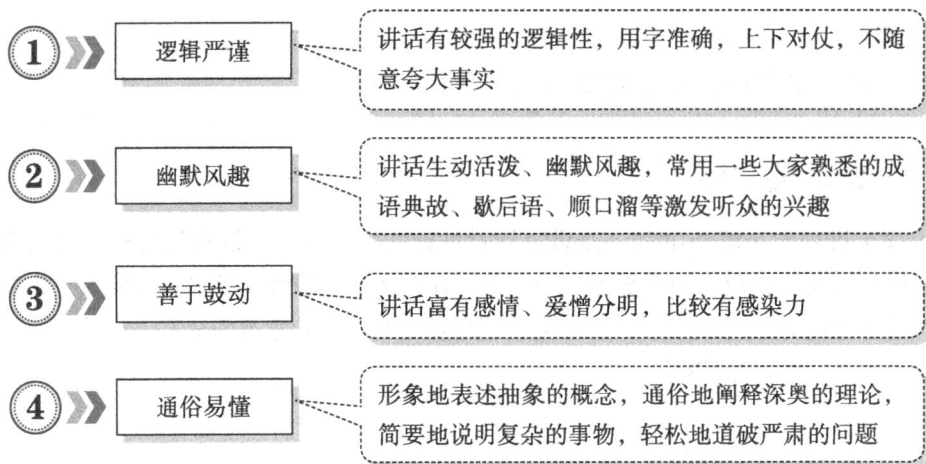

图6-10　领导的语言特点

3. 性格特点

不同性格的领导讲话风格差异很大，如有的领导性格直爽，讲话简洁明快；有的领导性格细腻，讲话具体详尽，有时会引用详细的数据和事例。

4. 科学文化素质特点

科学文化素质主要指领导的价值观念、实践能力、受教育程度、文化修养、科学水平等。这也是体现讲稿风格特征的要点。

三、新意和深度

正确处理求全、求实与求新、求深的关系，使讲稿具有新意和深度，具体内容如图6-11所示。

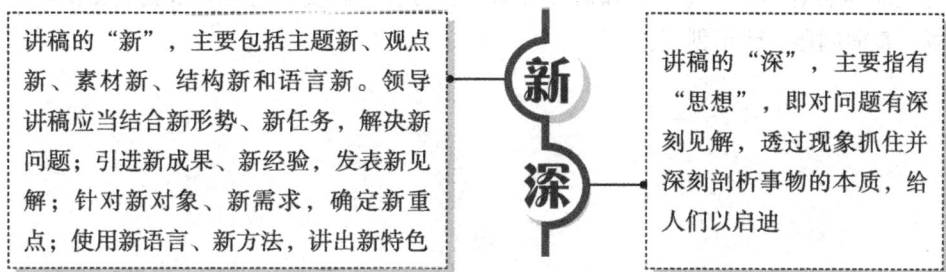

图6-11 领导讲稿的新意和深度

要想处理好新意和深度的关系，我们必须做到以下四点。

1. 不能面面俱到、过于求全

要想解决这一问题，就必须做到统筹兼顾、突出重点。无论什么场合的讲稿，它的容量总是有限的，能在几个问题、几个观点上有所突破，写出点新意来，给人以较大的启发，就能达到不错的效果。

2. 不能大而空、过于理论化

这主要体现在以下三个方面：
（1）错误地认为多讲大道理的讲稿层次就高；
（2）不善于运用生活中的典型事例；
（3）缺乏指导性意见。

一般来讲，领导的讲稿思想性、理论性较强，越是职位高的领导越是如此。讲稿中，主题、观点是灵魂，而事实是血肉，离开鲜明、生动的事实，讲稿就会成为空洞、苍白的说教。

3. 不能老生常谈、过于求稳

对于这个问题，我们在撰写讲稿时要注重从两个方面下功夫。

（1）要善于赋予老问题新的内容和特点。在现实生活和工作实践中，问题的老和新是相对的，而且往往交织在一起，可以说老中有新，新中有老。不少问题，过去有，现在有，将来也会有；许多话题，过去强调，现在强调，将来还要强调。因此，在撰写讲稿时，我们要注重和善于"老题新作"，将注意力放在新老问题的结合方面。

（2）要善于发现新问题，探讨新思路、新办法。

事物是不断发展变化的。要做到以上两点，不仅要有意识地加强思想锻炼，还要深入实际。

4. 不能居高临下，过于生硬

领导讲话首先要让人有认同感。我们在撰写讲稿时要注意体现领导的表情、语气和态度，并适应与会者的心理特点。如何使讲稿给予与会者启发？这就要求我们在撰写时应坚定立场、直面问题、改革创新。

第七章 企事业单位讲稿撰写技巧

第一节 企事业单位讲稿撰写的语言技巧

领导讲稿的语言既要区别于正式书面文件，又要区别于一般的口头随意交谈，它是介于两者之间的一种具有特殊性的应用文。

一、领导讲稿语言的基本特点

领导讲稿语言的基本特点可以概括为"两通""一短""口语化"。

1. 两通

两通的含义如图7-1所示。

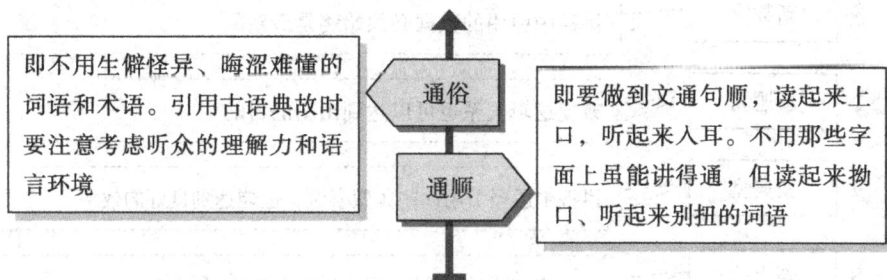

| 即不用生僻怪异、晦涩难懂的词语和术语。引用古语典故时要注意考虑听众的理解力和语言环境 | 通俗 通顺 | 即要做到文通句顺，读起来上口，听起来入耳。不用那些字面上虽能讲得通，但读起来拗口、听起来别扭的词语 |

图7-1 两通的含义

2. 一短

一短即句子要短。这也是从人的听觉习惯考虑的。不是说一律要用短句，但长句一定要少用，尤其不要用那种一口气读不完的长句。

3. 口语化

口语化即领导讲稿既要体现口语的自由、灵活、简短，又要体现书面语的规范、缜密、严谨。

二、领导讲稿语言的新意

领导讲稿的新意包括主题的新意、观点的新意、结构的新意，但落脚点是语言的新意。因为语言是思维的工具，是思想的直接体现，是主题、观点的物质承担者。讲稿内容的新意要通过语言这一形式来传递、感受和领悟。

1. 领导讲稿语言出新的体现

出新是对领导讲话的基本要求，也是最高要求。领导讲稿的出新可以通过以下方面来体现，具体如图7-2所示。

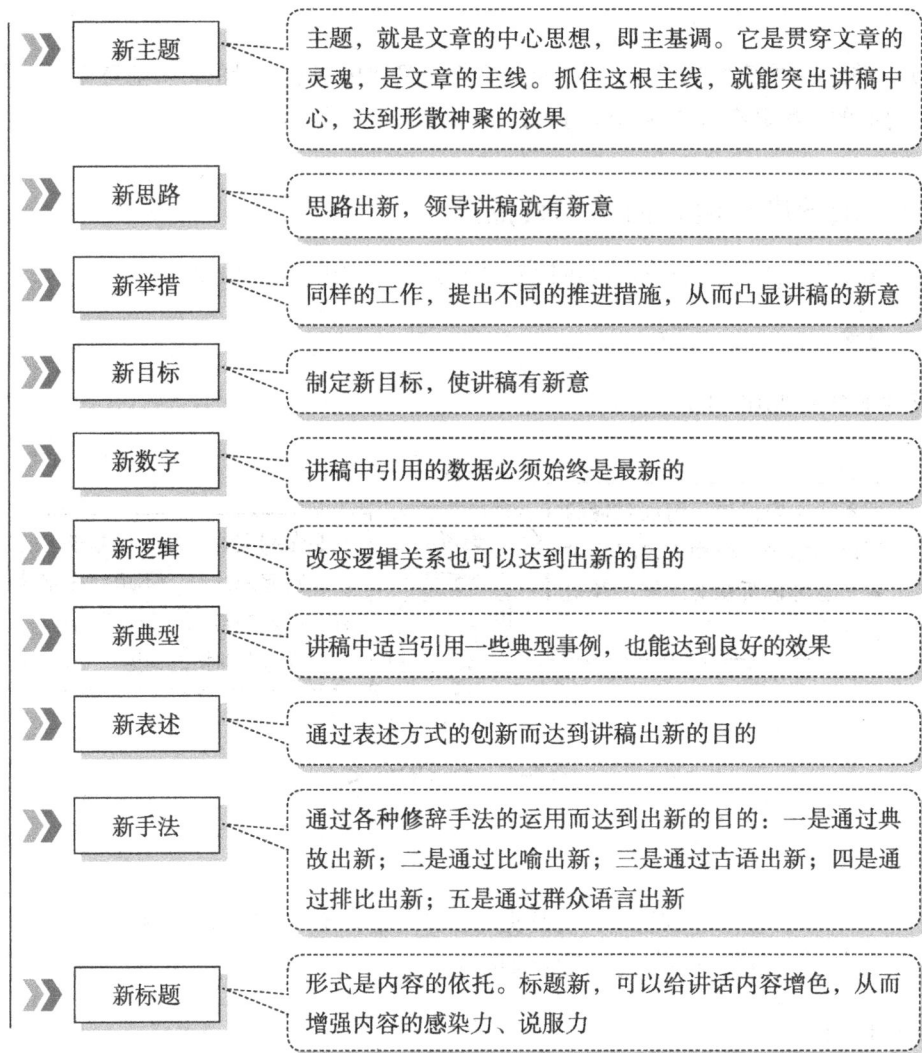

新主题	主题，就是文章的中心思想，即主基调。它是贯穿文章的灵魂，是文章的主线。抓住这根主线，就能突出讲稿中心，达到形散神聚的效果
新思路	思路出新，领导讲稿就有新意
新举措	同样的工作，提出不同的推进措施，从而凸显讲稿的新意
新目标	制定新目标，使讲稿有新意
新数字	讲稿中引用的数据必须始终是最新的
新逻辑	改变逻辑关系也可以达到出新的目的
新典型	讲稿中适当引用一些典型事例，也能达到良好的效果
新表述	通过表述方式的创新而达到讲稿出新的目的
新手法	通过各种修辞手法的运用而达到出新的目的：一是通过典故出新；二是通过比喻出新；三是通过古语出新；四是通过排比出新；五是通过群众语言出新
新标题	形式是内容的依托。标题新，可以给讲话内容增色，从而增强内容的感染力、说服力

图7-2 领导讲稿语言出新的体现

2. 领导讲稿如何出新

撰写讲稿时怎样才能体现出新？我们可以参考图7-3所示的几种途径。

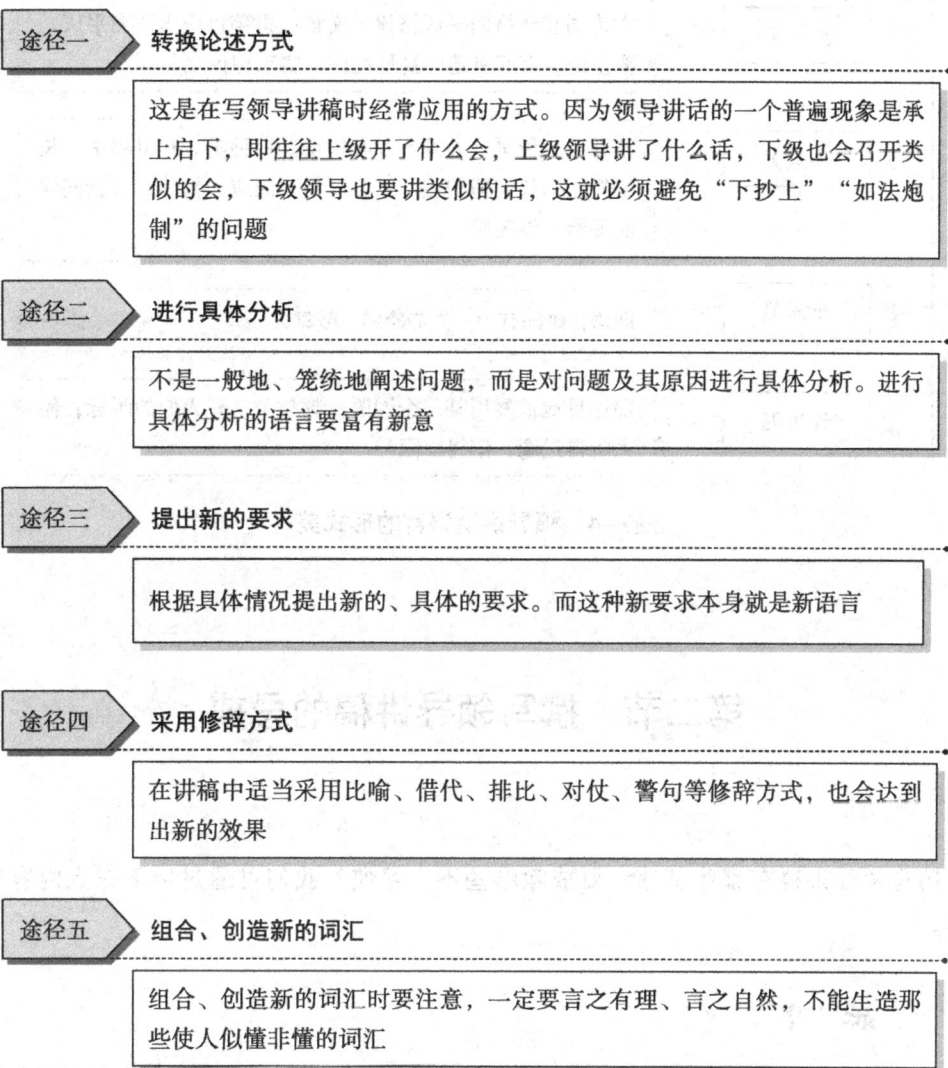

途径一 转换论述方式

这是在写领导讲稿时经常应用的方式。因为领导讲话的一个普遍现象是承上启下，即往往上级开了什么会，上级领导讲了什么话，下级也会召开类似的会，下级领导也要讲类似的话，这就必须避免"下抄上""如法炮制"的问题

途径二 进行具体分析

不是一般地、笼统地阐述问题，而是对问题及其原因进行具体分析。进行具体分析的语言要富有新意

途径三 提出新的要求

根据具体情况提出新的、具体的要求。而这种新要求本身就是新语言

途径四 采用修辞方式

在讲稿中适当采用比喻、借代、排比、对仗、警句等修辞方式，也会达到出新的效果

途径五 组合、创造新的词汇

组合、创造新的词汇时要注意，一定要言之有理、言之自然，不能生造那些使人似懂非懂的词汇

图7-3 领导讲稿如何出新的途径

三、领导讲稿语言的形式美

形式是内容的依托。讲稿语言的形式美可以给讲话内容增色，从而增强内容的感染力。讲稿语言的形式美有很多，这里着重介绍以下几种，具体内容如图7-4所示。

整齐美 —— 这是符合人们传统审美习惯的一种美，它包括语言排列和句式的整齐一致，语句的对称、均衡、和谐等

抑扬美 —— 古诗词有严格的平仄格律，文章、讲稿也应当讲究平仄。要使语言有起有落、高低相应，实现抑扬之美

参差美 —— 整齐是一种美。参差不齐有时也是一种美。在讲稿中，长词短词和长句短句相互结合、相互照应、错落有致，同样能够给人以美感

雄浑美 —— 即语言雄浑有力，气势磅礴，鼓舞人心

连贯美 —— 即连贯地重复用某一个词语，频频敲击着人们的听觉，使人听得过瘾，记得牢固

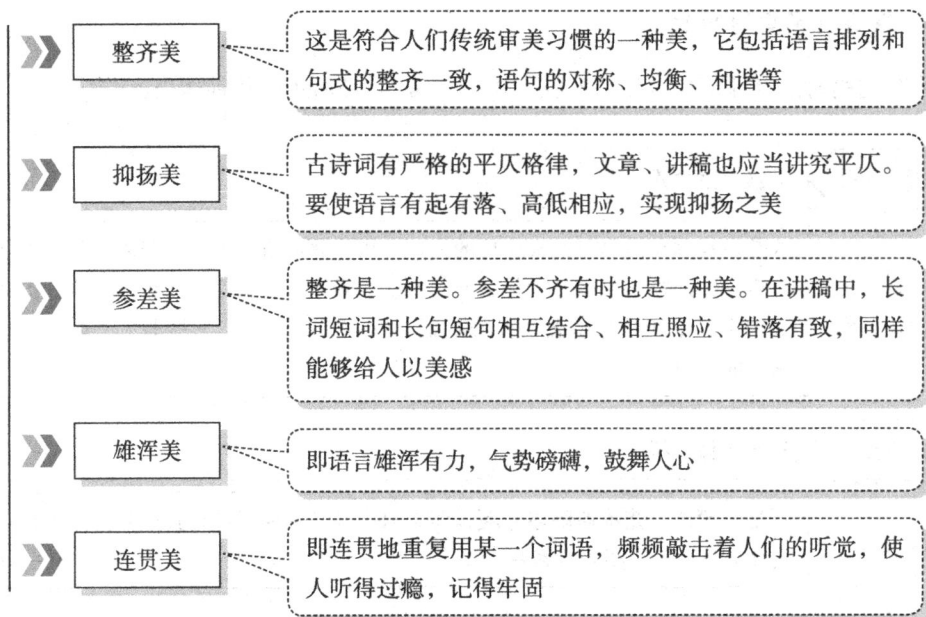

图7-4　领导讲稿语言的形式美

第二节　撰写领导讲稿的忌戒

撰写领导讲稿有哪些忌讳？要戒除哪些不良习惯？我们可通过以下三点内容进行了解。

一、忌"平"

"平"，即平淡，主要指观点平淡、语言平淡，且通篇没有亮点，使人听后感到没有解决什么问题。出现这种情况的主要原因有三点，具体如图7-5所示。

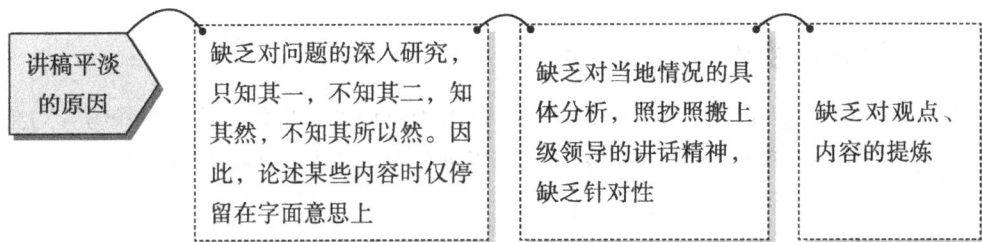

讲稿平淡的原因 —— 缺乏对问题的深入研究，只知其一，不知其二，知其然，不知其所以然。因此，论述某些内容时仅停留在字面意思上

缺乏对当地情况的具体分析，照抄照搬上级领导的讲话精神，缺乏针对性

缺乏对观点、内容的提炼

图7-5　讲稿平淡的原因

二、忌"空"

"空"，即空话、套话太多，或只有观点，没有论证，或只有原则要求，没有具体要求和措施，从而没有可操作性。

领导要部署某一项工作，首先应明确怎么去做这项工作，并提出激励、约束措施。

戒"空"主要体现在图7-6所示的两个方面。

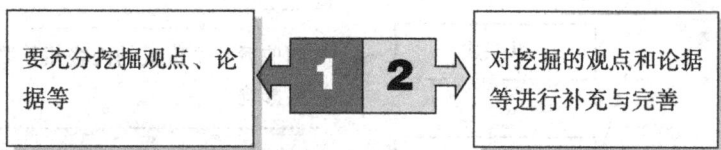

图7-6 戒"空"的两个方面

三、忌"长"

"长"，即动辄洋洋万言、拖泥带水、短话长说。在建立社会主义市场经济体制、经济建设和各项工作的节奏都在加快的新形势下，我们更应提出"戒长倡短"的要求。

第三节 领导讲稿的布局艺术

谋篇布局，就是谋划讲稿的结构。谋篇要围绕主题进行。

一、领导讲稿的布局形式

一般来讲，领导讲稿可分为五部分，即标题、称谓、开头、主体和结尾。我们需要重点研究和分析主体部分。主体部分通常又包括以下三种结构形式。

1. 板块式

板块式即将讲稿分为几个板块，具体又可分为图7-7所示的几种情况。

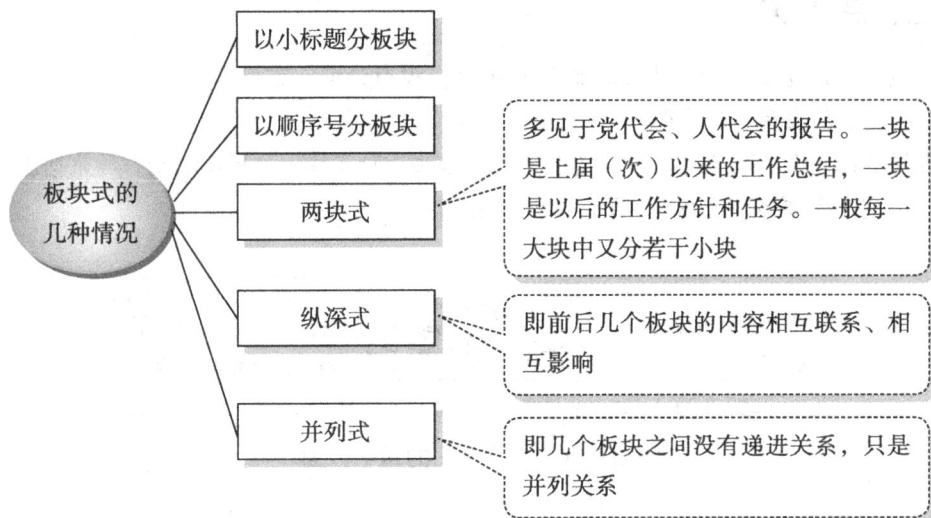

图7-7　板块式的几种情况

2. 自然式

自然式即讲稿不分板块，只分若干个自然段，多数是依照内容的逻辑关系来安排的。

3. 提纲式

提纲式即在一篇讲稿中提到多个问题，每个问题开头有一个主题句，且篇幅都很简短。

二、讲稿结构形式的选择

我们在选择讲稿结构形式时，一般要从五个方面考虑，具体内容如图7-8所示。

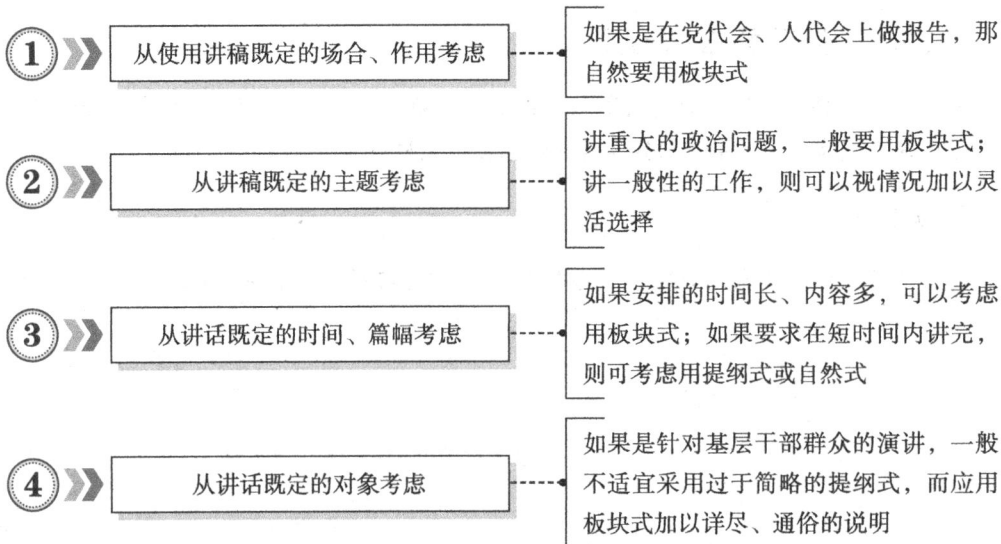

① 从使用讲稿既定的场合、作用考虑 —— 如果是在党代会、人代会上做报告，那自然要用板块式

② 从讲稿既定的主题考虑 —— 讲重大的政治问题，一般要用板块式；讲一般性的工作，则可以视情况加以灵活选择

③ 从讲话既定的时间、篇幅考虑 —— 如果安排的时间长、内容多，可以考虑用板块式；如果要求在短时间内讲完，则可考虑用提纲式或自然式

④ 从讲话既定的对象考虑 —— 如果是针对基层干部群众的演讲，一般不适宜采用过于简略的提纲式，而应用板块式加以详尽、通俗的说明

| ⑤ ▶▶ 从讲话者的个人风格考虑 | ┄┄ | 不同风格的领导在讲话中往往习惯运用不同的结构形式 |

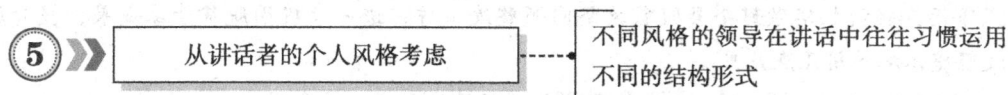

图7-8 讲稿结构形式的选择

三、领导讲稿的观点提炼

讲稿的观点就是讲话人所表达的看法或主张。实际上，讲稿的主题思想也是观点，是这一讲话的"大观点"。有了大观点，还要有与之相配套的中观点、小观点。一般来说，以"板块式"构思的讲话，每一板块要有一个"中观点"，而每一板块中的每一段落又要有一个"小观点"。有关领导讲稿的观点提炼，我们要注意图7-9所示的三个问题。

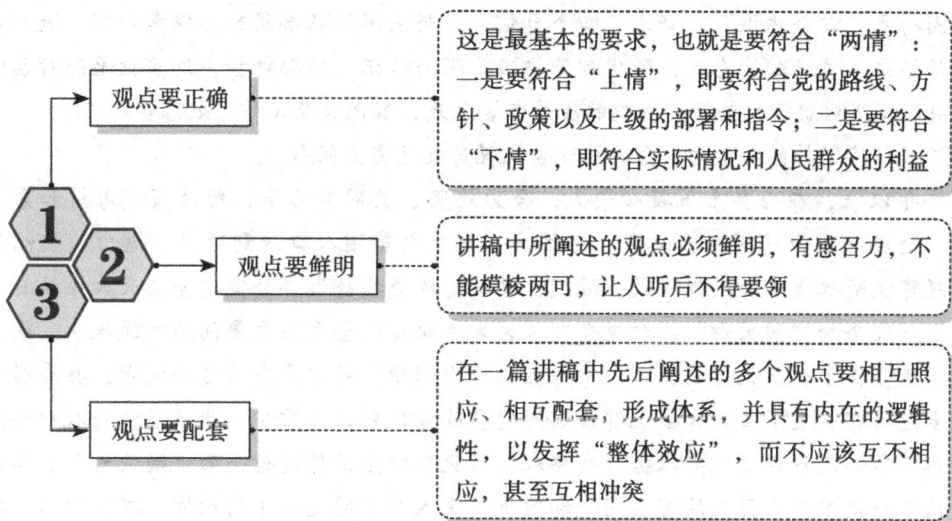

观点要正确 ┄┄ 这是最基本的要求，也就是要符合"两情"：一是要符合"上情"，即要符合党的路线、方针、政策以及上级的部署和指令；二是要符合"下情"，即符合实际情况和人民群众的利益

观点要鲜明 ┄┄ 讲稿中所阐述的观点必须鲜明，有感召力，不能模棱两可，让人听后不得要领

观点要配套 ┄┄ 在一篇讲稿中先后阐述的多个观点要相互照应、相互配套，形成体系，并具有内在的逻辑性，以发挥"整体效应"，而不应该互不相应，甚至互相冲突

图7-9 领导讲稿的观点提炼

【范本】

在全县脱贫攻坚问题整改动员部署会上的讲话

同志们：

我们是在国家对××省脱贫攻坚进行考核后发现存在一些问题，省委市委先后召开问题整改动员会之后，同时在全县脱贫攻坚取得阶段性成效的前提下召开这次会议的。此次会议的目的在于，对存在的问题进行分析研究，并做出改进。

刚才，我们书面传达学习了省市脱贫攻坚问题整改动员部署视频会议精神，××同志通报了××年全县脱贫攻坚工作存在的主要问题，××同志宣读了《××县脱贫攻坚问题整改方案》，希望同志们会后认真学习，对照问题清单，遵照整改方案，抓好整改落实。

下面，我就扎实做好全县脱贫攻坚问题整改工作，进一步巩固脱贫清零成果，提升脱贫攻坚整体水平讲几点意见。

一、切实提高思想认识，不断增强脱贫攻坚的责任感、使命感

为加快推进脱贫攻坚步伐，省委提出了"四年集中攻坚，一年巩固提升"的总体部署，市第十二次党代会提出"率先在全省实现整体脱贫"的目标要求。按照中央和省委、市委的总体部署和工作要求，去年在全县上下的共同努力下，我们高标准完成了"脱贫清零"的目标，但完成"脱贫清零"目标不代表脱贫攻坚大功告成，不代表我们可以高枕无忧，因为在推进脱贫攻坚的过程中还有很多问题。这就需要我们"认识上再提高，观念上再转变，精力上再聚焦，产业上再谋划，责任上再明确，措施上再强化"，全力开展问题整改工作，进一步巩固提升"脱贫清零"成果。全县广大党员领导干部要从全局和战略的高度出发，以高度的政治责任感和使命感，充分认清脱贫攻坚问题整改工作的极端重要性和现实紧迫性，切实把整改工作作为最大的民生工程和一项重大政治任务抓紧抓实抓好。要牢固树立"四个意识"，坚定"四个自信"，坚决消除麻痹思想和侥幸心理，进一步提高政治站位，端正政治态度，强化政治担当，深刻认识，准确把握，切实把思想行动统一到中央和省级对脱贫攻坚问题整改的决策部署上来，确保整改工作有效落实。

二、始终坚持问题导向，全面梳理查找脱贫攻坚突出问题

去年以来，在全县上下凝心聚力、合力攻坚、共同努力下，经过省市考核和第三方评估，全县××个贫困村、××户贫困户、××名贫困人口达到脱贫、退出、摘帽的条件，脱贫攻坚取得了阶段性成效。近期，县脱贫攻坚指挥部办公室对全县××年扶贫工作开展了一次全面"回头看"，对照全市《××年脱贫攻坚存在主要问题的通报》，认真排查、准确查找了全县脱贫攻坚工作中存在的突出问题。针对存在的这些问题，县委召开常委会专题研究制定了《××县脱贫攻坚问题整改责任分工方案》，明确了责任人和整改时限。各镇各部门各单位也要根据方案要求，对脱贫攻坚工作进行全面"回头看"和二次扫描，认真查找工作中存在的突出问题和短板，深入分析问题产生的原因，瞄准靶心、找准症结，有针对性地制定整改方案。要压实工作责任，强化工作举措，主动担当作为，坚决防止急躁冒进、形式主义和落实不力等现象的发生，确保查找出来的问题得到有效整改落实。问题的查找要按照省委××书记要求的"四个对照"来开展。要对照党中央关于脱贫攻坚的要求找差距，补齐认识短板，以认识提高促进行动自觉；要对照为民宗旨找差距，补齐感情短板，带着对人民群众深厚的感情办好每一件事；要对照脱贫目标找差距，补齐能力短板，引导帮助贫困群众"换穷业""拔穷根"；要对照"两学一做"找差距，补齐作风短板，切实把扶贫责任和措施落到实处。要坚持问题导向，列出问题清单，挂图作战，特别是对脱贫攻坚的重点工作、难点瓶颈、突出问题等，狠下功夫认真抓、认真做、认真改，找准路子，开对方子，定实举措，既苦干实干，又能干会干，着力在问题整改的大会战中，推动脱贫攻坚再上新台阶，取得新成效。

三、强化政策执行力度，确保省市县各项决策部署落地生根

落实政策关键在于执行。这几年，中央和省市在脱贫攻坚方面出台了许多务实管用的政策，特别是今年市委出台的"1+10+8+3"政策，里面有大量的"真金白银"，只要我们认真贯彻执行，全县的脱贫攻坚工作一定会迈上一个更高的台阶。要按照脱贫攻坚"中央统筹、省负总责、市县抓落实"的要求，自觉担负起脱贫攻坚的政治责任，用"想不想抓落实、敢不敢抓落实、会不会抓落实"检验领导干部的思想自觉、政治自觉和行动自觉，进一步完善政策落实体系、拓宽政策服务载体、延伸政策覆盖范围，不折不扣地将脱贫攻坚各项政策落实到位。各级领导干部要率先垂范抓落实，熟练掌握脱贫攻坚各项政策措施，特别是把那些能够凸显××地区自身特色的政策学深吃透，结合××县的实际，认真抓好贯彻落实。要压实责任抓落实，坚持动起来，挑担子、沉下去，紧链条、压责任，以更加坚定的决心、更加明确的思路、更加精准的举措和更加扎实的作风，高标准高质量抓好脱贫攻坚问题的整改落实，众志成城巩固提升脱贫攻坚成果；要改进作风抓落实，按照习近平总书记提出的好干部五条标准、"三严三实"和"四个铁一般"的要求改进作风，心系群众，真抓实干，把严的要求、实的作风贯穿于脱贫攻坚问题整改工作始终。要协调配合抓落实，加强与上下左右的衔接配合，打出"组合拳"，下好"一盘棋"，整合力量争取省级政策支持，努力形成齐抓共管、合力攻坚的政策落实体系。

四、加快涉农项目建设，充分发挥扶贫项目资金使用效益

脱贫攻坚的过程也是项目实施的过程，要坚持资金跟着项目走、项目跟着规划走、规划跟着政策走，用好金融扶贫贷款项目资金，明确金融扶贫贷款项目建设主体和建设内容。要坚持围绕脱贫定标准定目标，围绕目标定项目配资源，准确研判脱贫攻坚的工作特点、重点和难点，持续推动脱贫攻坚项目与行业项目、重大工程、重大政策相衔接，扶贫开发规划与贫困村基础设施建设、特色产业发展、新农村建设等规划相融合，合理确定扶贫项目，合理分配资金。各镇各部门要配优配强金融扶贫项目推进工作力量，坚持科学规划、合理统筹，积极对接好扶贫项目的实施，力争完成一批立竿见影的"短平快"项目和打基础、利长远的重大项目，形成有效投资；到村项目要符合各村实际和发展需要，要与群众的意愿相统一，项目成长性要好、带动性要强；到户项目要符合农户自身条件和经济实力，要有针对性和可行性。脱贫攻坚一线的干部要在项目实施、资金监管上亲力亲为、盯紧看牢，多用心、多出力，切实把金融扶贫项目建成让贫困群众受益的民生和民心项目。

五、创新宣传教育方式，全面激发群众脱贫致富内生动力

××在××月××日全市脱贫攻坚问题整改动员会上提到，国家在验收××脱贫攻坚工作时发现很多群众不了解国家和省级的扶贫政策，这个问题在××同样也存在。这主要是因为：一方面，我们的宣传方式方法太死板，向群众宣传方针政策时，一味地开会念文件，进行填鸭式宣传，不考虑群众是否能听得懂、听得明白，导致部分群众对中央和省市县出台的政策措施不了解甚至不知道；另一方面，我们过多注重物质扶贫，缺少精神扶贫，导致个别贫困户认为国家给贫困地区的项目和资金都是自己应得的，躺着等脱贫、睡着奔小康，这些都说明我们的宣传教育做得还很不到位。各镇各部门各单位要进一步加大宣传教育力度，通过电视、微信、公示栏等宣传媒介，切实把党和国家的惠民政策宣传到位，引导贫困群众转变观念，克服"慵懒散""等靠要"思想，积极参与新农村建设，结合自身实际发展生产，增加收入，主动参加整治村庄环境卫生劳动，通过自身努力，改变贫困面貌，实现有尊严的脱贫。要创新宣传方式方法，以开展"文化下乡""百姓大篷

车"为契机，用通俗易懂的语言把各项政策措施宣传到每家每户，让群众充分了解政策、运用政策，切实增强脱贫致富的信心、动力和热情，教育引导广大群众懂得感恩，让广大群众成为脱贫攻坚的参与者、组织者、实施者。杜绝"干部干、群众看""等着扶、躺着要"等政府唱"独角戏"、群众主体地位不突出的情况再次发生。要注重树立先进典型，把那些能吃苦、善作为、有干劲的扶贫干部、驻村干部和通过自身努力实现脱贫致富的贫困户选出来，广泛宣传，传递正能量、弘扬主旋律，在全县范围内掀起"学榜样、做榜样"的热潮，形成强大舆论声势和浓厚社会氛围。当然，对先进典型也要采取整治措施，加大督察力度，该处理的要处理，该通报的要通报。

六、发挥"关键少数"作用，坚决落实"四个亲自"工作要求

领导干部作用发挥的好坏，直接关系到脱贫攻坚成果巩固提升的好坏。要按照××省长和××书记在脱贫攻坚问题整改动员会上提出的"像习近平总书记一样亲自部署、亲自把关、亲自协调、亲自督察，省级领导当好主心骨、市级领导当好指挥员、县级领导当好落实者、乡镇领导当好战斗员、第一书记和驻村工作队当好贴心人"的要求，切实把扶贫工作放在心上、抓在手上、落实到行动上，上下一心，齐力推进，共同巩固提升脱贫攻坚成果。县级领导要按照包片驻镇要求，发挥示范带头作用，率先垂范，深入贫困村、走进"清零户"，在一线梳理问题、解决问题；各镇各部门各单位要认真落实《××县机关企事业单位结对共帮村、党员干部职工结对认亲帮户"双帮"工作方案》，扎实做好联点帮扶工作，进一步了解贫困户生产生活中存在的困难和问题，采取切实有效措施帮助解决，确保每一户贫困户保质保量实现脱贫。扶贫部门要充分发挥脱贫攻坚"参谋部"的作用，围绕脱贫攻坚问题整改目标任务，绘制整改"路线图"，实行挂图作战、按图销号，确保存在的问题一一得到整改落实。驻村工作队要充分发挥贴近群众的优势，带领贫困户和贫困人口发展壮大特色产业，增强"造血"功能，全力配合好脱贫攻坚问题整改工作。各级领导干部要始终保持为民情怀，勇于担当，履职尽责，扎实开展好脱贫攻坚问题整治工作，切实把脱贫清零后的巩固提升工作做细做好，为全县人民交上一份满意的答卷。

第八章 企事业单位常用讲稿

第一节 开幕词

一、什么是开幕词

开幕词是在重要会议或重大活动开始时，会议主持人或主要领导人讲话所用的文稿。开幕词的主要特点是宣告性和引导性。

开幕词通常要阐明会议或活动的性质、宗旨、任务、要求和议程安排等，集中体现大会或活动的指导思想，起到定调的作用，同时对引导会议或活动朝着既定的正确方向顺利进行、保证会议或活动的圆满成功，有着重要的意义。

二、格式

开幕词由首部、正文和结束语三部分组成，各部分的项目内容与写作要求如下。

1. 首部

首部包括标题、时间和称谓三项，具体内容如下。

（1）标题

首部标题一般由事由和文种构成，如《中国共产党第十八次全国人民代表大会开幕词》；有的标题由致辞人、事由和文种构成，如《××同志在××会上的开幕词》；有的采用复式标题，主标题揭示会议的宗旨、中心内容，副标题与前两种标题的构成形式相同，如《我们的文学应该站在世界的前列——中国作家协会第四次会员代表大会开幕词》；也有的只写文种，即《开幕词》。

（2）时间

时间一般位于标题之下，并用括号注明会议开幕的年、月、日。

（3）称谓

一般根据会议的性质及与会者的身份确定称谓，如"同志们""各位代表、各位来宾"等。

2. 正文

正文包括开头、主体和结尾三部分，具体内容如下。

（1）开头

开幕词开头部分一般开门见山地宣布会议开幕，也可以对会议的规模及与会者的身份等做简要介绍。需要说明的是，开头部分即使只有一句话，也要单独列为一个自然段，将其与主体部分区分开。

（2）主体

这是开幕词的核心部分，通常包括三项内容，具体如图8-1所示。

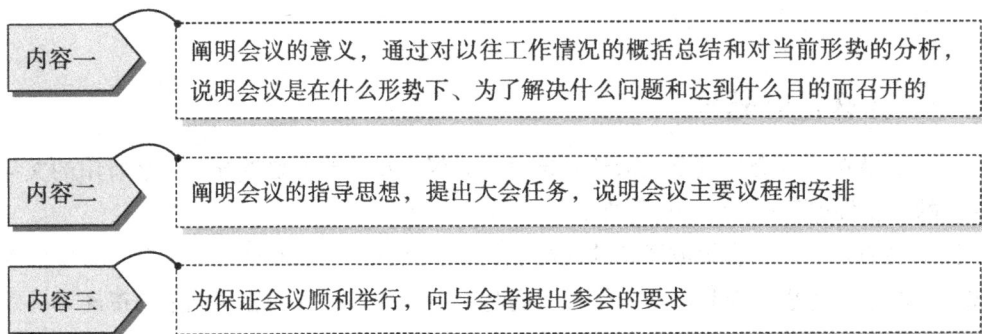

内容一	阐明会议的意义，通过对以往工作情况的概括总结和对当前形势的分析，说明会议是在什么形势下、为了解决什么问题和达到什么目的而召开的
内容二	阐明会议的指导思想，提出大会任务，说明会议主要议程和安排
内容三	为保证会议顺利举行，向与会者提出参会的要求

图8-1　开幕词主体部分的内容

（3）结尾

开幕词结尾部分一般包括提出会议任务、要求和希望。

3. 结束语

开幕词的结束语要简短、有力，并要有号召性和鼓动性。写法上常以呼告语另起一段，如"预祝大会圆满成功"。

三、填空式模板

_____（会议全称）开幕词

（_____年___月___日）

_____（对与会人员的称呼，如女士们、先生们）：

　　首先，我代表_____对参加本次会议的各位表示热烈欢迎和衷心感谢！

_____

_____

_____。（概述召开会议的背景或当前形势）

_____

_____

（续）

_____。（交代会议的中心议题，宣布大会的议程）

_____

_____

_____。（阐明会议的指导思想，提出奋斗目标）

_____

_____

_____

_____。（对大会提出要求和希望）

最后，预祝本次会议取得圆满成功！

【范本01】

××公司会议开幕词

各位同仁：

大家上午好！

春回大地，万象更新！转眼之间××年已经过去，充满新的挑战与机遇的××年已然来临。今天，我们欢聚一堂，在这里隆重召开××公司××年度工作大会。首先，我谨代表公司向各位参会人员表示热烈的欢迎，并向全体员工在过去一年里的辛勤工作致以深深的谢意！

××年，是公司大跨步发展的一年，也是充满挑战的一年。公司自××年成立以来，已经走过八个年头。在这八年的时间里，公司承接了数个地产项目，项目涉及区域遍及××省多个县市地区，乃至外省地区。机遇和挑战是并存的，尤其是在近几年整个市场经济处于一种较为动荡的时期，致使房地产市场局势也变得变幻莫测，从而给我们的销售工作带来了很大的挑战。但是通过公司全体员工的不懈努力，公司获得了健康、稳步、持续的发展，做到了稳健运营，实现了持续发展的目标。

在××年，公司总部经历了办公场所的搬迁和工作人员的扩编，由原先的狭小办公场所搬到了现在正规、宽敞、明亮的专业商务写字楼，公司各职位也逐渐达到齐全的人员配备状态。这些都是公司不断发展壮大的实际体现。当然，公司的发展是源自全体员工的辛勤劳动和不断努力，也凝聚着每位员工在各自岗位上的自我突破和无私奉献。因此，我谨代表公司向全体员工表示衷心的感谢并通过你们向你们的家人表示由衷的感谢！

展望××年，我们将面临新的机遇和更大挑战，希望大家继续努力，开拓创新，与时俱进，以新的姿态、新的步伐，谱写出××全新的篇章！

我相信××年，在公司的正确决策下，在我们全体员工的共同努力和齐心协力下，通过强化管理、提升效率，我们的员工和企业一定能够携起手来共同进步，在激烈的市场竞争中取得新的发展，公司一定会有更美好的未来！最后祝我们的年度会议圆满成功！谢谢大家！

【范本02】

××市第××届人民代表大会××次会议开幕词

各位代表、同志们：

在这春暖花开的美好季节，在市党委的精心组织和周密部署下，××市第××届人民代表大会第××次会议，今天在这里隆重召开了。首先，我代表全市×万多人民，向参加这次大会的代表、特邀代表、列席代表表示诚挚的问候！

这次大会是在我国全面建设社会主义新农村和构建社会主义和谐社会的新时期召开的一次盛会，这次大会的主题是高举邓小平理论和"三个代表"重要思想伟大旗帜，认真贯彻落实科学发展观和习近平总书记系列重要讲话精神，动员全市党员、干部和群众，同心同德，奋力拼搏，扎实工作，开创各项工作新局面，再创新辉煌。到会代表将听取《政府工作报告》《人大工作报告》《减轻农民负担报告》和《财政预决算报告》。这次大会是我市人民政治生活中的一件大事，是总结工作、查找差距、布置今年工作任务的大会，这次大会对于推进我市的农村综合改革和经济社会的全面发展，振兴经济，维护社会稳定，将产生深远影响。希望各位代表以主人翁的姿态、饱满的工作热情、高度的责任感和崇高的历史使命，将大会开成一个民主的大会、鼓劲的大会、和谐的大会、胜利的大会！

预祝大会圆满成功！

【范本03】

××物业公司20××年VIP客户联谊会开幕词

各位领导、各位尊贵的客户朋友们：

大家晚上好！今天我受市××局领导委托，应××董事长之邀参加××公司举办的VIP客户联谊会，感觉气氛非常融洽，和大家欢聚一堂也非常高兴。刚才××董事长的讲话鼓舞人心，我也深有感触，在这里说以下两点。

第一点，作为大厦内的一名普通客户，我代表××局感谢××公司一年来的辛勤付出。20××年××公司在服务方面做了许多工作，如对大厦环境进行改善，××××××××××，非常专业、细致和人性化，对我局及客户的工作起到了很好的保障作用，我们非常满意，也对他们的辛勤付出表示感谢。

第二点，代表××的上级单位，感谢广大客户朋友对我们的支持。据我所知，××公司每年都会举办VIP客户联谊会，这样的活动非常有意义，今天很多客户百忙之中前来捧场，对于加强沟通、凝聚关系、合作共赢起到了积极作用，我在这里对各位客户朋友表示热烈的欢迎和衷心的感谢！也希望大家能多提宝贵意见，帮助××公司再上一层楼。

最后，值此新年来临之际，我提议，为祝大家事业兴旺、生意兴隆举杯！

第二节　闭幕词

一、什么是闭幕词

闭幕词是指会议的主要领导人代表会议举办单位在会议闭幕时的讲话。其内容一般包括概述会议所完成的任务，对会议的成果做出评价，对会议的经验进行总结，对贯彻会议精神提出要求和希望。

二、闭幕词的特点

凡重要会议或重要活动，与开幕词相对应，一般都有闭幕词，这是一道必不可少的程序，标志着整个会议或活动的结束。闭幕词通常要对会议或活动做出正确的评估和总结，充分肯定会议或活动所取得的成果，强调会议或活动的主要精神和深远影响，激励有关人员宣传会议或活动的精神实质和贯彻落实有关的决议或倡议。

闭幕词的特点如图8-2所示。

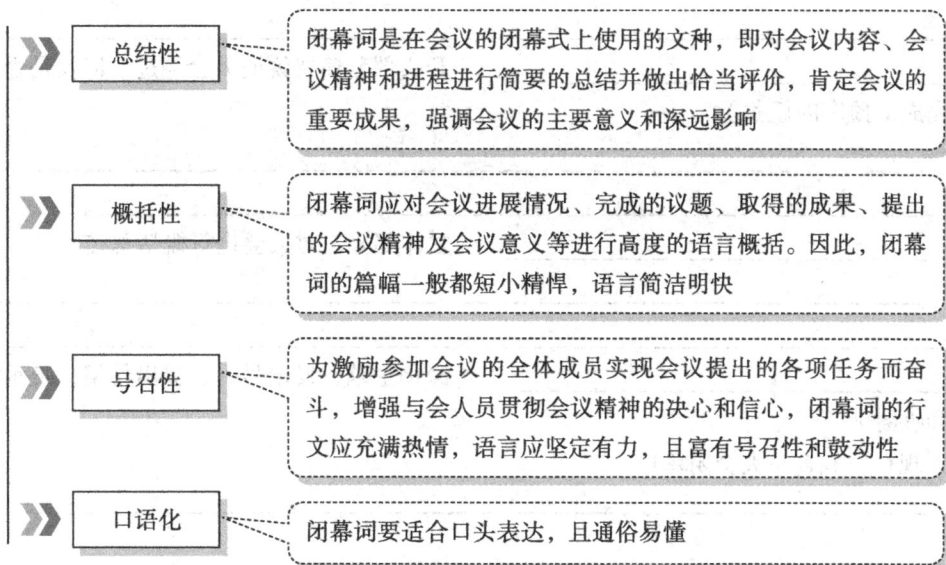

总结性	闭幕词是在会议的闭幕式上使用的文种，即对会议内容、会议精神和进程进行简要的总结并做出恰当评价，肯定会议的重要成果，强调会议的主要意义和深远影响
概括性	闭幕词应对会议进展情况、完成的议题、取得的成果、提出的会议精神及会议意义等进行高度的语言概括。因此，闭幕词的篇幅一般都短小精悍，语言简洁明快
号召性	为激励参加会议的全体成员实现会议提出的各项任务而奋斗，增强与会人员贯彻会议精神的决心和信心，闭幕词的行文应充满热情，语言应坚定有力，且富有号召性和鼓动性
口语化	闭幕词要适合口头表达，且通俗易懂

图8-2　闭幕词的特点

三、闭幕词的格式

闭幕词主要包含四个部分，具体如图8-3所示。

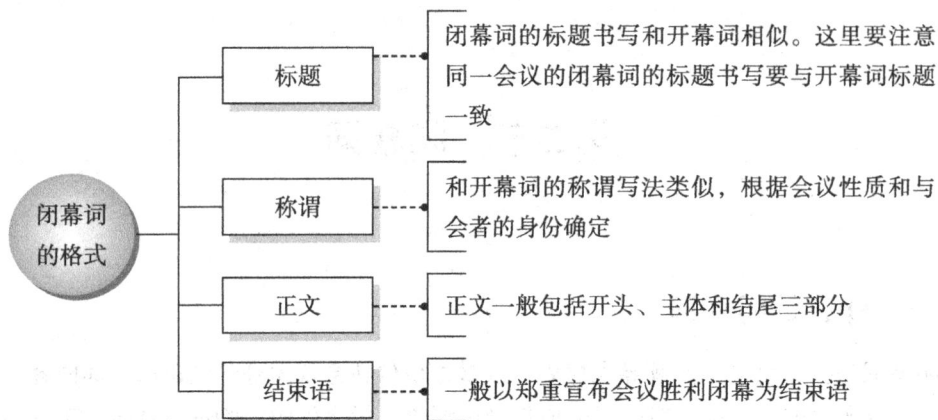

图8-3　闭幕词的格式

四、填空式模板

```
_____（会议全称）闭幕词
（_____年___月___日）
_____（对与会人员的称呼，如女士们、先生们）：

_____

_____。（开头部分简要说明大会经过，以及是否圆
满完成了预定的任务）

_____

_____。（主体部分，对大会进行概括总结）

_____

_____。（深化主题，发出号召，提出希望，表示祝
贺和感谢）
　　现在，我宣布大会闭幕！
```

【范本01】

××市科协第××次代表大会闭幕词

各位代表、各位来宾、同志们：

××市科协第××次代表大会，在市委、市政府和省科协的亲切关怀下，在与会同志们的共同努力下，已经圆满地完成了预定的各项任务，今天就要胜利闭幕了。这是我市科技界具有历史意义的大会，是继往开来、团结奋进的大会，也是动员××特区广大科技工作者为我市率先基本实现社会主义现代化建功立业的大会！

这次代表大会得到了市领导和上级科协的重视和关怀，市五套班子领导在百忙中莅临大会，悉心指导。省委常委、市委书记×××同志，市委副书记×××同志代表市委、市政府在大会中做了重要讲话，市委常委、宣传部长×××为全体代表作了一场生动的形势报告。他们深刻论述了市场经济条件下，科学技术是第一生产力的地位和作用，尤其是科技进步对我市经济发展的重要作用；对××特区广大科技工作者在深化改革中的奋斗、献身精神给予了高度评价；同时也对科协在我市进入改革攻坚阶段，为率先实现社会主义现代化建设中所面临的机遇和挑战，提出了新的工作任务和殷切的希望。市领导亲临会议并讲话，给予我们极大的鼓舞和鞭策。我们绝不辜负市委、市政府对我们的期望，决心紧紧团结全市广大科技工作者，自觉肩负起历史的重任，为将××早日建成现代化国际性港口城市建功立业！

全体代表经过认真讨论和审议，一致通过了×××同志所做的工作报告；一致通过了《××市科学技术协会章程》；大会还表彰了全市科协系统先进集体和先进工作者；向第××届全市自然科学优秀论文获奖者颁奖；向全市广大科技工作者发出了倡议书；大会选举产生了××市科学技术协会第××届委员会；聘请了一批德高望重的两院院士、专家学者担任市科协名誉主席、顾问和荣誉委员。大会圆满完成了各项预定的任务。

原××届委员会中部分老专家、学者由于年事已高或其他原因，没能来参加此次会议。在这里，我们谨向他们表示崇高的敬意！他们多年对我市科技工作和科协工作做出了突出的贡献，赢得了广大科技工作者的爱戴和信赖。我们也希望老前辈们能一如既往地关心市科协事业的发展，指导和帮助我们的工作。

同志们，回顾过去，令人鼓舞；展望未来，令人振奋！我们的使命艰巨而光荣，我们的任务任重而道远。我们××届委员会在市委、市政府的领导下，进一步弘扬"献身、创新、求实、协作"的精神，满腔热情地为我市的广大科技人员服务，加强××特区科技工作者的团结、协作，做好"三主一家"工作，在改革开放和社会主义现代化建设中，奉献才智，再立新功，再创辉煌！

最后，我代表全体与会人员向为本次会议提供热情、周到服务的全体工作人员和有关单位的同志们表示衷心的感谢！

现在，我宣布××市科学技术协会第×次代表大会胜利闭幕！

【范本02】

学校教职工代表大会闭幕词

各位代表、同志们：

大家好！在全校教职员工的关心和支持下，经过大家的共同努力，我校第××届第××次教职工代表大会，圆满完成了预定的各项议程，即将顺利闭幕了。

这次会议的召开正值我校发展的机遇和压力并存的关键时期，因此大家都倍加关注，投入了极大的热情，认真、仔细地听取并审议通过了××校长所做的学校工作报告和××副校长提案答复报告，以及××副校长的教职工绩效工资考核方案、××老师的学校财务工作报告。会议期间，全体教职员工按年级、行政后勤职员等划分为六大组展开了热烈讨论，本着主人翁的态度，结合各年级组、学科组和学校发展的具体情况，对三个报告进行了广泛、深入的讨论。大家一致认为，××校长的学校工作报告比较全面、客观地回顾、总结了一年以来在全体教职员工辛勤努力之下而取得的各方面的成果。报告中的回顾与总结是实事求是的，既肯定了成绩、总结了经验，又指出了我校目前存在的不足及面临的挑战，同时也理清了下年度的工作思路，对以后的工作重心有了比较明确的认识，为学校的进一步发展指明了方向。

在大会组织的讨论中，全体教职员工认真履行教代会赋予的职责，紧紧围绕会议的中心议题，特别是××校长的学校工作报告展开了讨论。大家集思广益、献计献策，这不仅体现了大家的主人翁精神，而且充分体现了同志们致力于学校建设和发展的信心和决心。

可以说我们基本达到了预期的目标，即开成了一个统一思想、坚定信心的大会，一个民主和谐、团结奋进的大会，而且可以说是一个加快改革和发展的动员会，尽管时间不长，但大家在热烈和愉悦的探讨中、争论中统一了思想，也提高了认识，更鼓足了干劲。这次大会必将对进一步深化教育改革、打响××学校教育品牌、提升学校号召力、增强学校的凝聚力、促进学校的建设与发展发挥重大的作用。

在本次教代会上，大家也表达了加快学校发展、建设的共同心愿，并对学校今后的工作提出了许多好的意见和建议，这充分体现了我们高度的责任感，也体现了大家对学校工作的关心和支持。学校也认真对待每一件提案，逐项研究，提出解决办法。

回顾过去，令人鼓舞；展望未来，任重而道远。虽说希望与艰难并存，今后我们可能会遇到很多的困难，或是难以预料的挫折，但只要有我们这些"××人"，只要发扬"我爱我校""校荣我荣"的"××"精神，我们必然会建成一个令世人瞩目的××学校。

现在我代表大会主席团宣布第××届第××次教职工代表大会胜利闭幕，真诚地祝大家身体健康、全家幸福！

第三节　欢迎词、欢送词、答谢词

一、欢迎词

1. 什么是欢迎词

欢迎词是指客人光临时，主人为表示热烈的欢迎，在座谈会、宴会、酒会等场合发表的热情友好的讲话。

2. 欢迎词的特点

欢迎词主要有两大特点，具体如图8-4所示。

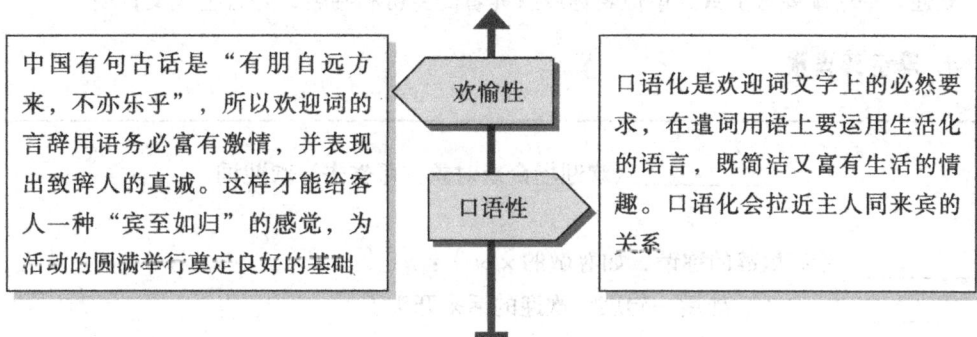

中国有句古话是"有朋自远方来，不亦乐乎"，所以欢迎词的言辞用语务必富有激情，并表现出致辞人的真诚。这样才能给客人一种"宾至如归"的感觉，为活动的圆满举行奠定良好的基础

欢愉性

口语性

口语化是欢迎词文字上的必然要求，在遣词用语上要运用生活化的语言，既简洁又富有生活的情趣。口语化会拉近主人同来宾的关系

图8-4　欢迎词的特点

3. 欢迎词的格式

欢迎词一般由标题、称呼、正文和落款四部分组成。

（1）标题

欢迎词标题的写法一般有两种：一种是单独以文种命名，如《欢迎词》；另一种是由活动内容和文种名共同构成，如《在××学术讨论会上的欢迎词》。

（2）称呼

欢迎词的称呼要求写在开头顶格处，要写明来宾的姓名称呼，如"尊敬的女士们、先生们""亲爱的××大学各位同仁"。

（3）正文

欢迎词的正文一般包括开头、中段和结尾三部分，具体内容如图8-5所示。

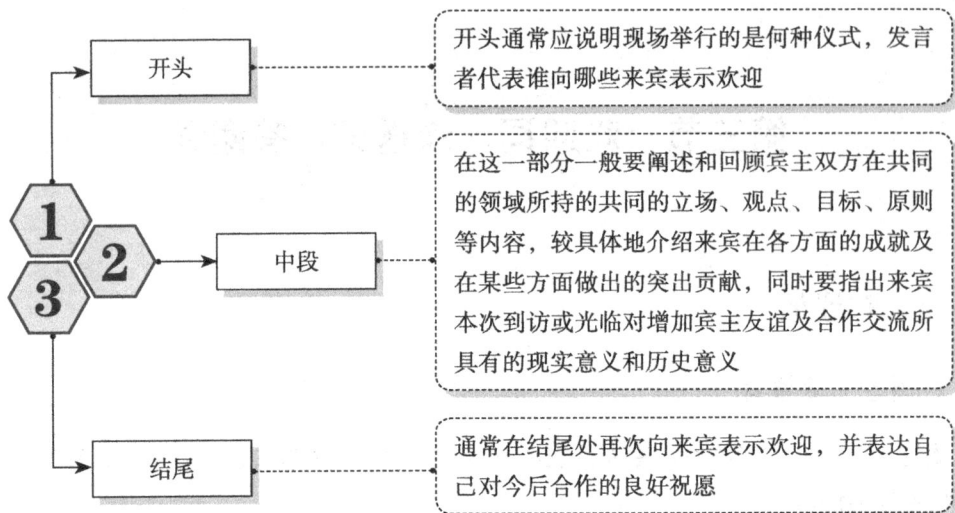

图8-5　欢迎词正文的构成

（4）落款

欢迎词的落款要署上致辞单位名称或致辞者的身份和姓名，并署上成文日期。

4. 填空式模板

_____（欢迎场合或对象，可省去）欢迎词

_____（带有敬辞的称谓，如尊敬的××）：

　　_____。（此处用一句表示欢迎的话来开头）

_____

_____。（详细写欢迎的内容）

_____

_____

_____。（用敬语表示祝愿）

_____（依情况来定是否署名）

_____年___月___日

【范本】

会议接待欢迎词

尊敬的各位领导、各位专家：

你们好！

春意浓浓，春光无限，在这万象更新的新春时节，我们非常高兴地迎来了省电力公司对我局安全文明生产"双达标"创建工作的正式验收，这是我们××县电力局的一件盛事，标志着我局安全生产、文明生产的工作已经步入了科学化、标准化、规范化的轨道。我们深深地感到了上级领导对我局工作的无限期望和信任。在此，我代表××县电力局向各位领导和专家的莅临表示热烈的欢迎！

××年，我局在××电力局的正确领导下，开始了安全文明生产"双达标"创建工作，经过全局职工半年多的不懈努力，在各个方面有了前所未有的进步，并取得了较好的成绩，以总分××分通过了省电力公司的正式验收。

××年，我们在××年工作的基础上，认真反思挫折，总结经验，全面开展了安全文明生产"双达标"创建工作。从建章立制、加强管理、严格落实规章制度入手，努力消除安全生产管理漂浮、安全责任落实不力、职工安全意识淡薄现象；从购置计算机等先进设备、加强职工培训入手，努力提高全员素质；从建设营销网络、实施计算机开票、增设营业网点入手，加强行风建设工作，不断提高服务质量，努力营造一个宽松有利的电力营销环境。同时，补充完善了××年"双达标"创建工作中的不足之处。通过"双达标"创建工作，有效地促进了我局××年安全生产各项工作的顺利进行和经济效益的增长。这一切，都离不开省公司和××电力局的正确领导，我们在此表示衷心的感谢。

目前，我局正处于发展建设的关键时期，省电力公司各位领导和专家的光临指导，必将给我局的发展建设带来不可估量的推动力量，使我局的安全生产和文明生产更加科学、规范、标准。作为创建单位，我们的工作还有很多问题，离上级要求还有很大的差距，我们真诚地欢迎各位领导、专家对我们的工作给予批评指正，提出宝贵意见。我们将认真贯彻落实，深入整改，不断完善，使我局的安全文明生产工作更上一个新台阶。

最后，祝各位领导万事如意！

谢谢大家。

××局

××年××月××日

二、欢送词

1. 什么是欢送词

欢送词是客人应邀参加了活动，主人为表达对客人的欢送之意，在一些会议或重大庆典活动、参观访问等结束时的讲话。

2. 欢送词的特点

欢送词具有惜别性和口语性。欢送词要表达亲朋远行时的感受，所以依依惜别之情要溢于言表，尤其是公共事务的交往，更应把握好分别时所用言辞的分寸。另外，欢送词的口语性也很强，遣词造句也应该注意使用生活化的语言，使送别既富有情趣又自然得体。

3. 欢送词的结构

欢送词一般包括标题、称谓和正文三个部分。

（1）标题

欢送词的标题有三种。

第一种：完全性标题，由"致辞人+事由+文种"构成。

第二种：省略性标题，由"事由+文种"构成。

第三种：简单性标题，只写文种，如"欢送词"。

（2）称谓

欢送词中对欢送对象的称呼要把所有来宾都包括进去。

（3）正文

欢送词的正文包括三部分，具体如图8-6所示。

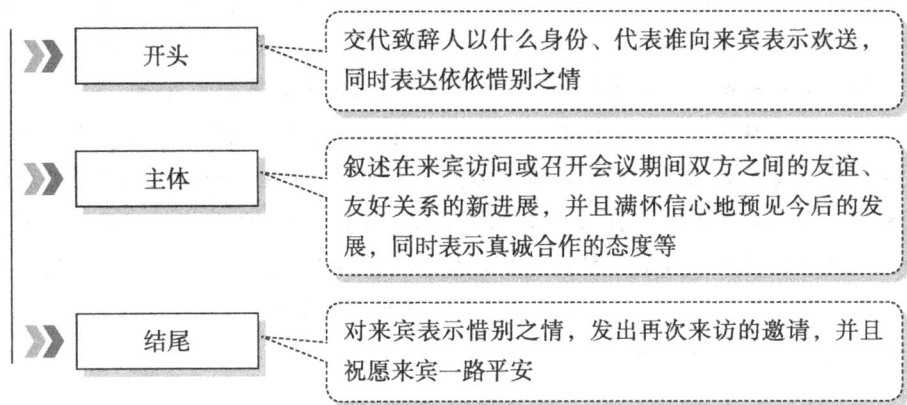

开头	交代致辞人以什么身份、代表谁向来宾表示欢送，同时表达依依惜别之情
主体	叙述在来宾访问或召开会议期间双方之间的友谊、友好关系的新进展，并且满怀信心地预见今后的发展，同时表示真诚合作的态度等
结尾	对来宾表示惜别之情，发出再次来访的邀请，并且祝愿来宾一路平安

图8-6 欢送词的正文

4. 填空式模板

_____（致辞人、事由）欢送词

_____（对欢送对象的称呼）：

_____

（续）

_____ _____。（交代致辞人以什么身份、代表谁向来宾表示欢送）
_____ _____。（叙述在来宾访问或召开会议期间双方之间的友谊、友好关系的新进展） 好关系的新进展）
_____ _____。（满怀信心地预见今后的发展，表示真诚合作的态度）
_____ _____。（结尾，向来宾表示惜别之情，并祝来宾一路平安）

【范本】

××公司总经理在欢送××代表团上的欢送词

尊敬的××先生：

再过两个小时，您就要启程回国了。我代表××公司，并受××之托，向您及您率领的代表团全体成员表示最热烈的欢送！

我十分高兴地看到，近一个星期以来，我们双方本着互惠互让的原则，经过多次会谈，达成了四个实质性协议，取得了令人满意的成果。在此，我们对您在洽谈中表现出的诚意和合作态度，深表感谢！我衷心地希望您和您的同事们今后一如既往，为进一步发展我们双方的经济贸易往来而不懈努力！

我们期待着您和您的同事们明年再来这里访问。

谨致最美好的祝愿！

××公司　总经理××

三、答谢词

1. 什么是答谢词

答谢词是指在特定的公共礼仪场合，主人致欢迎词或欢送词后，客人所发表的对主人的热情接待和多方关照表示谢意的讲话。答谢词也指客人在举行必要的答谢活动中所发表的感谢主人盛情款待的讲话。

2. 答谢词的类型

依据不同的致谢缘由和致谢内容，答谢词可划分为两种基本类型，具体如图8-7所示。

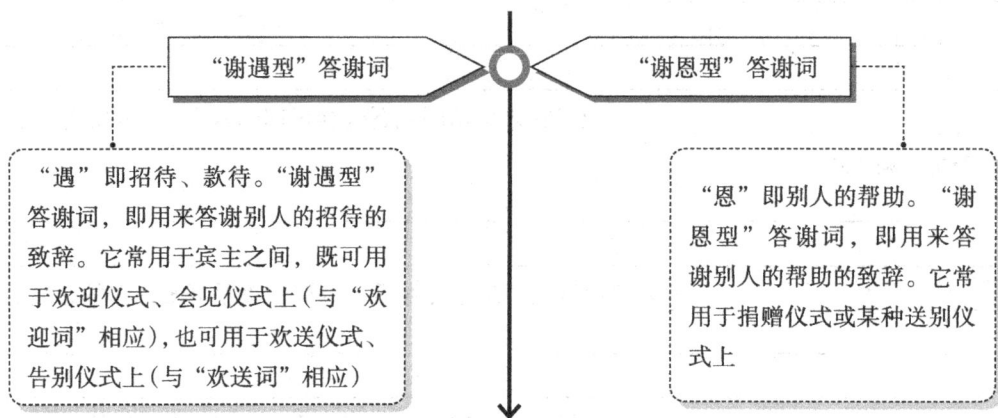

"谢遇型"答谢词 ○ "谢恩型"答谢词

"遇"即招待、款待。"谢遇型"答谢词，即用来答谢别人的招待的致辞。它常用于宾主之间，既可用于欢迎仪式、会见仪式上（与"欢迎词"相应），也可用于欢送仪式、告别仪式上（与"欢送词"相应）

"恩"即别人的帮助。"谢恩型"答谢词，即用来答谢别人的帮助的致辞。它常用于捐赠仪式或某种送别仪式上

图8-7　答谢词的两种类型

3. 答谢词的格式

（1）标题。在第一行居中的位置上写上"答谢词（辞）"。

（2）称谓。另起一行顶格写致辞对方的姓名、头衔，既可以是广泛对象，也可以是具体对象，称呼后加"："以示引领全文。

（3）正文。答谢词的正文主要包括图8-8所示的几个要点。

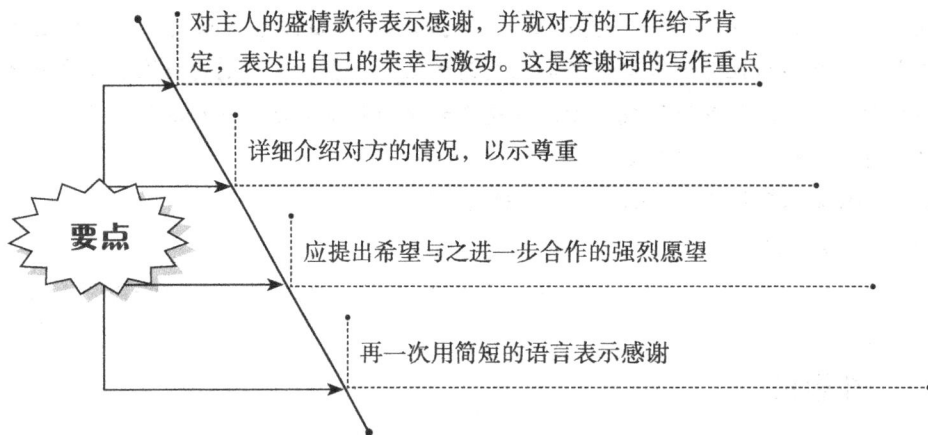

对主人的盛情款待表示感谢，并就对方的工作给予肯定，表达出自己的荣幸与激动。这是答谢词的写作重点

详细介绍对方的情况，以示尊重

要点

应提出希望与之进一步合作的强烈愿望

再一次用简短的语言表示感谢

图8-8　答谢词的要点

4. 填空式模板

_____（致辞人、事由）答谢词

_____（对答谢者的称呼，如朋友们）：

_____

_____。（向对方表示感谢，同时倾吐自己的心声）

_____

_____。（强调对方所给予的支持和帮助，并表明愿望和打算）

_____

_____。（再次表示感谢，表达良好的祝愿）

_____（感谢单位名称或个人签名）

_____（感谢日期）

【范本】

××集团党委书记在××会议上的答谢词

尊敬的××局长、××书记、各位女士、各位先生：

我荣幸地代表与会代表，在这里答谢××局长刚才热情洋溢的欢迎词。

我再次感谢你们对我们的邀请，感谢你们为这次参观考察的准备工作所付出的辛勤劳动和心血。我们刚到贵地不久，你们的接待组织工作已给我们留下了深刻的印象。

孤立、保守和拒绝合作不能使事业得到顺利发展，共同的事业使我们走到了一起。看到这样盛大的××聚会，看到我们各自所在地区××事业欣欣向荣的发展局面，我感到欣慰和愉快。在此我向今天来参加会议的所有人员表示祝贺。

此外，我们还要感谢××，因为他们为了我们××已经做了并且还在做大量的工作。

谢谢！

××集团

××年××月××日

第三部分

▼

活动策划

- 假日活动策划与实施
- 庆典活动策划与实施
- 大型会议活动策划与实施
- 公益活动策划与实施

第九章　假日活动策划与实施

第一节　假日活动策划

一、假日活动策划的定义

假日活动策划是一项以假日为载体，通过对假日活动的安排和活动内容的设置，来达到对当地优势资源的宣传或者获得经济资源收入的一种策划方案。

二、假日活动策划原则

策划假日活动需遵循图9-1所示的六大原则。

原则一　突出主题

主题是假日活动的主旋律，如果主题模糊，就会使假日活动的内容显得杂乱无章、效果平淡无奇，进而导致假日活动缺乏活力。而鲜明的主题，会指引着假日活动各个项目的策划设计和执行

原则二　抓住特色

要办好假日活动，关键在于有特色。找准特色，即破解假日经济的密码；抓住特色，即抓住假日经济的命门。假日活动的特色主要体现在民族特色、地域特色、文化特色和时代特色方面。这些特色在一些举办得比较好的假日活动中都得到了充分的体现

原则三　广泛参与

假日活动是一种群体性活动，我们一定要在群众参与上大做文章，只有这样才能使活动产生良好的效果

原则四 ▷ **市场化**

> 经过多年的实践，各地都在探索按市场化机制举办假日活动。从目前全国情况看，假日活动在市场化运作方面，主要通过门票、广告、赞助、交易会、冠名权、摊位出租、委托承办、买断举办权、媒体和企业投资或入股参与、拍卖活动等方法进行

原则五 ▷ **不断创新**

> 针对假日活动的策划，目前我们应注意研究新情况、解决新问题、总结新经验、探索新思路，以做到不断推陈出新

原则六 ▷ **注重效益**

> 策划任何活动都要注重效益，并做到社会效益和经济效益相结合、近期效益和远期效益相结合、单项效益和综合效益相结合

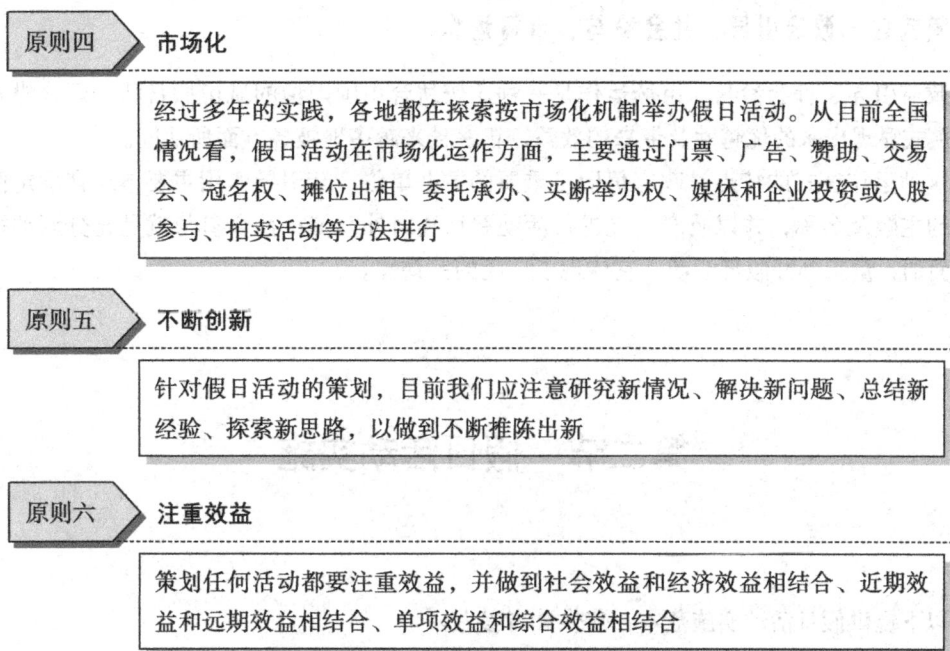

图9-1 策划假日活动需遵循的原则

三、假日活动运作模式

模式一：政府包办

政府包办模式曾是一些城市特别是一些小城镇在举办假日活动时较常采用的运作模式。

这种模式的特点：政府在假日活动的举办过程中身兼数职，扮演着策划、导演、演员等众多角色。假日活动的主要内容由政府决定，活动场地、时间由政府选择，参加单位由政府指派。

模式二：各部、委、局及协会主办或与政府、地区联办

各部、委、局及协会主办或与政府、地区联合主办的模式是目前许多专题城市假日活动常采用的模式。它具有政府包办模式的一些特点，但也加入了市场化运作的一些成分。

模式三：市场化运作

假日活动作为一种经济活动，举办的重要目的之一就是要获得良好的经济效益和市场效果。所谓假日活动的市场化运作，即在政府的主导下，大胆引入市场手段，不论是假日活动举办的需求，还是供给方面，都应当遵循一定的市场规律，注入"成本与利润""投入与产出"的理念，建立"投资—回报"机制，把假日活动纳入市场经济的轨道，并作为一种品牌来经营。

模式四：政府引导、社会参与、市场运作

政府引导、社会参与、市场运作是一种比较适合中国国情的城市假日活动运作模式。这种模式显现出来的优越性及带来的效益，正在越来越多地被各方面所认同。

这种运作模式的特点：政府仍旧是重要的主办单位，其引导作用主要体现在确定假日活动的主题及名称，并以政府名义进行活动召集和对外宣传；社会参与就是充分调动社会各方面的力量来办好假日活动，它体现了广泛的民众性。

第二节　假日活动实施

以下提供假日活动实施范本，仅供读者参考。

【范本01】

××公司元宵节主题文化活动方案

一、活动主题

猜灯谜、庆元宵。

二、活动时间

××年××月××日（农历正月十五）晚6：00。

三、活动地点

略。

四、活动准备

（一）××月××日前，人力资源部负责收集各种灯谜，准备奖品。

（二）场地布置：××月××日上午，设备科协助人力资源部，悬挂好元宵节灯笼；下午下班前将灯谜用红丝带挂在会议室四周；活动期间播放节日音乐，渲染气氛。

（三）××月××日晚，人力资源部负责组织猜灯谜活动，包括人员通知、谜底核对、奖品发放及宣传拍摄等；保卫科负责维持活动期间的秩序。

五、活动规则

（一）猜灯谜活动必须在现场进行，不得将谜面揭下带走。

（二）每个猜灯谜者必须先到指定兑奖处核对谜底，确认无误后，由巡视人员取下谜面交兑奖处，然后猜灯谜者进行登记，填写所猜中谜面题号、谜底、本人姓名、部门或车间之后，方可领取奖品。

（三）猜对一条谜语兑换一份奖品。为了让更多的员工参与活动，每人仅限猜一条。

（四）共200条谜语：第1～60条灯谜到一号兑奖桌核对答案；第61～120条灯谜到二号兑奖桌核对答案；第121～200条灯谜到三号兑奖桌核对答案。

（五）奖项设置：共设置奖品200份，猜对一条谜语兑换一份奖品，奖品兑完，活动结束。

六、活动注意事项

（一）参加活动者要遵守秩序，不要大声喧哗。

（二）谜底猜出后，员工只需把谜面题号记住，到指定兑奖处核对答案，不能将谜面取下。

（三）核对答案要排队守秩序，违反者取消猜谜资格。

七、活动费用预算

（一）元宵小灯笼××只，共计××元。

（二）红丝带××盘，共计××元。

（三）礼品××份，共计××元。

该次活动费用共计××元左右。

【范本02】

××公司中秋节活动策划

一、目的

（一）让员工愉快过中秋，提高员工士气。

（二）加强员工内部沟通，促进员工关系。

二、时间

中秋节前一天下午16：00。

三、地点

××山。

四、参加人员

公司全体员工（值班人员除外，值班人员安排如下：客服部留一人值班，保安照常上班）。

五、相关准备

（一）员工带好自己的日用品。

（二）行政部准备三份公司员工内部通信录。

（三）大巴车两辆。

（四）相机、CD机、小音箱、笔记本电脑、麦克风。

（五）帐篷、席子、小被子、枕头等日用品。

（六）写好文字的小卡片（数量依人数定，内容为每人自己在公司预先写好的送给同事的话）。

（七）烧烤所用的食物、用具及饮用水。

（八）行政部/企划部勘察并熟悉地形、地势，联系好场地，预先设计好活动安排。

（九）月饼××个。

六、行程/活动流程

（一）当天

1. 当天于下午16：00准时在公司大门口报到、集合；请各位留下自己的联系电话，以方便到时联系。

2. 乘车前往××营地（乘车时间约一个半小时），抵达后到A区扎营。

3. 晚上举行篝火派对。

（二）第二天

1. 第二天早上先游览景区。

2. 约10点后徒步到B区活动。

3. 午饭后，可以参加两军对垒水枪交锋战，还可以钓鱼、泡潭水和玩其他游戏。

4. 约14：30集中下山，乘车返回公司，活动结束。

七、费用

本次活动的费用为80～100元/人（含乘车费用），基本的活动费用由公司支付，私人的购物行为则由员工自己支付。

八、策划与执行

本活动由行政部负责，企划部协助实施。

【范本03】

××公司元旦竞技娱乐活动方案

为了喜迎元旦佳节的到来，进一步加强员工之间的交流、互动，营造欢乐、喜庆的氛围，公司决定举办一场元旦竞技娱乐活动，活动方案如下。

一、活动目的

以活动为载体，让员工感受到元旦的节日气氛，为员工之间进一步相互交流、互动创造机会。

二、活动原则

"娱乐为主""公平竞争""重在参与"。

三、活动时间

××年××月××日至××年××月××日

四、活动地点

××楼二楼平台

五、活动项目

（一）妙语连珠

（二）气贯云霄

（三）掷骰子

（四）踩气球

（五）猜字谜

（六）纸杯传水

（七）挤气球

（八）吹蜡烛

（九）套圈

（十）抢凳子

（十一）折报纸

（十二）摸鼻子

六、游戏规则

（一）妙语连珠

1. 每组分为两个小队，一个小队四人。

2. 其中一个小队先说出一个词语（成语或者单词），第二个小队必须在五秒内说出下一个词语（成语或单词），但是这个词语（成语或单词）的首字必须和上一小队说出词语（成语或单词）的尾字一致，以此循环进行，直到其中某一小队在规定时间内没有答出，那么这一小队为输。

3. 在回答词语（成语或单词）时，不分次序回答，一个人可以多次连续回答。

负责人：××

（二）气贯云霄

1. 此游戏为单人游戏，一次可分为四人同时进行。

2. 每人开始前分发一只气球，等裁判喊出开始时参赛人员开始吹气球，直到气球吹爆，最先吹爆气球者为胜。

3. 每轮必须吹爆两只气球。

负责人：××

（三）掷骰子

1. 此游戏为单人游戏，一次可让四人同时进行。

2. 这四人应听从裁判安排，统一开始摇骰，等裁判说停时大家必须停止，裁判逐一统计分数，累加分数最高者获胜。

3. 一次摇动三只骰子。

负责人：××

（四）踩气球

1. 每队五人，可以自由结合。

2. 活动开始前，两队检查自己脚上气球，并由裁判带到指定区域。

3. 裁判喊开始时，两队开始踩对方脚上气球，最后未被踩爆脚上气球的小队获胜。

4. 一旦自己脚上的气球被踩爆，其应自觉走出指定区域。

负责人：××

（五）猜字谜

1. 每小组四人，可以自由组合。

2. 裁判会提前给两个小组发放同样的谜语。

3. 两个小组在规定时间内，用时较快或谜语猜对次数较多的获胜。

4. 每个小组将答案写到纸上交予裁判，时间结束时由裁判宣读。

负责人：××

（六）纸杯传水

1. 此游戏为单人游戏，每次由四人参加。

2. 每个选手站在指定的区域，由裁判把纸杯注满水，开始前选手不得触碰纸杯。

3. 开始后选手用嘴叼起纸杯跑到指定地点，然后折回用嘴把水杯放到原来位置，最快返回者获胜。

4. 比赛过程中纸杯不得跌落、不得用手触碰纸杯，返回时纸杯不得跌倒，如违反规则必须重新开始。

负责人：××

（七）挤气球

1. 每个小组两人，可以自由组合。

2. 最先挤爆气球的小组获胜。

3. 开始时，气球必须位于颈部以上，不得用手或者身体的其他部位挤爆气球。

负责人：××

（八）吹蜡烛

1. 此游戏为单人游戏，可两人同时进行。

2. 开始前选手要在蒙住双眼的情况下旋转一定的圈数，然后裁判喊开始，选手必须马上摘掉眼罩，然后吹灭自己前方的蜡烛。

3. 最先吹灭蜡烛者获胜。

负责人：××

（九）套圈

1. 选手站在指定位置，对选定区域投圈，只要被套中的物品，都归选手所有。

2. 必须在指定区域内进行，违者成绩作废。

负责人：××

（十）抢凳子

1. 此游戏为单人游戏。

2. 每次在一定区域内放置四把凳子，要求五位选手同时参加，裁判在喊出开始后，大家必须围绕凳子走，等到裁判喊出"抢"时，大家开始抢凳子，抢不到者被淘汰。

3. 每淘汰一个人，就撤下一把凳子，直到获胜者产生。

负责人：××

（十一）折报纸

1. 每个小组两人，可以自由组合。

2. 裁判在地上放置一份报纸，两人必须同时站在上面。

3. 裁判每三十秒会把报纸对折一次，对折后要求两人同时站立在报纸上，以此办法，对折次数最多的小组获胜。

负责人：××

（十二）摸鼻子

1. 此游戏为单人游戏，可两人同时进行。

2. 开始前选手要在蒙住双眼的情况下旋转一定的圈数，当裁判喊开始时，选手必须马上摸到自己面前画像的鼻子。

3. 最先摸到鼻子者获胜。

负责人：××

七、活动总要求

（一）参赛选手请按时到场，并严格听从裁判安排。

（二）每个游戏，选手只能参加一次，如多次参加不计入成绩。

（三）所有比赛当场发放奖品。

（四）要求遵循"娱乐为主""公平竞争""重在参与"的原则，充分展现××员工精神。

××公司行政部

××年××月××日

第十章　庆典活动策划与实施

第一节　庆典活动策划

一、庆典活动

庆典活动是企业利用自身或社会环境中的有关重大事件、纪念日、节日等所举办的各种仪式、庆祝会和纪念活动的总称，包括节庆活动、纪念活动、典礼仪式和其他活动。

二、庆典活动类型

就内容而言，庆典活动大致可以分为图10-1所示的四类。

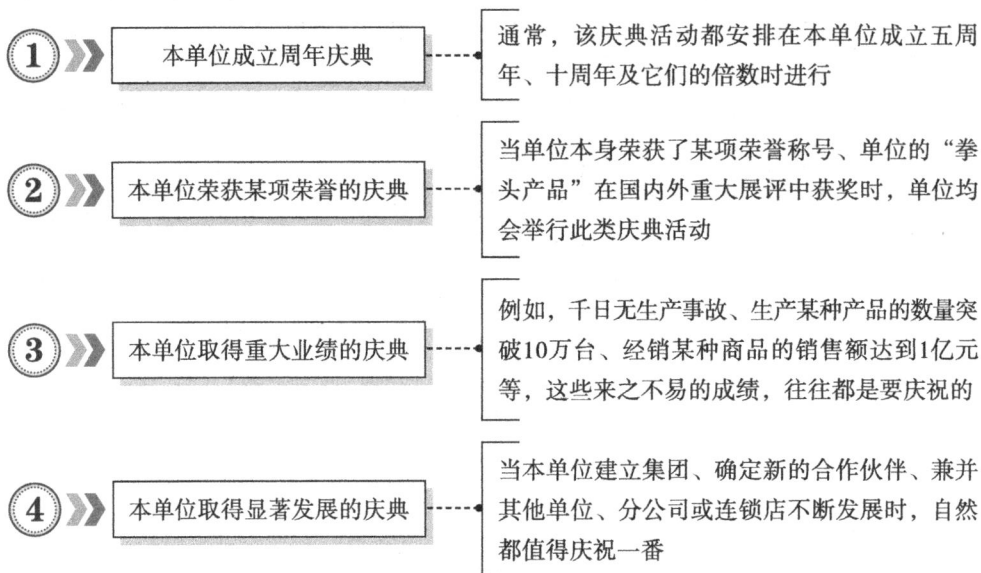

① 本单位成立周年庆典 —— 通常，该庆典活动都安排在本单位成立五周年、十周年及它们的倍数时进行

② 本单位荣获某项荣誉的庆典 —— 当单位本身荣获了某项荣誉称号、单位的"拳头产品"在国内外重大展评中获奖时，单位均会举行此类庆典活动

③ 本单位取得重大业绩的庆典 —— 例如，千日无生产事故、生产某种产品的数量突破10万台、经销某种商品的销售额达到1亿元等，这些来之不易的成绩，往往都是要庆祝的

④ 本单位取得显著发展的庆典 —— 当本单位建立集团、确定新的合作伙伴、兼并其他单位、分公司或连锁店不断发展时，自然都值得庆祝一番

图10-1　庆典活动的类型

三、注意事项

策划庆典活动时，我们要注意图10-2所示的三大事项。

庆典活动得适时	对于每个庆典活动都有一个适时举行的问题。首先选择一个好时机，不仅可以为活动典礼增色不少，还可以增强活动的效果
庆典活动得适度	庆典活动是一种礼仪性活动，国家有关方面专门做出明文规定，要严格控制，认真执行申报制度。同时还要有精品意识，典礼过多、过滥，将会在一定程度上影响庆典活动的质量和效果
庆典活动得隆重	这样不仅鼓舞人心，还可扩大影响。我们应在现场布置、形式选择、程序安排等环节下功夫，努力营造隆重热烈的气氛，并且还要力求有创意

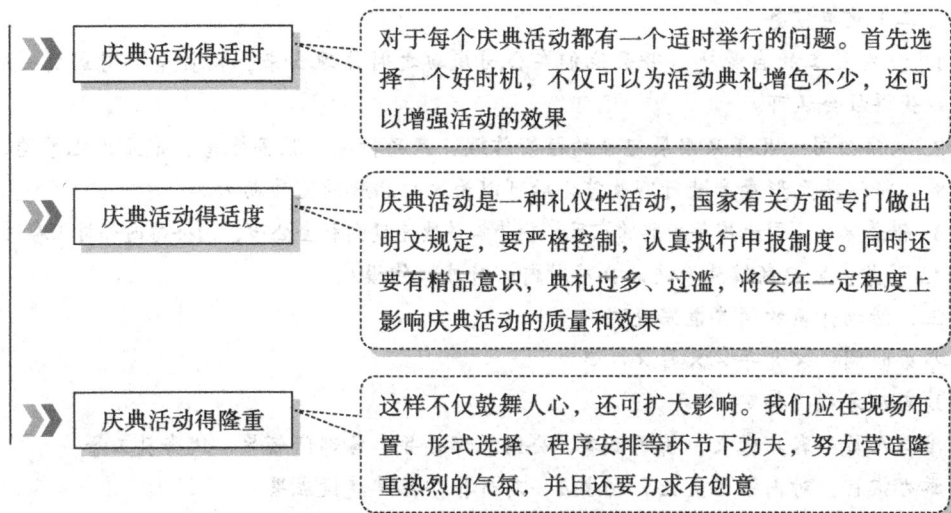

图10-2 策划庆典活动需注意的事项

第二节 庆典活动实施

以下提供了多个庆典活动实施范本，仅供读者参考。

【范本01】

××公司十周年庆典活动方案

第一部分 策划背景

一、活动开展需求背景

随着××公司稳健成长，其公司品牌在行业中的地位日渐突出，发展态势喜人。时逢××公司十周年庆典，如何实现"公司庆典"与品牌工程"启动仪式"两件大事的优势互补，成为本年度的一件大事。

二、活动开展应遵循的原则与重要任务

（一）应遵循的原则

1. 本次活动必须在厉行节约的前提下办得富有特色。

2. 必须体现公司精神、品牌文化。

3. 公司庆典要实现与品牌工程启动仪式优势互补、内外结合，以最经济的方式对外传播。

4. 在整体活动过程中，要从宣传实效性（新闻点）、趣味性、感悟性、激发性等方面切入。

（二）重要任务

1. 激发员工的自豪感，并让他们在公司庆典之时体现出来，动员全公司成员一起分享，以获得社会认可。

2. ××公司十几年来发展起来的经营作风、产品特色、服务概念、企业文化等均已有所沉淀，将这些无形资产进行有效整合后可以为××品牌的宣传助力。

3. 借着××公司十周年庆典的东风，顺势以最快速度向社会公布、向公司内部员工渗透。

4. 形成××内部较为系统的公司对内、对外操作模式。

三、活动开展的简要框架说明

举办时间：××年××月××日

地点及方式：待定

参与人员：客户代表、新闻记者、公司总部领导、各部门领导、优秀员工等

举办宗旨：对内强化企业文化建设，对外推广品牌建设成果

简要说明

1. 企业文化的建设因企业而异，各有特色，这是企业在每一个成长过程中累积下来的一种行为、心理思维模式；而对外，面对市场而言，产品同质化后面临的竞争模式即是品牌力竞争，品牌力的核心因素亦是品牌文化，××公司先人一步进行品牌规划，将有利于今后的产品推广与经营资源的聚拢。

2. 品牌可以让企业发展壮大，而企业文化却可以让企业变得伟大！我们可将两者相结合，为××公司长远的发展打下坚实的基础。

活动举办口号：创新文化、品牌制胜

简要说明

1. 创新文化是××公司一直以来保持的经营作风，更为具体的是，××公司在IT方面的创新历经十年的发展，依然在行业中保持着领先的地位，特别是××卡的推出，更是使无形的IT技术形象化，透过现象看本质，××公司一切的成功均来源于公司创新精神的着力发挥。新时期，如何通过活动的形式将公司原来较为集中的创新思路更加广泛地应用到与公司发展息息相关的一切事务中去，成为新时期每一位员工共同面对的问题。

2. 品牌制胜则反映了证券行业从数量竞争力时代发展到技术竞争力时代后必将走向的一种趋势，不断地将品牌进行规划与提升，正是××公司适应时代发展的重要战略表现之一。

第二部分　司庆活动规划

一、前期活动

策划一："辉煌××时代同步杯"有奖知识大赛

（一）目的

从知识竞赛开始入手，促使总部成员从学习的角度深入开展对公司企业文化、发展历程的回顾，即对公司开展企业文化建设工程进行预热。

（二）效果预期

××公司部分员工从活动过程中能较为系统地掌握××公司十年来发展、沉淀出来的企业文化，并在此基础上形成自发的研究与创造精神，为××公司系统地规划企业文化做

好人力资源、理论资源的准备工作。

（三）开展模式

以部门为单位，由总裁办统一组织、命题、主持，各部门委派代表参与并建立拉拉队，展开现场问答为主、活动为辅的证券知识、公司发展历史、公司经营中涉及的问题等知识问答比赛。活动开展之前，由顾问公司统一召开各部门活动参与指导会议，讲解活动开展的全过程。

（四）注意事项

公司高层领导应全程参与，使各部门高度重视本次活动。

策划二："稳健前行创新发展"××员工代表莲花山采风活动

（一）目的

举办本次活动的目的是进行内部交流，活化机制，加强公司领导与普通员工、中层干部之间的交流。

（二）效果预期

通过活动本身，让公司领导与员工在同一时间参与同一项活动，使领导们充分了解员工，同时也可达到基层员工理解领导的效果。

（三）开展模式

1. 拓展游戏，让领导与员工共同参与到同一游戏中，成为富有寓意的活动的一部分。

2. "同心××"活动，全体成员共同组成××标志，一起喊出××品牌口号。

3. 全体成员聚餐活动。

（四）注意事项

本次活动要求公司高层领导全程参与，各部门均应派代表参与。

二、现场活动

现场活动一：××公司十周年庆典仪式举办

（一）目的

总结××公司十年来走过的岁月，回顾公司在这些年取得的累累硕果，在新形势下向全体员工说明公司的发展前景，促进公司内部团结，从一定程度上加强企业内部文化建设。

（二）效果预期

1. 全体参会人员再次重温××公司十年来的风雨历程，激起公司全体员工的再创业激情。

2. 演绎式的活动过程活跃了公司气氛，使全体员工洋溢在喜庆的氛围之中。

3. 为建立健全公司企业文化体系做好前期铺垫。

4. 统一公司全体员工的思想，朝着公司既定的策略方向前进。

（三）开展模式

1. "日出东方红胜火，××冉冉升神州"，××公司十周年庆回顾与展望讲话（××公司领导）。

2. "十载××节节高，十幅重彩绘佳绩"，将××公司历史发展过程中的十个重大事宜作为会议中的重点进行回顾，同时将发展过程中的十件重大事件绘成形意逼真的十幅画

（统一命名为"让我们一起感动"系列××风云写真），并在画上注明事由。会上，按报告进度将每一幅画抬上主席台供大家欣赏。

3. "让我们一起感动"系列××风云写真企业文化展览牌颁发仪式。

4. 制作两种版式的展板：一种针对公司本部；另一种针对各营业部。

5. 各部门提炼本部门精神信条，并组织好本部门方队，在大会上，由公司领导向各部门颁发写真画，每个部门共同喊出自己的口号及对公司或客户的承诺，以迎接本部门得到的写真画。

6. 各部门领取公司风云写真后，需结合本部门的工作文化与理念形成××企业文化走廊，随时向员工、客户传播××企业文化。

现场活动二：新闻发布及新××卡首发式（品牌新理念发布、品牌承诺、××卡推介）

（一）目的

开展本次活动的目的是对××品牌进行首轮的社会传播。

（二）效果预期

在公司内部、社会与客户口碑中先行确立公司品牌理论体系，完成公司内部第一次的品牌基础教育；同时以感情化、表演化的方式将××品牌的全新理念及倡导的价值观、理财观简单有效地传达给现场观众，使参会者感受到××是一个创新力很强、很有活力的一个品牌，以加强、深化××品牌与消费者之间的感性交流。

（三）开展模式

1. 品牌新理念发布（配合PPT讲解）。

2. 品牌承诺仪式（演绎式，主要演员为公司领导层）。

3. ××卡推介及新××卡首发式（配合PPT讲解及首发），表现方式为：结合××卡的特点、××公司的创新精神做前提性的铺垫说明，再以演绎的方式由公司营业部员工推出首发新××卡的面市（SHOU场），紧接着是由××董事长或总裁为第一位客户换卡的仪式，最后由该客户代表发表对××的评价。

现场活动三："画×点睛"著名画家与××公司领导现场献艺

（一）目的

向社会宣布：××从今天起，将以××的精神自励励人，打造以文化为主要竞争力的品牌形象。

（二）效果预期

"××文化"初步定为××企业文化与品牌文化的起源点，通过此仪式，××文化在公司内部传播将取得重大突破，对外传播也能达到一个较高的起点。

（三）开展模式

庆典当日，正式拉开"百×图"（品牌象征）的创作仪式。邀请国内著名画家与公司领导共同在铺开的宣纸上点下"百×图"第一笔。

现场活动四：记者招待会（主题为××卡）

（一）目的

向社会推介××卡（由于庆典上记者们处于被动地位，如要将×卡系统传播，还需要为记者们创造主动发问的机会，以满足他们各自不同的评论角度需求，也可以促进××卡的推广。

（二）效果预期

记者们能从多角度了解××品牌及××卡，为××的全方位宣传作贡献。

（三）开展模式

由公司领导代表、营销代表、营业代表出席，邀请当天参加庆典的记者参与，并于招待会之前将拟定的问题交给记者，请记者们现场提问。

现场活动五：招待宴会（以企业文化带动拓展活动、游戏）

（一）目的

设置招待宴会的主要目的是希望客户代表与××公司的员工们有一个近距离接触的机会，相互交流各自在理财、证券等方面的需求、建议。

（二）效果预期

在较为轻松的环境下主客双方自由交流，达成对各自价值观的认可。

（三）开展模式

在整个宴会过程中，开展一些丰富多彩的简单型的拓展活动与游戏，让领导与客户、员工们同堂而乐。这不仅展示了企业文化，而且还活跃了现场的气氛，为整体活动的结束画上一个圆满的句号。

三、后续活动：营业部"创新经典服务"活动开展

（一）目的

开展后续活动的目的是激励公司全体员工将创新的精神发扬到公司的经营软环境建设中来。

（二）效果预期

公司以开展企业文化活动的方式，将公司服务品牌的建设工作摆在了议事日程上，为下一阶段服务品牌的打造奠定基础。

（三）开展模式

1. 配合品牌规划工程，在对外的服务过程中不断创新，鼓励各营业部及总部经营部门员工了解竞争对手的优势，结合公司的实际情况，传承公司"稳健"的经营作风，不断创新服务模式，挑战实践经营过程中遇到的问题。

2. 在品牌工程的组织下展开各营业部创新服务模式大比拼，拉开公司内部软环境建设的帷幕。经由××公司统一评判后确定若干种服务模式，结合形成独具特色的××品牌服务模式，在证券行业中创建××品牌新的竞争优势。

【范本02】

××公司成立20周年暨××年新品发布庆典策划方案

一、活动要素

活动主题：××公司20周年庆典感恩回馈暨××年新品发布活动。

活动时间：××年××月××日。

活动地点：××。

二、主题思路

为答谢新老客户，提升员工士气和归属感，见证××公司发展壮大历程，进行××年新品推广，庆典活动将围绕以下思路进行。

（一）通过一系列宣传，为20周年庆活动制造氛围。

（二）以20周年庆为活动由头进行品牌宣传和产品推广。

（三）通过××公司发展历程展示，体现公司发展实力和未来趋势，让客户、员工、供应商和其他合作伙伴对公司的发展更有信心。

（四）借助活动感谢一直支持、关注我们的合作伙伴、员工和社会各界人士。

三、活动目的

（一）让与会者参与活动的各个环节，充分了解××公司，见证××公司的变革及成长，了解公司经营、管理理念，建立品牌美誉度。

（二）通过活动弘扬公司企业文化，展现公司团队拼搏精神，提升员工士气，增进员工的归属感。

（三）通过活动让客户充分了解企业产品架构和××新品动态，让目标市场实现新品上样及专区经营的目的，提高××年的产品销量。

四、准备工作

（一）成立组委会及各项目组（编制各部门联系通讯录）。

（二）确定会议场所，准备费用资金。

（三）编写新闻通稿，通过各种渠道进行宣传造势。

（四）内部、外部参加人员的拟订。

（五）庆典文案和演出节目（包括主持人）的确定。

（六）宣传品、纪念品、会场布置设计制作。

（七）成立项目组。

1. 场地组：负责灯光、音响、投影、现场内外布置（含宣传品、纪念品制作）、礼仪小姐的安排。

2. 演出组：负责接待演出人员的吃、住、行、彩排。

3. 宣传组：负责编写新闻通稿、接待媒体记者、安排摄影摄像、收集媒体报道文章和影像资料。

4. 接待组：负责发放邀请函、安排来宾座位次序、迎接各位来宾签字、佩戴胸花、领取纪念品、就座（贵宾进入贵宾室休息）；并安排来宾就座。

5. 晚宴组：负责菜、烟、酒、饮料和工作人员简餐准备，并对卫生、菜肴进行监督。

6. 礼品组：负责礼品的运送、保管、发放、回收。

7. 车辆组：负责车辆准备、参加人员接送和临时机动用车。

8. 保卫组：负责协调安排停车位，监督卫生间、道路的清洁和安全，以及应急突发事件（熟悉附近道路、医院、派出所的位置）。

五、方案内容

（一）宣传造势：以微博、微信、企业网站宣传为主，在厂区、办公楼悬挂条幅，辅助宣传，各地专卖店或专区可将门头转化成宣传阵地。

（二）××公司文化长廊（厂区、办公楼、发布会现场各1份）：分为××公司创业篇、××公司发展篇、××公司展望篇共三个篇章，让公司员工、政商界群体、新闻媒体、消费者等社会各界人士见证××公司发展轨迹的同时对××公司的发展充满信心。

（三）××公司感恩庆典：文艺演出、答谢宴会、礼品馈赠；各专卖门店开展"××公司20周年庆感恩回馈大型促销活动"。

（四）××新品发布（新品演绎，样品竞拍，董事长现场签优惠样品单）。

六、会场布置

（一）公司门口：摆放一个拱门和两个气柱。

（二）门口红地毯的尺寸以入公司门口到办公区的实际距离来确定。

（三）准备8门礼炮，寓意财源广进。

（四）办公楼垂挂祝贺条幅和欢迎条幅约20条。

（五）××公司文化长廊3套（××公司创业、××公司发展、××公司展望），会场、厂区、办公楼各一套（视天气情况和会场大小决定，文化长廊设在室外或室内）。

（六）入口至活动会议室导视指引、会场导视，签到处、活动地、就餐地点导视。

（七）签到处可设置在会议室入口或一楼办公大厅。

1. 签到处背景：易拉宝"签到处"。

2. 签到台放置台花、油性笔，活动结束后存档保留。

3. 两名礼仪定点服务、接待、指引参会人员。

（八）会场内布置。

1. 背景文字：××公司20周年庆典活动隆重召开!

2. 舞台、灯光、音响。

3. 会场内装饰：以KT版的形式粘贴在墙上，不仅美观而且利于后期拆除。

七、庆典活动流程

庆典活动的具体流程如下表所示。

庆典活动流程表

序号	时间	内容
1	4:00	活动现场一切准备就绪，进行最后一次检查（红地毯、会场背景板、拱门、气柱、礼仪、礼炮、人员到岗情况等）
2	4:00～4:30	嘉宾签到时领取礼品袋，由礼仪人员引导其参观文化长廊后进入会议室落座，礼仪人员应身穿旗袍，披绶带"百年××公司，办公家具创新品牌"，礼仪人员讲解××公司发展史和××公司文化
3	4:38	主持人宣布庆典活动正式开始，礼炮响起
4	4:40～4:42	主持人宣布，全体员工整理队形，和参会人员一起共唱国歌
5	4:43～4:50	主持人介绍与会嘉宾
6	4:50～5:00	董事长致辞
7	5:00～5:05	邀请××领导致贺词
8	5:05～5:15	员工小组朗读创业篇文案，配背景音乐和企业宣传片

（续表）

序号	时间	内容
9	5: 15 ~ 5: 20	歌舞（节目待定）
10	5: 20 ~ 5: 30	管理人员小组（生产、销售、研发、后勤、总经理）朗读发展篇文案，配背景音乐和幻灯片
11	5: 30 ~ 5: 35	歌舞或小品（节目待定）
12	5: 35 ~ 5: 45	总经理主题发言，展望××公司未来
13	5: 45 ~ 6: 00	歌舞表演（节目待定）
14	6: 00 ~ 6: 20	××新品发布 ·产品研发人员做产品演示 ·新品拍卖活动 ·经销商抽奖活动（趣味型，非物质）
15	6: 30	晚宴
16	8: 30	舞会

八、活动费用预算

本次活动的相关费用如下表所示。

活动费用表

物品名称	数量	单价	合计（元）	备注
拱门租赁	1个	元/（个·天）		
气柱租赁	2个	元/（个·天）		
礼炮租赁	8门	元/（门·天）		
红地毯	100米	元/米		
台花	4个	元/块		
礼仪人员	15人	0	0	公司内部挑选
礼仪服装租赁	10套	元/套		
绶带制作	10条	元/条		
胸花	40个	元/个		
音响	0	0	0	
宴会	30桌	元/桌		
演员费	团队	元		来回接送
主持人	2人	元/人		来回接送
摄像/拍照	2人		0	
拱门条幅	1条×10米	元/米		
气柱条幅	2条×10米	元/米		

（续表）

物品名称	数量	单价	合计（元）	备注
新品快报	8个	元/米		
条幅	20条×10米	元/米		
许愿树	1个			
签到墙	20平方米			
办公楼导视	KT版	元/平方米		
会场楼层导视	KT版	元/平方米		
背景板	1块×30平方米	元/平方米		
企业宣传片				
装饰用展板	约5块	元/平方米		
条幅	50家	元/米		
促销海报	50张	元/张		
邀请函	300个	元/个		
司庆画册	300本	0	0	用公司已有画册
司庆手提袋	200个	元/个		
经销商礼盒	200	元/盒		以实到场人数为准
最佳合作伙伴奖杯及奖品	10人	元/人		
杰出贡献奖奖杯及奖品	5份			
新品拍卖				
合计				

九、嘉宾邀请

嘉宾邀请是仪式活动工作中极其重要的一环，为了使仪式活动充分发挥其轰动及舆论的积极作用，在邀请嘉宾工作方面必须精心选择对象，设计精美的请柬，尽量邀请知名度高的人士出席，以制造新闻效应（注意公司应提前发出邀请函，对于重要嘉宾应派专人亲自上门邀请）。

十、活动参与人员

（一）活动组织策划人员。

（二）布场工程人员。

（三）专业主持人。

（四）礼仪人员（从公司员工中挑选）。

（五）工作人员。

（六）到场嘉宾。

（七）公司全体员工，特殊情况需留岗人员除外。

第十一章 大型会议活动策划与实施

第一节 大型会议活动策划

一、什么是会议活动策划

会议活动策划是指对一种资源进行整合与配置，力求在控制会议风险的基础上使会议效果达到最佳。因此，要想成功举办一场大型的会议活动，前期的会议策划是关键。

二、大型会议活动特点

大型会议活动主要有四大特点，具体内容如图11-1所示。

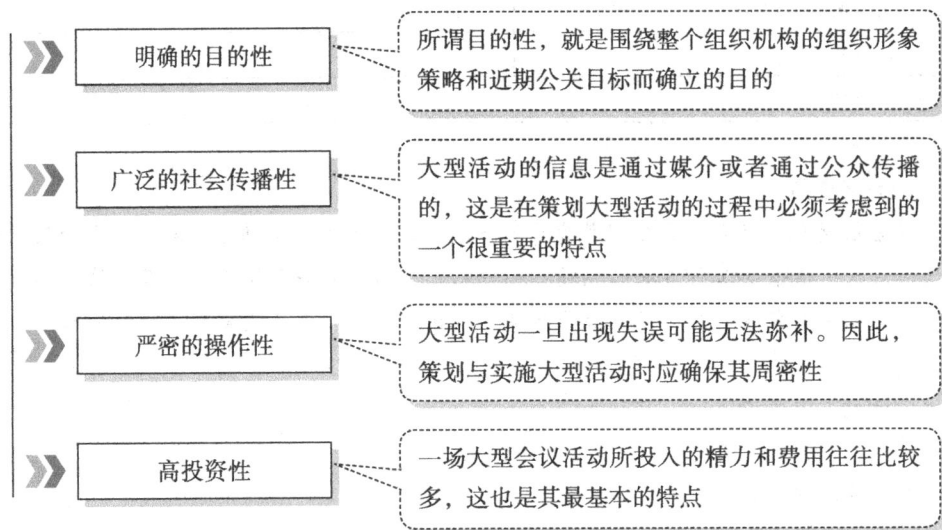

明确的目的性	所谓目的性，就是围绕整个组织机构的组织形象策略和近期公关目标而确立的目的
广泛的社会传播性	大型活动的信息是通过媒介或者通过公众传播的，这是在策划大型活动的过程中必须考虑到的一个很重要的特点
严密的操作性	大型活动一旦出现失误可能无法弥补。因此，策划与实施大型活动时应确保其周密性
高投资性	一场大型会议活动所投入的精力和费用往往比较多，这也是其最基本的特点

图11-1 大型会议活动的特点

三、会议策划的准备与实施

只有通过专业策划和充分准备的会议，才能取得预期效果。会议策划的准备与实施内容如图11-2所示。

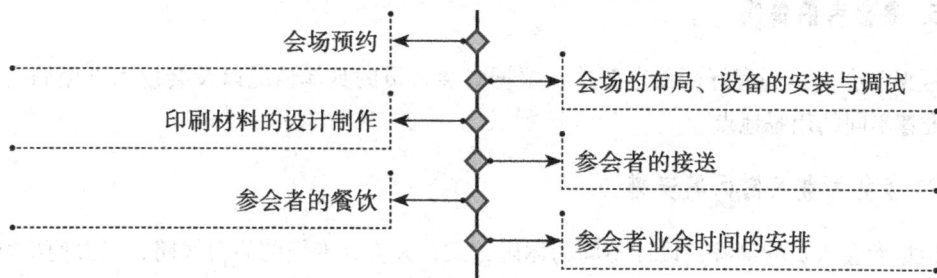

图11-2　会议策划的准备与实施内容

1. 会场预约

会场预约包括图11-3所示的几个要点。

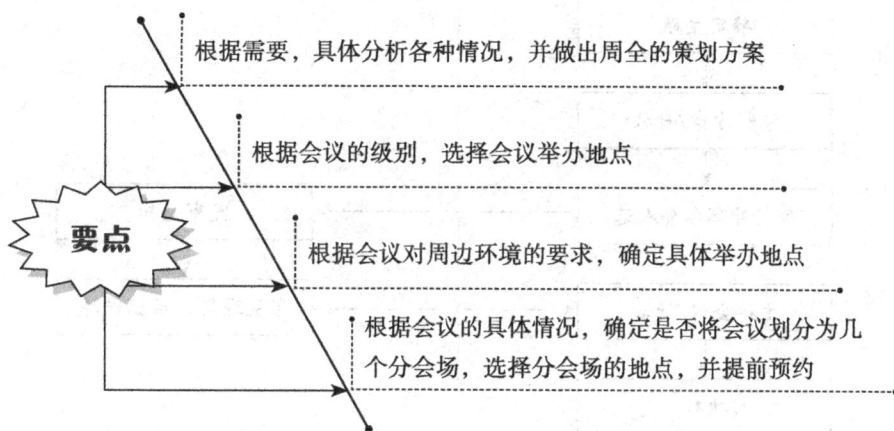

图11-3　会场预约的要点

2. 会场的布局、设备的安装与调试

根据会议的具体情况，设计并安排会场的布局；提供会议所需要的所有设备，并提前安放在指定位置，同时调试好设备，确保会议的顺利进行。

3. 印刷材料的设计制作

根据会议的具体需求，设计宣传册等印刷品的样式、内容，并选择图案；印刷品应指定专门的厂家生产及印刷，并根据需要，提前把印刷品送到会场或指定位置。

4. 参会者的接送

根据参会者的具体情况与人数多少安排相应的车辆；单位应派专车提前到指定位置等待参会人员，然后将其安全送到会场或下榻酒店。

5. 参会者的餐饮

根据参会人员的喜好，预定餐饮；根据参会人员的具体情况以及会场和下榻酒店的地点，推荐不同的用餐地点。

6. 参会者业余时间的安排

根据参会人员的喜好，设计不同的休闲方式，并设计专门的旅游线路，以方便出行。

公司级大型会议流程示例如图11-4所示。

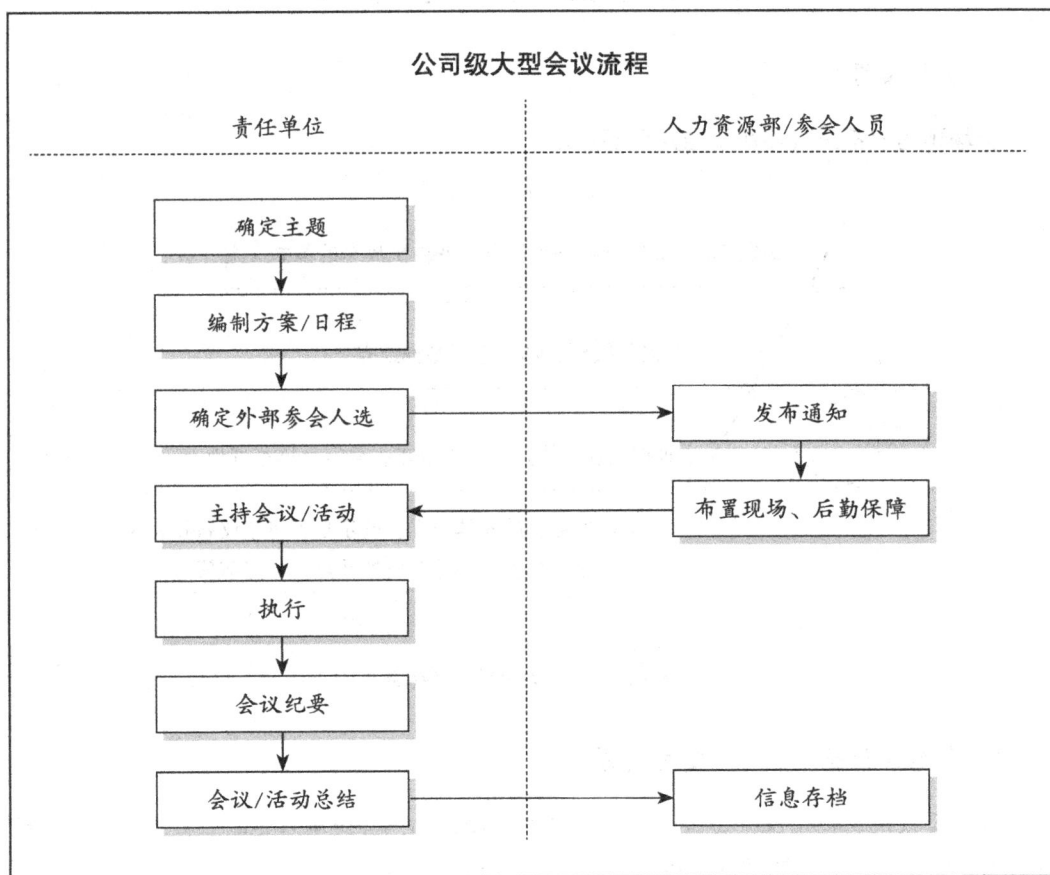

图11-4 公司级大型会议流程

第二节 大型会议活动实施

大型会议活动实施范本如下，仅供读者参考。

【范本01】

××区政府大型会议会务工作流程

第一步：区政府领导确定会议时间、地点、议题。

第二步：常务秘书根据领导指示，编写会议方案（包括：会议时间、地点；名称、内容、会标；参加人员、人数；主席台就座领导；议程；资料准备；会务准备；住宿安排、用餐安排、讨论安排；经费预算和请示），并编制会议指南（包括：封面；会议须知；日程安排或会议议程；参会人员名单；列席人员名单；授奖程序安排、递交责任状顺序安排、大会发言顺序安排；讨论地点安排；就餐安排、桌席安排；大会活动统一乘车安排；工作人员名单）。

第三步：常务秘书将会议方案和会议指南报区政府办主任、常务副区长、区长审批。

常务秘书根据领导指示，拟定会议通知（包括会议时间、地点，会议主要内容，指定参会人员、会议要求，会议的报名、报到等）。

第四步：区政府总值班室下发会议通知，落实会议报名情况。

第五步：区政府办文秘室编制大会座位表，报区政府办主任审批。

第六步：区政府办文秘室负责会场布置，包括领导休息室、大会场、会标、音响、话筒、录音、空调、投影、字幕、会场背景、鲜花、桌椅、纸巾、文具、茶水、卫生间设施、卫生纸、会场指示牌、迎宾服务员、台签、签到台等。

第七步：是否需用餐。如果需要，由区政府办分管接待的副主任负责会议用餐的准备工作，包括订餐标准、菜单审核、酒水饮料安排、就餐场所、桌席编号、人员编席；如不需要，则区政府办文秘室安排会务组组织会议报到，发放会议资料。

第八步：常务秘书通知新闻中心，落实新闻记者。

第九步：区政府总值班室负责安排2~4名保安到大会会场维护秩序。

第十步：区政府办文秘室负责收集会议各种资料，清理会场。

【范本02】

××专题会议策划方案

一、活动宗旨

为全国家庭减轻负担，让全国百姓快乐健康。

二、活动目的

让各级医疗机构充分了解"××××"，了解其独特的宣导和服务，以消除百姓对"援助工程"的陌生感及对高昂医疗费的恐惧心理。树立"关爱时时有，援助处处在"的服务人口健康事业的品牌形象，从而促进"援助工程"的全面推进。

三、活动目标

（一）参会人数：200人（综合考虑活动的整体效果、费用支出、到会人数、现场气氛营造等因素，限200人规模较为理想）。

（二）预期收获：参与的单位和个人乘兴而来，满意而归。

（三）塑造形象：以各项产品和服务让受益百姓记住"援助工程"，并树立强势品牌形象。

（四）传播品牌：形成一套成熟的品牌传播方案，以不断优化复制。

为了控制风险和提升会议效果，我们将对会议流程、现场管理及会场布置等做精确设计，具体如下表所示。

会议安排表

时间	事项
07：00	盘点清查各种物品的准备情况
07：10	确定能够到会的嘉宾，并建立与会代表数据库、打印表格
07：20	相关人员带齐各种物品从组委会出发
07：50	到达会场，开始会场外的布置
08：30	开始会场内的布置，调试各种设备及网络
09：10	会场布置完成，相关人员待命
09：20	与会代表开始在会场门口聚集，等待入场
09：30	开始入场，礼仪、检票、护卫、主持、与会代表、专家、领导等就位
09：50	播放视频
09：55～10：00	幕后音
10：00～10：05	开场白
10：05～10：07	护卫领导一入场，播放"拉德茨基进行曲"
10：07～10：20	领导一讲话
10：20	鲜花

（续表）

时间	事项
10：20～10：22	护卫领导一退场，播放"退场音乐"
10：22～10：25	主持
10：25～10：27	护卫领导二入场，播放"拉德茨基进行曲"
10：27～10：35	领导二讲话
10：35	鲜花
10：35～10：37	护卫领导二退场，播放"退场音乐"
10：37～11：10	专家演讲"拥抱健康时代"
11：10～11：30	演示产品
11：30～11：40	试点代表受赠，领导授匾／授牌
11：40～12：00	受赠代表讲话（四位）
12：00～12：05	领导退场，播放"会后音乐"
12：05～12：15	代表入席午餐宴会
12：15～12：20	组委会领导：祝酒词
12：20～13：30	午餐宴会／产品演示区及体验区开始活动
13：30～14：00	欢送嘉宾出场
14：00	清理会场

【范本03】

××器械展销会策划方案

一、活动主题

××器械展销会。

二、主标题

"××××"系列活动。

横幅："加盟××　成就梦想"。

三、活动宗旨

同走致富路，携手奔小康。

四、活动目的

为了宣传企业文化并让更多的客户知道加盟××是个不错的选择，从而带领更多的客户走上发家致富的道路。

五、活动目标

（一）参会人数

我们应综合考虑活动的整体效果、费用支出、到会人数、现场氛围营造等因素，在此基础上确定合适的参会人数（300人左右为宜）。

（二）预期收获

具体内容略。

（三）塑造形象

为了控制风险和提升会议效果，我们对会议流程、现场管理及会场布置等做了设计，具体安排如下表所示。

会议安排表

时间	事项
07：00	盘点清查各种物品的准备情况
07：10	确定能够到会的邀请嘉宾，并在前台登记
07：20	相关负责人需到岗，准备自己的工作
07：30	开始会场外的布置，场内布置需要在会议的前一天晚上准备完毕
07：40	调试各种设备，检查网络是否正常运行
08：00	会场布置完成，相关人员待命
08：20	参会代表开始入场，并签到，同时需核实参会代表的会员卡与计算机留存信息是否一致，确保人员不重复。其他会员以会员卡进行登记。不是会员不能参与活动
09：30	会议开始，各领导就位
09：50	播放视频
09：55～10：00	准备好幕后音响
10：00～10：05	主持人入场并做开场白
10：05～10：07	领导一讲话
10：07～10：20	外邀请人员讲话
10：20	主持人邀请××厂家进行项目讲解，评分人员做好记录，会后负责人收取评分表，给以评定
12：00	结束会议 （注意：会场要做好会议摄像和录像工作，以便会后查阅）
14：00	主持人有请领导讲话，之后邀请厂家相关人员进行洽谈，最后签订合作意向书
16：00	××厂家进行答疑讲解

第十二章　公益活动策划与实施

第一节　公益活动策划

一、什么是公益活动

公益活动一般属于群众文化性质的活动，其会将社会效益放在首位。因此，我们在选择活动主题时，应将群众参与性、传导正确的人生观和高雅的艺术享受紧密结合。

以人为本，以德弘艺，以文化人的观念，找准公益文化的独特视角，这也是公益活动策划能否成功的基本点。

二、公益活动的表现形式

公益活动有多种表现形式，具体如图12-1所示。

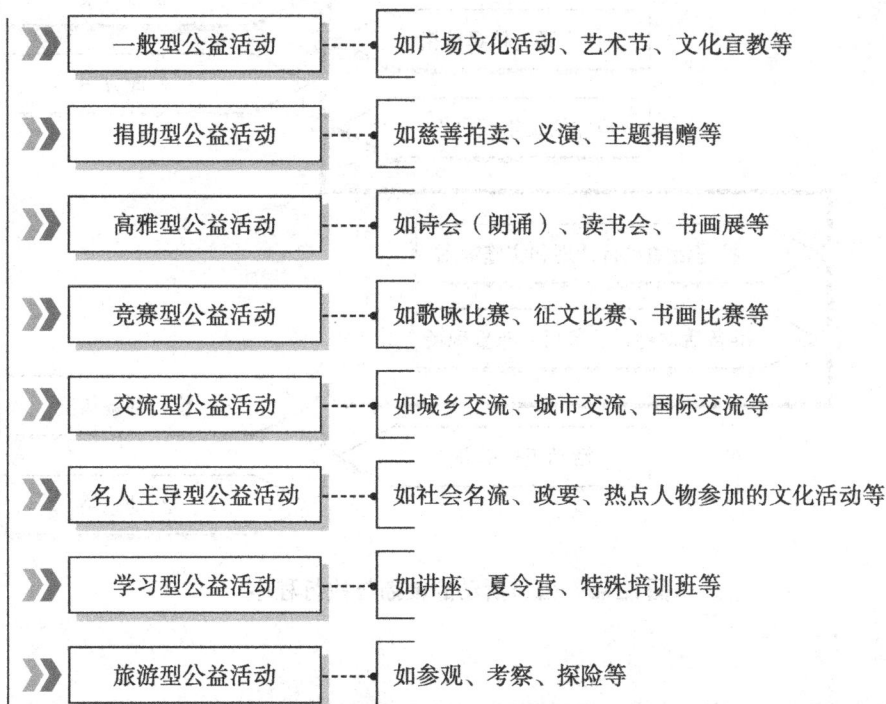

一般型公益活动	如广场文化活动、艺术节、文化宣教等
捐助型公益活动	如慈善拍卖、义演、主题捐赠等
高雅型公益活动	如诗会（朗诵）、读书会、书画展等
竞赛型公益活动	如歌咏比赛、征文比赛、书画比赛等
交流型公益活动	如城乡交流、城市交流、国际交流等
名人主导型公益活动	如社会名流、政要、热点人物参加的文化活动等
学习型公益活动	如讲座、夏令营、特殊培训班等
旅游型公益活动	如参观、考察、探险等

民族文化型公益活动 ----- 如少数民族风情展、古代文化研讨会、文物展等

重大事件型公益活动 ----- 如与奥运、突发事件、重大工程相关的文化活动等

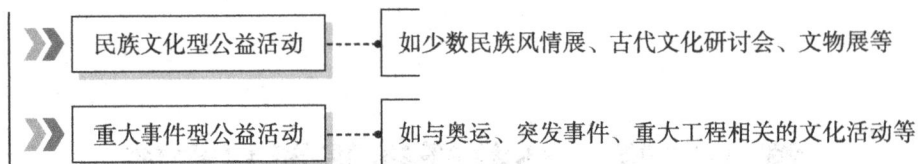

图12-1 公益活动的表现形式

三、公益活动的主办单位

公益活动可以由政府机关、媒体、文化艺术专门机构、企业等主办。

四、公益活动的策划与执行程序

公益活动的策划与执行程序如图12-2所示。

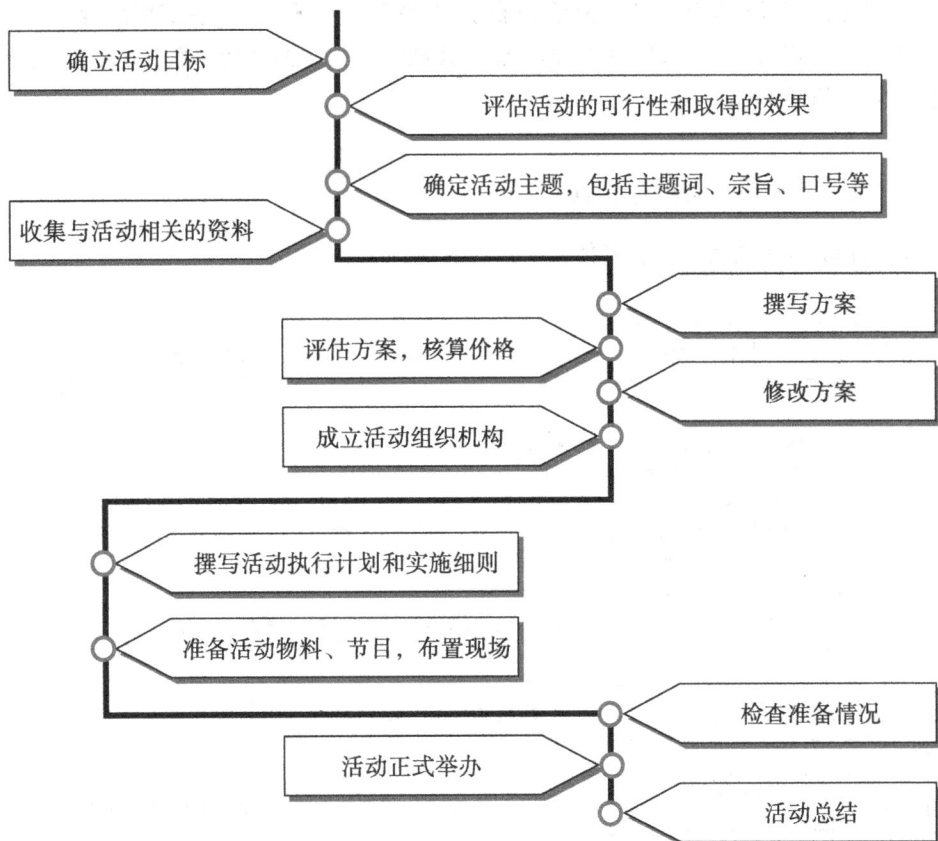

确立活动目标

评估活动的可行性和取得的效果

确定活动主题，包括主题词、宗旨、口号等

收集与活动相关的资料

撰写方案

评估方案，核算价格

修改方案

成立活动组织机构

撰写活动执行计划和实施细则

准备活动物料、节目，布置现场

检查准备情况

活动正式举办

活动总结

图12-2 公益活动的策划与执行程序

第二节　公益活动实施

公益活动实施的范本如下，仅供读者参考。

【范本01】

××公司公益活动策划方案

一、背景

××公司主营××牌系类桶装水。该公司的总部位于××高新技术产业园区，拥有××、××、××三个生产基地和若干个加工基地，总投资××万元。该公司具备强大的系统监控能力，能实时跟踪出厂的每一桶水，杜绝假水，让消费者喝得放心。同时，桶装水专卖店拥有强大的服务和管理系统，以及全市统一的客服中心，且各专卖店实现了联网管理，能实时进行信息交换，这极大提高了配送和服务的效率与质量，为消费者不断创造价值，提升生活品质。

为了树立企业的良好形象，呼吁人们保护水资源，公司以"假如没有水，生活将会怎样"为主题组织了一次大型公益活动。

二、目的

公司组织此次活动的目的是为提升企业形象、知名度与美誉度，促进自身的发展，加大产品的宣传力度，向市民宣传环保知识，以引起社会的关注和支持。

三、活动主题

此次活动的主题为"假如没有水，生活将会怎样"。

四、活动对象

此次活动的对象为群众。

五、活动时间和地点

××年××月××日开始，由××公司倡导发起，得到了××市各企事业单位的支持，专门为连续三年干旱的××地区捐献饮用水的大型公益活动，主办方捐款××万元，政府、慈善机构联手，加上强大的媒体号召力度，鼓励各企事业单位大力捐赠。

××年××月××日上午以"假如没有水，生活将会怎样"为主题的大型节约用水公益宣传活动在××广场举行，同时以募捐的形式向市民募集捐款，该宣传活动由××公司承办。

××年××月××日下午来自××大学的同学们也带来了自己精心准备的节目，除了歌舞表演，还向广大群众展示了先进的节水方法，并为节水技术的推广提供了展示的平台。节水方法的现场演示吸引了众多市民驻足观看，该宣传活动由××公司承办。

六、活动项目流程设计

（一）播放视频及领导讲话呼吁捐款

播放××地区受旱视频，然后请市政委主任、××公司总经理代表讲话，并举行捐赠仪式，邀请××地区企事业单位代表、××日报记者、××晨报记者等媒体宣传，呼吁各企事业单位踊跃捐款。

（二）捐款互动宣传节水重要性

本次活动主要是以横幅签名、海报宣传、分发宣传小册子、赠送气球等形式展开，吸引了众多市民的围观。活动中，市民们踊跃捐款，并在横幅上签上名字，做出自己的承诺。

此次活动旨在让广大市民们了解节水的重要性，树立节约用水的观念和意识，逐渐养成节约用水的好习惯。该活动起到了很好的警示作用，同时也扩大了公司的社会影响力，加强了与社会群体的沟通。

（三）节水知识普及

本次活动通过普及节水知识、推广节水技术、宣传节水典型等形式，多角度、全方位、广覆盖、不间断、可持续地在全社会倡导节约用水、科学用水。通过"向观念要水，向机制要水，向科技要水"这一理念，达到缓解人水矛盾，实现人水和谐，更好地实现可持续发展提供水资源保障。

七、媒体宣传

本次活动得到了社会各界的广泛参与支持，特别是市人民政府的鼎力支持，除了户外的人员宣传、横幅宣传、手册宣传，还借助政府的能力，以及电视台、大众传媒的影响，各企事业单位的积极配合，倡议全社会共同关注水资源，节约用水。

八、进度安排

××年××月××日：预约政府机关人员、记者、电视台、××地区各企事业单位代表。

九、物料准备

该次活动需准备的物料包括募捐箱、视频、宣传手册、宣传横幅、笔、海报、气球、桌椅、地毯、请帖等。

十、费用预算（略）

十一、效果评估

此次活动旨在让广大市民了解节水的重要性，树立节约用水观念和意识，逐渐养成节约用水的好习惯。该活动起到了很好的警示作用，同时也扩大了公司的社会影响力，加强了社会群体的沟通。

【范本02】

关于关爱留守儿童的公益活动策划方案

一、活动背景

根据权威调查，目前中国农村的留守儿童数量超过了697万人。

调查显示，由于父母均外出打工，与留守儿童聚少离多，远远不能尽其作为监护人的义务。而占绝对大比例的隔代教育又有诸多不尽如人意之处，这种状况容易导致留守儿童在心理健康、性格等方面出现偏差，学习也受到影响。由于留守儿童特殊的生活和教育环境，由此引发的生活、教育、情感、心理等一系列问题日益凸显。

随着农村外出务工人员的增多，农村留守儿童的教育已成为当前基础教育的一个重要问题。留守儿童缺少父母的关爱，在对他们的管教上很容易出现"三多"和"三缺"问题：隔代监护多溺爱、寄养监护多偏爱、无人监护多失爱；生活上缺人照应、行为上缺人管教、学习上缺人辅导。

以上分析尽管不尽全面，但是足以引起社会、家庭、学校的重视。于是××走进了留守儿童这个弱势群体。××以发扬人道主义精神和保护人的生命与健康为宗旨，以最易受损群体为服务对象，开展了各种相关志愿活动。为了解决留守儿童存在的问题，××做了大量的工作，派遣相关人员深入其中了解实际情况，调查这些孩子存在的问题并试着提出解决问题的办法。××从多方面入手，积极展开相关活动，尽最大努力帮助这些孩子。××积极组织青年志愿者以及当地红十字青少年与留守儿童开展结对帮扶活动，并组织孩子们到大城市参观，让他们感受新时代的气息以及城市文化和城市生活；开展儿童趣味运动会与儿童才艺比赛活动，让孩子们体会到童年的快乐；到孩子们的家里送温暖，让他们切身体会到爱的含义；组织厨艺大赛，培养孩子们的动手能力等。

二、活动目的

（一）关爱农村民工子女及留守儿童，为他们提供力所能及的帮助。

（二）号召社会各界关注农民工子女及留守儿童。

（三）为社会有爱心的人士提供志愿服务的机会。

（四）通过志愿活动，给贫困地区的孩子带去新知识、新的思想、新的理念，给他们送爱心、送关怀，从而对他们的人生观、价值观起到正确的引导作用。

（五）发扬××的宗旨，从小培养孩子们的爱心、责任心，为他们将来走向社会打好坚实的基础。

三、活动意义

（一）此次活动是维护社会稳定的需要，是化解矛盾、促进和谐的很好举措。

（二）农村留守儿童作为祖国未来的特殊群体，必须受到特殊关爱。

四、期望效果

在××的统一组织下，倡导并组织青年志愿者及其他社会爱心人士对留守儿童提供全面的志愿服务，使他们成为一个独立、自强、自信的人。同时也给志愿者们一个锻炼自我的机会，向社会展示××的宗旨和当代志愿者的风采，吸引更多的社会人士来关注留守儿童的成长问题。

五、活动优势分析

（一）从人力资源方面分析：此活动由××主办，招募社会上的青年志愿者及爱心人士参加，故人手充足，活动可行。

（二）从物力资源方面分析：招募社会上的志愿者，经费不需要很多，赠予留守儿童们的礼品可以通过有能力的个人或者企业厂家爱心捐赠。

（三）从社会现状方面分析：留守儿童的问题越来越严重，社会上给予的关注越来越多，媒体的报道以及大众的参与将会使这次活动顺利达到预期目的。

六、活动主题

此次活动的主题为"手拉手关爱留守儿童，心连心呵护祖国花朵"。

七、活动口号

此次活动的口号为"情寄留守，爱暖童心"。

八、相关单位

主办单位：××。

承办单位：××公益联盟。

支持媒体：××晚报、××报、××网、××电视台、××活动网、××论坛等。

九、活动宣传

（一）每次活动的策划由××老师指导、修改，以形成规范的指导性文件，然后以投稿的方式寄送给相关部门，以便对活动提出相关建议，最终使我们的行动拥有实际意义。

（二）在留守学校进行展板或者集会宣传，与当地学校校长做好联系工作。

（三）尽可能地通过各种媒体形式，将我们的活动进行全面的宣传，引起社会的广泛关注。

（四）借助各种媒体的力量发布征集志愿者的信息，以吸纳更多有能力的爱心人士投身于关注留守儿童的活动中来。

十、活动前期准备

（一）与心理健康中心的相关专家取得联系，请专家就"留守儿童心理成长问题"对参加活动的志愿者们进行活动前的指导。

（二）志愿者们应做好与座谈会相关的材料准备，对参加活动的留守儿童的情况进行全面的了解。

（三）为每名志愿者分配一至两名留守儿童，由其负责照顾他们的生活起居和心理成长。

十一、活动内容

（一）活动名称：××博物馆一日游。

（二）活动时间：周六或周日（一天）。

（三）活动地点：××博物馆。

（四）活动人员：15名志愿者、30名留守儿童。

（五）活动流程

1. 前期准备

（1）尽可能地使用多种媒体宣传此次活动，征集志愿者，组织报名，通过考核确定成员，择优录取。

（2）制作证件，写介绍信，便于活动开展。

（3）联系××博物馆相关负责人，准备好留守儿童的博物馆门票，安排好前往当地的车队与招待儿童们吃饭的场所。

（4）与当地的留守儿童家庭取得联系，确定此次活动参加的儿童人数与儿童的相关情况。

（5）物资准备：××博物馆门票（留守儿童30张，志愿者15张，共45张）。

2. 活动过程

（1）第一天早上15名志愿者去当地将参加此次活动的30名留守儿童接到××市。

（2）上午儿童们来到××市后，每名志愿者负责2名儿童，带领他们参观××博物馆。

（3）派出专业的讲解员为儿童们讲解××博物馆，扩大儿童们的视野。

（4）下午逛完××博物馆，由志愿者带领儿童去事先确定的地方吃饭。

（5）派出5名志愿者跟随车队将留守儿童送回家。

3. 活动结束

志愿者们与儿童们拍照留念。

【范本03】

百万爱心献老区公益活动策划方案

一、活动主题：××百万爱心献老区

（一）关键词

公益活动舆论宣传活动。

（二）活动目的

该活动是公益性与商业性相结合的义拍义卖营销活动

响应政府"建设社会主义新农村"号召和"青春家园建设"关爱行动，与共青团××市委、××市关心下一代工作委员会、××市青少年发展基金会、××市农业局、××市文化局、××市卫生局、××晚报社、××市广播电视局、××爱心文化传播中心等单位联手，推出大型公益活动"××百万爱心献老区"。

联合政府机构、社会团体、新闻媒体共同举办，增强该活动的权威性、公益性、新闻性和可信度。这也是企业组织公益活动的关键问题。

在即将到来的销售淡季，推出与××经营项目和营销活动紧密相连的大型公益活动，寻找、挖掘新闻点，吸引大众眼球，提升品牌形象，带动淡季的人流和销售，并为旺季销售做铺垫。

（三）活动的意义

1. 提升品牌知名度和美誉度：义拍助学是一项大众关注度极高的公益活动，因为是公益活动，所以受众面较广，能快速推广品牌，且大众认知较快。

2. 舆论宣传导向和新闻炒作：公益活动本身就有一定的新闻价值，通过合理的炒作为××营销活动造势，增强大众对××这一品牌的记忆、认知和好感。

3. 提升企业形象及实际销售额：对于一个企业来说，获得大众认知便是企业的无形资产，社会效应越好，越能带动企业业绩飞升。

4. 符合企业的经营理念：××总裁曾多次在企业的会议上强调过企业使命感，在我们以全方位的产品定位解决了消费者的家装痛苦的同时，我们同样要在公众心中、媒体眼中塑造一个公益形象，营造优秀的企业文化，树立员工的价值观，通过经营人心的宏伟工程，为企业长足发展打下坚实的基础。

5. 经济效益和社会效益双赢

（1）通过整合优势资源，有效开展品牌形象的宣传。

（2）义卖（义拍）活动能有效吸引客流到卖场，从而提升经济效益，公众对于公益事业的热情较高，通过长期的公益活动，能获得良好的社会效益。

（3）因为公益事业是政府部门极为关注的一项长久性事业，本次活动又联合了多家政府职能部门，从而树立了良好的政府形象。

（4）事半功倍的营销推广效果：本次活动主题突出，题材鲜明，受大众、媒体、政府部门关注度高，且活动本身易于操作，又与商户互动，投入少，能取得事半功倍的品牌推广效果。

二、义卖（义拍）活动分析

（一）活动内容

××联合商户提供近百万价值的义卖产品，义卖款项作为爱心专款全部捐献给革命老区的福利机构和弱势群体。

（二）活动时间：××年×月开始启动至××年×月，在近一年的时间里开展一系列爱心义卖义拍及捐赠活动。

（三）义卖产品来源

1. 由××商户赞助义拍义卖商品，尤其是卫浴、地板、瓷砖、橱柜、电器、家具等全国知名品牌的厂家有较强的品牌推广意识，赞助投入产品的积极性高，同意以公益赞助为由头，做商业促销活动。

2. 目前公司的××基地尚有一批库存家具、床上用品等，可以作为义卖商品。

3. 计划在近一年的时间里，组织8～10次公益性主题促销和若干次捐赠活动，估计每次需提供价值1万元～5万元的家具建材商品进行义卖。

（四）活动难度：这项活动需要部分厂商配合，提供义拍商品。但是参与此次活动能给商家带来多项有形的回报，因此说服商家提供拍卖品是可行的。

（五）活动启动时间：××月××日～××日，每天一次，每天拍卖时间约为2小时。

以后每月利用1～2个周末定期举行义拍义卖公益活动。

三、扶助对象

以××省××老区为主要扶助对象，可以深入××老区，根据不同时段，组织品牌瓷砖、地板、洁具、橱柜橱配等厂家参与，推出如下相关主题的促销活动：

（一）7～8月，高考后推出资助老区高考状元；

（二）9月，在九九重阳节到老将军故里，为老将军或者其亲属献爱心；

（三）10月，为革命老区的福利机构献爱心。

四、媒体支持

（一）《××晚报》。

（二）《××晨报》。

（三）××电视台。

（四）××广播电台。

五、本次拍卖活动操作细则

（一）本次义拍活动为无底价义拍，即所有拍品0元起价，参与竞拍者自由叫价，最低喊价幅度为50元人民币。

（二）本次拍卖会拍品由××的商户提供，主要拍品有床、床垫、沙发、餐桌椅、沙发床等拍卖品。

（三）本次拍卖会所得款项用于资助革命老区弱势群体。

（四）本次拍卖会在××建材家居门前广场举行。

（五）本次拍卖为无底价拍卖，最终得主由工作人员带着到收银台缴款。

（六）本次拍卖活动拟定于××月××日下午3点进行，提前展示拍卖品，由主持人现场详细介绍其品牌、功能等（内容由商家提供）。

（七）拍卖师宣布拍卖开始，参与拍卖者开始出价。

（八）每次叫价，拍卖师现场喊价三次，如没有人加价，拍卖师落锤，宣布成交。

（九）工作人员将最后竞拍得主请上舞台，由电台、电视台进行现场采访。

（十）由产品厂商代表恭贺该消费者成为××爱心大使。

【范本04】

大型公益活动策划方案

一、活动目的

随着××市经济的快速发展，全市私家车、出租车越来越多，市区交通环境日趋恶劣。虽然现在未到严重堵车的地步，但是闯红灯、不遵守交通规则、开斗气车等情况时有发生。鉴于此，提高驾驶员素质势在必行。

以"绿丝带"为载体，号召广大驾驶员控制好自己的情绪，并杜绝酒后驾驶。开车主体是人，只要驾驶员们拥有平和的心态，就可以缓解交通压力，减少安全事故的发生。

二、"绿丝带"简介

（一）绿色既代表健康向上，也代表畅快、通行，同时还代表着和平友善，没有任何冲突的意喻。

（二）交通中绿色的寓意：绿色代表生态交通、友善交通；绿色也是一种道德高尚、行为文明的体现。

（三）活动中"绿丝带"的寓意：每辆车上都系上一条绿丝带，这是一道亮丽的风景线。绿色是一种温馨的颜色，让温馨的绿色一路畅通，让温馨的绿色一路随行，可以有效缓解驾驶员们的"路怒症"。

三、活动对象

××市的出租车、公交车、公车、私家车及载货面包车等。

四、活动时间

××年××月××日～××日。

五、活动地点

本次活动在××市人民政府广场举行开幕式。

六、活动流程

（一）活动前期宣传策划、准备工作。

（二）活动首日××月××日，车展现场举办活动启动仪式，届时将邀请各单位领导、社会各界人士参与剪彩、鸣放礼炮等活动。

（三）巡游车队系绿丝带出发，志愿者奔赴各个活动地点。

（四）邀请各家媒体全程跟踪采访、报道。

（五）《××》栏目组制作节目并播出。

七、媒体宣传

（一）市电视台《××》栏目组制作广告宣传片，市综合频道20：40、公共频道19：42分黄金时间播出，从××月××日至××月××日滚动播出。

（二）××市××网在节目中，从××月××日至××月××日全天滚动播出。

（三）户外LED屏滚动播出等。

（四）××都市报宣传。

（五）××网站宣传。

附　录

- 公文写作常用词句
- 关于"不忘初心、牢记使命"的公文写作经典语句
- 关于新时代的104个公文写作金句

附录1

公文写作常用词句

一、常用排比

1. ××性：紧迫性、重要性、前瞻性、战略性、积极性、自觉性、主动性、坚定性、民族性、时代性、实践性、针对性、全局性、创造性、长期性、复杂性、艰巨性、可讲性、鼓动性、计划性、敏锐性、有效性。

2. ××感：责任感、紧迫感、危机感、认同感、荣誉感、成就感。

3. 多××：多层次、多方面、多途径、多渠道、多措施、多力量、多元素。

4. ××点：出发点、切入点、突破点、落脚点、着眼点、结合点、关键点、着重点、着力点、根本点、支撑点。

5. 不××：不松劲、不懈怠、不退缩、不畏难、不罢手、不动摇、不放弃、不改变、不妥协。

6. ××化：法制化、规范化、制度化、程序化、集约化、正常化、有序化、智能化、优质化、常态化、科学化、年轻化、知识化、专业化。

7. 新××：新水平、新境界、新举措、新发展、新突破、新成绩、新成效、新方法、新成果、新形势、新要求、新期待、新关系、新体制、新机制、新知识、新本领、新进展、新实践、新风貌、新事物、新高度。

8. ××力：活动力、控制力、影响力、创造力、凝聚力、战斗力、感染力、亲和力。

9. 热心、耐心、诚心、决心、核心、内心、外心、中心、甘心、攻心，进取心、责任心、上进心、公仆心。

10. 动真格、出真招、见真效、动真情、使真劲、下真功、用真情。

11. 政治意识、组织意识、大局意识、廉洁意识、学习意识、忧患意识、责任意识、法律意识、上进意识、管理意识、看齐意识。

12. 找准出发点、把握切入点、明确落脚点、找准落脚点、抓住切入点、把握着重点、找准切入点、把握着力点、抓好落脚点。

13. 凝聚无穷力量，激发巨大热情，催生丰硕成果，展现全新魅力。

14. 当前工作要有新水平、队伍建设要有新面貌、廉政建设要有新举措、自身建设要有新发展、内部管理要有新突破。

15. 政治认同、理论认同、感情认同；历史的必然、现实的选择、未来的方向。

二、常用短语

立足当前，着眼长远，自觉按规律办事。

抓住机遇，应对挑战，勇敢顺潮流而为。

突出重点，分步实施，找准切入点实施。

全面推进，统筹兼顾，综合治理，融入其中，贯穿始终，切实抓好，扎实推进，加快发展，持续增收，积极稳妥，狠抓落实，从严控制，严格执行，坚决制止，明确职责，高举旗帜，坚定不移，牢牢把握，积极争取，深入开展，注重强化，规范程序，改进作风，积极发展，努力建设，依法实行，良性互动，优势互补，率先发展，互惠互利，做深、做细、做实、全面分析，全面贯彻，持续推进，全面落实、全面实施，逐步扭转，基本形成，普遍增加，基本建立，更加完备，逐步完善，明显提高，逐渐好转，逐步形成，不断加强，持续增效，巩固深化，大幅提高，显著改善，不断增强，日趋完善，比较圆满。

三、常用动词

动词（一字）：

抓，搞，上，下，出，想，谋，订，定，给，出。

动词（二字）：

分析，研究，了解，掌握，发现，提高，提升，提出，提倡，推进，推动，制定，出台，完善，建立，健全，加强，加深，加大，加快，强化，增强，促进，深化，扩大，落实，细化，突出，建设，营造，开展，发挥，发扬，创新，转变，发展，统一，保持，优化，召开，举行，贯彻，执行，树立，引导，规范，整顿，服务，协调，沟通，配合，合作，支持，开拓，拓展，巩固，保障，保证，形成，指导，遏制，整治，保护，丰富，夯实，树立，尊重，制约，适应，拓宽，拓展，规范，改进，形成，逐步，实现，规范，坚持，调节，取缔，调控，把握，弘扬，借鉴，倡导，培育，打牢，武装，凝聚，激发，说服，感召，包容，树立，培育，唱响，主张，通达，引导，疏导，着眼，吸引，塑造，搞好，履行，倾斜，惠及，简化，衔接，调处，关切，汇集，排查，协商，化解，动员，联动，激发，增进，汲取，检验，保护，鼓励，宽容，融洽，凝聚，汇集，筑牢，考验，进取，吸纳，造就。

四、常用名词

名词（二字）：

关系，力度，速度，反映，诉求，形势，任务，秩序，出发点，要务，核心，主体，水平，方针，结构，增量，比重，规模，标准，办法，主体，作用，特色，差距，渠道，方式，主导，纽带，主体，载体，制度，需求，能力，负担，体系，重点，资源，职能，倾向，秩序，途径，活力，项目，工程，政策，项目，环境，素质，权利，利益，权威，氛围，职能，作用，事权，需要，能力，基础，比重，举措，要素，精神，根本，地位，成果，核心，精神，力量，纽带，思想，理想，活力，信念，信心，风尚，意识，正气，热点，情绪，内涵，管理，格局，准则，网络，稳定，安全，支撑，局面，环境，关键，保证，本领，突出，位置，特点，规律，阵地，政策，措施，水平，紧迫，任务，合力。

名词（三字）：

结合点，落脚点，竞争力，科学性，协调性，敏锐性，针对性，有效性，覆盖面，主旋律。

名词（四字）：

本质属性，重要保证，总体布局，战略任务，内在要求，重要进展，决策部署，突出地位，最大限度，指导思想，体制机制，基本方略，理念意识，基本路线，基本纲领，积极因素，基本经验，长效机制，制度保障。

五、常用形容词

形容词（一字）：

多，宽，高，大，好，快，省，新。

形容词（二字）：

持续，快速，协调，健康，公平，公正，公开，透明，富强，民主，文明，和谐，祥和，优良，良好，合理，稳定，平衡，均衡，稳健，平稳，统一，现代，新潮，落后，滞后。

六、常用副词

副词（一字）：

狠，好，很，较，早，细，实，再，更。

副词（二字）：

加快，尽快，抓紧，尽早，整体，充分，继续，深入，自觉，主动，自主，密切，大力，全力，尽力，务必，务求，有效。

副词（三字部）：

进一步××××（可用排比3~5条）。

后缀（2+1字）：

××化，××型，××性，××感，××力（性：必要性、重要性、长期性、艰巨性、复杂性。感：使命感、责任感、危机感、紧迫感、荣誉感）。

七、词组

统一思想，提高认识，认清形势，明确任务，加强领导，完善机制，交流经验，研究问题，团结协作，密切配合，真抓实干，开拓进取，突出重点，落实责任，各司其职，各负其责，集中精力，聚精会神，一心一意，心无旁骛，兢兢业业，精益求精，一抓到底，爱岗敬业，求真务实，胸怀全局，拓宽视野。

八、文稿提纲（示例）

以求真务实的态度，积极推进××工作制度化。

以优化服务为目的，积极推进××工作正常化。

以提质加速为责任，积极推进××工作程序化。

以畅通安全为保障，积极推进××工作智能化。

以立此存照为借鉴，积极推进××工作规范化。

以解决问题为重点，积极推进××工作有序化。

以服务机关为宗旨，积极推进××工作优质化。

以统筹兼顾为重点，积极推进××工作常态化。

一、求真务实，积极推进××工作制度化。

二、建立体系，积极推进××工作正常化。

三、规范办文，积极推进××工作程序化。

四、强化责任，积极推进××工作有序化。
五、注重质量，积极推进××服务规范化。
六、统筹兼顾，积极推进××工作正常化。

一是求真务实，抓好调研工作。
二是提高质量，做好信息工作。
三是紧跟进度，抓好督查工作。
四是高效规范，抓好文秘工作。
五是高度负责，做好保密工作。
六是协调推进，做好档案工作。
七是积极稳妥，做好信访工作。
八是严格要求，做好服务工作。

一、理思路，订制度，不断提高服务新水平。
二、抓业务，重实效，努力开创工作新局面。
三、重协调，强进度，尽快展现工作新成果。
四、抓学习，重廉洁，促进队伍素质新提高。

（一）以安全工作为前提，×××××××。
（二）以创造效益为目标，×××××××。
（三）以精细服务为重点，×××××××。
（四）以强化管理为基础，×××××××。
（五）以党建工作为抓手，×××××××。

1. 着眼全局，做好××××工作。
2. 高效规范，做好××××工作。
3. 紧跟进度，做好××××工作。
4. 提高质量，做好××××工作。
5. 周密细致，做好××××工作。
6. 协调推进，做好××××工作。

一是建章立制，积极推进××管理制度化。
二是规范管理，积极推进××工作程序化。
三是建立体系，积极推进××督查正常化。
四是注重质量，积极推进××工作规范化。
五是各司其职，积极推进××工作有序化。

附录2

关于"不忘初心、牢记使命"的公文写作经典语句

1. 神圣的产床孕育永恒的初心和使命，碧波荡漾的嘉兴南湖，如火的红船播下了中国革命的火种。

2. 理想之火不灭，信仰之光长明。

3. 追寻根脉源泉，瞻仰精神家园，重温初心使命。

4. 昨天的成功不代表永远成功，过去的辉煌不等于永远辉煌。只有时刻不忘初心、牢记使命，才能在新时代善作善成、一往无前，赢得光明未来。

5. 要知道我们从哪里来、现在在哪里、将到哪里去，永远坚持为中国人民谋幸福、为中华民族谋复兴的初心和使命。

6. 永葆蓬勃朝气，永远做人民公仆、时代先锋、民族脊梁。

7. 深扎理想之根，筑牢信仰之魂，疏浚动力之源。

8. 为官一任，造福一方，遂了平生意。

9. 我将无我，不负人民。

10. 进行伟大斗争、建设伟大工程、推进伟大事业、实现伟大梦想。

11. 新时代孕育新思想，新思想指导新实践，新实践检验新思想。

12. 统一的思想、坚定的意志、协调的行动。

13. 形势更复杂、任务更艰巨、挑战更严峻。

14. 因为我们是为人民服务的，所以我们如果有了缺点，就不怕别人批评指正。

15. 如果不严加防范、及时整治，必将积重难返，小问题就会变成大问题、小管涌就会导致大塌方。决不能有停一停、歇一歇的想法。

16. 老百姓在干部心中的分量有多重，干部在老百姓心中的分量就有多重。

17. 一切为民者，则民向往之。

18. 人民群众是真正的铜墙铁壁，背靠人民群众，党就能无往而不胜。离开了人民，我们就会一事无成。要努力解决为民服务不实在、不上心、不尽力的问题。

19. 要把以人民为中心的思想植根于脑海中、落实到行动上，为走好新时代长征路筑就雄厚的群众根基。

20. 理论学习有收获、思想政治受洗礼、干事创业敢担当、为民服务解难题、清正廉洁作表率。

以上20个经典句子，可以作为公文写作素材，用于主题教育心得体会、讲话材料等。

附录3

关于新时代的104个公文写作金句

1. 关于"新"的36个五字措施：
   勾勒新路径，绘就新蓝图，迈向新时代；
   适应新时代，迈进新时代，建功新时代；
   走出新天地，创造新作为，开启新征程；
   踏上新征程，开启新纪元，续写新篇章；
   成为新引擎，引来新投资，占领新阵地；
   出现新形式，聚焦新目标，落实新部署；
   瞄准新表现，激荡新气象，摆脱新平庸；
   成就新作为，开辟新路径，培育新动能；
   创造新生活，跑出新速度，推动新跨越；
   开创新未来，贯彻新思想，掌握新知识；
   熟悉新领域，开拓新视野，适应新常态；
   研究新问题，破解新难题，活跃新生活。

2. 关于"新"的30个五字成果：
   实现新提升，实现新提高，实现新跨越；
   实现新突破，实现新发展，实现新改善；
   取得新改善，取得新成绩，取得新突破；
   取得新成果，取得新成效，取得新进展；
   取得新胜利，得到新加强，得到新改善；
   迎来新突破，呈现新气象，形成新骨架；
   汇聚新动能，展示新风貌，展现新风采；
   开创新局面，迈上新台阶，迈出新步伐；
   收获新成效，达到新高度，创造新辉煌；
   谱写新篇章，获得新提升，发生新变化。

3. 关于"新"的33个三字词组：
   新论断，新特点，新目标，新要求，新征程；
   新期待，新时代，新使命，新方位，新水平；
   新境界，新举措，新发展，新突破，新成绩；
   新成效，新方法，新成果，新形势，新理论；
   新期待，新关系，新体制，新机制，新知识；
   新本领，新进展，新实践，新风貌，新事物；

新高度、新动能、新活力。

4. 新时代标注发展方位，新矛盾校正前进方向，新思想凝聚磅礴力量，新征程擘画未来蓝图，新使命激荡奋斗热情。

5. 把握大局要立足于"新"，认识大局要看到新变化，服从大局要体现新标准，服务大局要把握新要求。

6. 增创改革发展新优势，增创转型升级新优势，增创人才集聚新优势，增创环境定居新优势，增创社会文明新优势，增创民生福祉新优势。

7. 锁定新目标，一张蓝图绘到底；谋求新跨越，一门心思抓发展；推出新举措，一鼓作气谱新篇。

8. 新时代、新起点，必须以新思想来指引，必须贯彻新发展理念。